证券分析师之路

THE
ROAD
OF
SECURITIES
ANALYST

吴寿康 ◎ 著

本书为一位拥有三十年证券从业经验，有着卖方和买方双重经验，从普通分析师成长为研究所所长的元老级证券分析师对证券分析师工作的思考。全书从证券分析师的成长开始，讨论分析师与投资研究所要具备的基本素质。全书还介绍了分析师需要掌握的大量具体的投资工具与方法。

图书在版编目（CIP）数据

证券分析师之路/吴寿康著 . —北京：机械工业出版社，2024.3（2024.7重印）
ISBN 978-7-111-75117-5

Ⅰ.①证…　Ⅱ.①吴…　Ⅲ.①证券投资　Ⅳ.①F830.91

中国国家版本馆CIP数据核字（2024）第041134号

机械工业出版社（北京市百万庄大街22号　邮政编码100037）
策划编辑：顾　煦　　　　　　责任编辑：顾　煦　刘新艳
责任校对：张爱妮　张　薇　　责任印制：单爱军
北京虎彩文化传播有限公司印刷
2024年7月第1版第2次印刷
170mm×230mm・18.75印张・1插页・224千字
标准书号：ISBN 978-7-111-75117-5
定价：80.00元

电话服务　　　　　　　　网络服务
客服电话：010-88361066　　机 工 官 网：www.cmpbook.com
　　　　　010-88379833　　机 工 官 博：weibo.com/cmp1952
　　　　　010-68326294　　金　书　网：www.golden-book.com
封底无防伪标均为盗版　机工教育服务网：www.cmpedu.com

| 前 言 |

我人生第一次接触股票是在1991年，当时国内证券市场刚刚起步，沪深交易所开业尚不满一年，国内了解股票的人并不多。在好奇心的驱使下，我通过各种途径学习、掌握了大量证券知识，感觉股市是个有惊喜、有惊恐、有财富、有风险的神奇世界，由此被证券市场深深吸引。

1996年，我正式加入原君安证券研究所，开始从事行业公司研究工作，有幸成为国内最早一批证券分析师。1999年《中华人民共和国证券法》正式实施后，我又顺利通过证券从业及执业资格考试，成为国内首批持牌证券分析师。2001年，我因为研究分析工作成绩突出而升职，成为国泰君安证券研究所副所长。2004年离开国泰君安证券研究所后，我又历任内地和香港多家证券公司的研究所所长、董事总经理，多年来一直深耕在证券分析工作第一线，并带出了大批由《新财富》《亚洲货币》等知名媒体评选的"最佳分析师"。

中国证券市场从1990年起步，短短三十余年就已成为全球第二大证券市场，虽发展迅速，但过程也充满艰辛、坎坷。早期证券市场不规范、制度不健全、机制不完善、公司治理缺陷等众多问题一直影响着证券市场的发展；而且投资者对证券投资不了解，股票知识、风险意识匮乏，市场常常大起大落，这些严重影响了证券市场各项功能的有效发挥。现如今，证券市场早已经走过急流险滩，并在国民经济发展中发挥着越来越显著的作用。

作为经历者，一路走来，有幸耳闻目睹、亲身体验了证券市场的风风雨雨和证券市场的每一步发展。中国证券市场三十余年的发展是一个不断蜕变的过程，从早期阶段肩负国企改革重任，以发行额度制及B股、红筹股发行所体现的重融资、轻投资，到重在市场建设阶段的股权分置改革、多层次资本市场建设、发展机构投资者等，再到近几年多层次资本市场完善、机构投资者多元化、对外开放、注册制改革等，证券市场发生了翻天覆地的变化。证券市场制度不断完善，投融资功能有效提升，证券市场战略地位日益凸显。相比过去的艰难岁月，当下的证券市场在推进国家经济转型、推动产业结构升级，尤其在新兴科技产业发展上，发挥着无可替代的重大作用。

与成熟的证券市场相比，我们今天已然毫不逊色，即使某些方面还有差距，但这种差距也在持续不断地缩小。20世纪90年代末，我们曾不止一次前往日本、美国参访学习，期待中国证券市场能够达到它们的水平、规模。令人欣慰的是，很多当年遥想的事情，正在一一变为现实！

以先行者为鉴，中国证券市场取得了令世界瞩目的巨大成就；凭借先进者的成功经验，国内证券分析成果更是在高起点上，收获了巨大的市场影响力。

证券市场的每一步发展都在推动身处其中的人不断进步，通过三十余年的不断学习，尤其是借鉴国际成熟证券市场的理论及实践，我掌握了大量金融知识，积累了丰富的证券实战经验。在长期的工作和学习过程中，我保存了大量的工作、学习笔记，内容既有证券理论知识的学习总结，也有证券投资研究实践中的体会、感悟，还有应对许多实际问题的思考。最近终于能抽出时间，在过往积累的基础上去芜存菁，并融入自己的理解、经验、实践，结合证券市场当前实际，将其集结成书，希望对读者有所帮助。

基于对证券分析及市场的理解，我将本书分为六章。

第一章"证券分析与投资机会"解析了证券分析到底是怎么回事、有什么意义，以及证券市场投资机会的主要来源及相关分析方法，尤其澄清了市场对证券分析是科学还是艺术的模糊认识，明确了证券分析的科学性，并阐述了在投资行为日趋短期化的背景下，证券分析更显重要。

第二章"证券分析师与分析师职业"讲述了证券分析师学习、成长、方向选择、工作职责及成为优秀分析师的要求，该部分还对分析师职业情况、执业规范及境内外证券分析的差异进行了介绍。

第三章"领悟价值内涵，树立正确价值观"系统介绍了股票内在价值的外延与内涵、价值创造与价值增长，以及实际应用中需要关注的重点、问题和价值评估方法。企业价值是证券分析的灯塔，如何深刻理解价值的真正含义，如何认识、分析和评估价值，对证券分析、投资极为重要。本章对格雷厄姆提出内在价值以来近百年的价值思想进化情况进行了简单概括，并结合巴菲特的个人成长和投资实践，介绍了价值投资及价值投资与时俱进的情况。

第四章"掌握分析工具，准确预测未来"，从财务报表入手，介绍传统财务分析方法、企业利润调节的各种手段，在此基础上系统阐述了基于资本使用绩效及资本成本的资本效率分析，对相关概念及分析工具进行了专门介绍。本章最后一节对未来预测有详细讲述，包括需要预测的内容、预测过程、预测工具使用及预测方法等。

第五章"理解公司基本面，全面认识企业"介绍了不同视角下的公司基本面及分析思路，包括产业与企业的关系、市场竞争、业务模式、资产及资本结构、治理与管理、并购等，最后对企业社会责任进行了介绍。

第六章"了解市场先生，防范市场风险"描述了证券市场诸多内在机制及功能。"市场先生"是证券分析之父格雷厄姆对证券市场的拟人化称呼，"市场先生"经历丰富并不断创新和发展。了解市场先生和防范市场风险，把握市场的特征、机制是证券分析及投资成功的基础。本章的内容包括众多市场基础情况，如股票定价、市场估值、做空机制、市场干预等，以及市场风险概况，如风险性质、来源以及风险的度量、管理及控制等。

证券及证券市场博大精深，涉及的范围非常广泛，该书提炼的知识内容只是沧海一粟，但也是证券分析、股票投资不可或缺的核心内容。本书虽然侧重证券分析，但可适用于各类投资者，对初学者、企业管理者，以及希望了解证券市场的大众都有意义。本书力求对每个问题的分析、每章知识的介绍都能独立完整且准确、清晰。虽然初心如此，但是否达成，尚需读者品评，书中错误之处，请一并批评指正！

证券市场的新知识层出不穷,因此,持续地学习对所有参与者至关重要。我们所学或许一时半会儿不能用上,但市场迟早会给予回报,就像股票的价值终将为投资者发现,"市场可能会在一段时间内忽视企业的成功,但最终会加以肯定"。只要公司的内在价值以合意的速度增长,企业成功被认知的速度就不那么重要。实际上,滞后的认知有可能是一种有利因素,"它可以给我们机会,以便宜的价格买到更多的好东西",巴菲特的话或许也道出了个中滋味。

最后,我要真心感谢一路走来遇到的每一个人,他们给予了我在学习、思考及成长过程中难计其数的帮助,尤其要感谢冶小梅、李晶以及我的家人,在本书成书过程中给予的巨大帮助和支持;更要感谢我们伟大的祖国,感谢改革开放带来证券市场的发展与繁荣!

吴寿康

2023 年 10 月

| 目 录 |

前言

第一章　证券分析与投资机会　　1
　　第一节　证券分析是什么　　3
　　第二节　证券分析做什么　　10
　　第三节　投资机会来源于哪里　　17
　　第四节　投资趋于短期化，证券分析更重要　　26

第二章　证券分析师与分析师职业　　35
　　第一节　证券分析师　　36
　　第二节　成为优秀分析师　　46
　　第三节　分析师职业　　51

	第四节　境内外证券分析比较	55
第三章	**领悟价值内涵，树立正确价值观**	**64**
	第一节　价值的内涵	66
	第二节　价值评估	71
	第三节　相对估值	81
	第四节　价值创造与价值增长	86
	第五节　价值投资进化	92
第四章	**掌握分析工具，准确预测未来**	**104**
	第一节　财务分析	106
	第二节　利润调节与财务操纵	123
	第三节　资本效率	131
	第四节　未来预测	147
第五章	**理解公司基本面，全面认识企业**	**164**
	第一节　产业与企业	166
	第二节　市场竞争	174
	第三节　公司生意与业务模式	181
	第四节　公司治理和管理	188
	第五节　资本来源与利润分配	200
	第六节　企业并购	209
	第七节　企业社会责任	213

第六章　了解市场先生，防范市场风险　218

- 第一节　资本市场参与者　220
- 第二节　股票指数　227
- 第三节　股票定价机制　234
- 第四节　有形之手　240
- 第五节　市场估值　246
- 第六节　国际定价比较　252
- 第七节　做空机制　256
- 第八节　风险特征与证券投资风险　261
- 第九节　资本市场线与风险度量　272
- 第十节　贝塔系数与证券市场线　281

参考文献　289

| 第一章 |

证券分析与投资机会

证券分析是以价值投资思想为基础，以企业的内在价值为依据，通过对企业基本面进行分析研究，评估和判断企业价值。证券分析在企业价值与市场价值比较的基础上，为投资决策提供依据，因此证券分析也被称为基本分析。

技术分析与证券分析一样有广泛的应用，其主要任务是预测证券价格的走势。它围绕证券成交量、价格、时间三个变量，根据历史变动规律预测未来价格走势。

证券分析和技术分析都具有确定的知识体系，都属于科学。

现代金融理论和行为金融学的发展对在证券分析中降低不确定性和主观性的影响有巨大的帮助，从而使分析过程更接近客观事实。

在证券投资中，任何投资者时刻都要面对两个关键问题。

- 如何找到符合投资要求、能给投资带来收益的股票或机会？
- 持有的标的是否存在某些问题与风险？是否可以继续持有，或者再买，还是要卖出？

证券分析就是要给这两个问题提供答案，为证券投资找到"质和量"的依据。

本章在阐述这些客观知识的基础上，对证券分析可能遇到的挑战、投资机会的来源以及投资市场的现实状况进行了分析，并强调基于价值投资思想的证券分析在新的市场背景下具有更积极的意义。

第一节　证券分析是什么

一、证券分析是一门科学

长期以来，有关证券分析是科学还是艺术的争议从未间断，很多人因此心生疑惑。我们在此特别提醒及强调，证券分析是一门科学，它绝不是什么艺术。

艺术是一种特殊的社会意识，也是一种特殊的精神产物，它通过感性的形象来反映世界。艺术是人的感性体验的呈现，证券分析和艺术完全无关。

科学的定义是"建立在可检验的解释和对客观事物的形式、组织等进行预测的基础上的有序知识系统，是已系统化和公式化了的知识"。证券分析是建立在企业基本面分析及内在价值知识体系之上，具有系统的价值评估方法，结论可解释、可验证，完全符合科学定义描述的所有要素。

人们之所以对证券分析是科学存疑，主要是把证券分析和其他相关概念混淆了，并对证券分析的适用性有所顾虑。我们有必要对这些基础且容易混同的概念进行准确解释。

首先，很多人把证券分析和证券投资等同，甚至不加区分。

实际上，证券分析和证券投资是完全不同的两个概念。证券分析是科学，证券投资需要"个人技艺与机会"。证券分析为证券投资服务，两者的目标、范畴不同。证券分析立足具体证券所在企业的价值分析，并结合证券市场价格情况，为证券投资提供决策依据，主要涉及企业与证券市场表现。而证券投资除此之外还需考虑投资的时间选择、投资者自身收益与风险的匹配等。

证券分析与证券投资的关系，可类比于医学和医生看病的关系。医学作为一门科学，是毋庸置疑的，而医生看病需要在掌握医学知识的基础上，面对众多疾病及临床症状的差异，展现出医生的个人技艺，这与证券投资需要面对不同证券及价格差异的情况非常相似。

格雷厄姆在《证券分析》第一章就提到"投资在本质上不是一门精确的科学"，但需要"专业分析"。正是格雷厄姆在《证券分析》中提出了内在价值的思想，使证券分析成为一门科学，而且"不可或缺"，价值投资因而有据可依，从此逐渐成为主流投资模式。

其次，证券分析结论不一定能在市场上得到及时验证，很多人因此心存疑虑。

证券分析结论主要基于企业内在价值，而内在价值是企业未来创造的现金流的现值。企业现在的价值是现在时点对未来的预期，企业未来的经营面临着环境、政策、社会、疾病以及竞争对手策略等变化的不确定性。这些不确定导致的变化不仅影响对未来预期的分析，还可能影响企业内在价值。

证券分析结论经常得不到及时验证，可能是前述的未来环境、企业基本面等相关条件改变了，预期的基础也发生了变化；也可能是市场的非理性长时间存在，导致市场价格长期偏离价值；还有可能是因为分析师掌握的信息不足、认知偏差而出现判断错误等。其实，科学地探寻确定性知识，并没有要求对科学知识的应用做到百分之百的成功。比如火箭研制，也是无法做到每次发射都能成功的。证券分析是一种预测，和天气预报类似，有容错率；也和医学类似，再好的药都可能对某些人产生副作用。

证券分析是以价值投资思想为基础，以企业的内在价值为依据，通过对企业基本面的分析研究来评估企业价值的方法。证券分析本身是严谨和科学的。

再次，对证券分析是科学的疑惑还来自证券分析过程中存在较多的主观性。

证券分析判断的基础是企业未来的经营绩效。但未来尚未发生，未来事物如何发生、发展存在较多的不确定性，要预测未来事物发展的结果，自然需要做出很多假设、判断。这些假设、判断都是主观的。而且不同的人，由于知识水平、认知能力、经验等存在差异，对同一事物的判断就会产生差异，这会导致不同的人对同一企业所做的价值评估出现差异。

虽然对知识的应用过程存在主观性，但是不能否定知识本身的科学性。任何人对事物的判断和预测都不可避免地有其主观性，犹如医生看病，对某些未曾见过的疾病，医生也会基于各种不同情况进行分析判断，医生会诊也可能出现不同意见。也正因如此，经验丰富的医生才更显珍贵。对证券分析而言，有经验的成熟分析师同样具有巨大优势。

证券分析和其他科学一样，都有应用失败的概率，但这些问题都出在具体应用层面，并没有否定知识本身的科学性。因为证券分析的结论基本都以企业未来的发展及经营绩效为基础，所以无论分析师在分析过程中逻辑精度、预测全面、工作细致等方面做得再好，在证券分析结论验证和兑现的路径上仍然是充满变数的。因为未来充满不确定性，假设的前提可能会有所改变，这也是证券分析自格雷厄姆奠基之后一直在进化、完善的内在动力。

因为未来无法预设，证券分析师通常会将各种潜在的可能变化当成风险，并作为风险提示，列示在证券分析报告的最后，提醒阅读者留意预期条件的可能变化。这已成为证券分析成果的一部分，也是一种惯例。

二、证券分析方法不断进化、完善

自从格雷厄姆于 20 世纪 30 年代首创价值投资以来，价值投资思想经历了无数的市场风雨，不仅经受住了市场考验，也在证券投资实践中得到广泛的传播和应用，价值投资者群体不断扩大。同时，基于价值投资思想的证券分析逐渐成为广受欢迎的新兴科学。

真理永恒。一方面，证券分析以内在价值为基础的理念、原则从始至今并未改变，这也是格雷厄姆的《证券分析》一书经久不衰、历久弥新的根本原因。另一方面，证券分析的工具、方法随着时代进步、社会发展而不断进化，使证券分析师面对当今日趋复杂的金融环境时，仍能游刃有余。证券分析的作用日益突出。

对证券分析方法的完善首先来自现代金融学理论的发展。20 世纪 50 年代，哈里·马科维茨率先提出了现代资产组合理论（MPT），之后各种现代金融理论蓬勃发展，资本结构理论（MM 理论）、资本资产定价模型（CAPM）、套利定价理论（APT）、布莱克－斯科尔斯模型（B-S 模型）、有效市场假说（EMH）、自由现金流（FCF）等从不同视角对金融相关问题进行了阐述。这些理论对金融市场的发展、金融衍生产品的发展以及投资风险的度量、防范等具有极其重大的意义。同时，现代金融学理论也进一步完善了证券分析方法，丰富和充实了证券分析工具。关于资本结构理论、资本资产定价模型、自由现金流等在证券分析中的重要意义，将会在后文做进一步介绍。

现代金融理论在证券分析中的应用还有助于降低不确定性和主观性影响，使分析结论更接近客观事实。格雷厄姆、菲利普·费雪、巴菲特、芒格、彼得·林奇等投资大师也以他们长期投资实践及探索经验，为证券分析中降低主观性和不确定性影响提供了大量的分析依据，大大提高了证券分析的适用性，比如费雪的"成长投资"、巴菲特的"护城河"、林奇的 PEG 等。

20 世纪 80 年代以后，行为金融学开始落地生根。行为金融理论推翻了传统经济、金融理论中有关理性人的假设，认为现实中不存在完全"理性、完美"的人，而将人的心理、行为作为分析框架的一部分，把大量的金融现象与人的心理、认知、行为特征等进行联系，并予以解释。行为金融理论在一定程度上契合和支持了技术分析，凸显了技术分析的科学性。

三、证券分析和技术分析

技术分析和证券分析一样都是科学。

《证券分析》出版之前，投资分析主要依赖经验及简单的技术分析。技术分析始于 19 世纪 90 年代的道氏理论，主要依据证券自身历史价格及交易情况，通过历史走势规律来判断未来趋势。

虽然格雷厄姆对技术分析"不考虑股票的潜在价值就能正确预测出股票价格的走势"表示怀疑，但他并没有否定它，而是将其归为艺术，"技术分析是一门艺术，需要特别的才能方可成功"，格雷厄姆认为"基本分析和技术分析好比律师和音乐家，证券分析师能从工作中获得满意的成果，而技术分析的持续成功需要非同寻常的素质及运气"。

格雷厄姆对技术分析的定性可能扰乱了不少人的判断，实际上技术分析也是一门科学，只是分析研究对象和证券分析不一样而已。

格雷厄姆在《证券分析》这本书中把有关证券投资的分析分为市场分析与证券分析两类。他认为市场分析的主要任务是预测证券价格的走势；证券分析的工作重心是评估、预测企业内在价值。

证券分析通过企业基本面分析、判断，评估企业内在价值，并在与市场价值比较的基础上，为投资提供决策依据，证券分析因此也称为基本分析。而市场分析主要依赖技术分析方法，根据证券历史成交量、价格、时间三个变量，通过绘制走势图，从代表量能、均值、趋势等指标的相关变化中发现价格变动规律，从而预测后期市场价格走势。

在格雷厄姆看来，证券分析的出发点是"决定价格"的内在价值，而市场分析则是从"相关关系"的价格影响因素入手，因而将其理解成艺术。如果站在技术分析视角看，技术分析是以"价格走势"作为分析目标，在技术分析者眼中，价格已经涵盖了众多信息，价值可能只是内含在价格中的某个因素。证券分析和技术分析是两种不同理念指引下的不同分析方法体系，各有其适用性。

价值决定价格，但在现实世界里，这种决定主要体现在长期，短期股票价格更多受到其他因素的影响，如制度、政策和市场情绪、投资者心理与行为等，这些因素会引发股票价格持续波动，股票价格也会反映这些因素。

在格雷厄姆和多德的时代，现代计算机尚未出现，技术分析的图表分析方法及相关技术指标应用远没有今天这样复杂且成体系，计算机的普及应用对技术分析有巨大的推动作用。技术分析从始至今一直有广泛的适用性，其依赖的事实一直是重要的价格走势因素。今天的量化投资、对冲投资都广泛应用了技术分析，并借助计算机技术，普遍取得了好的投资业绩。当然这些投资往往都是基本分析和技术分析的混合使用。

四、证券分析的意义

证券分析为证券投资提供依据,格雷厄姆说价值投资"需要既能从质的方面,又能从量的方面找到根据",这就是证券分析最大的意义。

现代科学技术的发展及应用让证券投资变得极其方便,投资者可以随时随地像在网上购物一样轻松完成证券买卖交易。证券投资获取收益常常具有运气成分,"机会"来时,任何缺乏知识、经验的投资者都可以赚钱,因而很多投资者在幸运地获得收益后,有可能认为投资很简单、很容易,认为证券分析没有什么价值。这种认知问题可以用"无知者无畏"来形容,凭借运气和侥幸是不可能走远的,证券分析是证券投资行稳致远的灯塔和最好的工具。

如今,证券分析虽然已成为一项重要的专业工作,但它的理念、方法、工具等依然可以为广大投资者所学、所用。如同普通的感冒、咳嗽等疾病,尽管我们不是医生,但是我们自己也可以判断如何吃药治疗。证券分析可以帮助投资者克服盲目性,增加投资鉴别能力。俗话说"久病成良医",只要我们能不断学习、训练、积累,证券分析方法就可以为我们每一个人掌握和应用,成为成功投资的有力工具。

证券分析作为专业,其所能发挥的作用也日益广泛。

对证券市场而言,因为证券分析师的存在,可以大大降低市场信息的不对称,降低市场投资风险。证券分析师通过对上市公司的跟踪调研、分析研究,帮助投资者更充分、客观地获取投资信息,及时对投资标的相关价值、风险等做出判断。

对使用证券分析成果的各类投资者而言,通过阅读证券分析报告,不仅可以为投资决策找到"质和量"的根据,有利于发现投资机会、规避风险，还可以克服自身认知盲点，拓宽思维。很多时候证券分析报告还可以有心理按摩的作用，尤其在市场低迷或遇到巨大压力的时候，证券分析报告往往成为投资者坚持或决定投资的重要力量源泉。

对证券分析师而言，"研究创造价值"，通过自己的专业分析研究，为投资者、客户找到"有质和量"的投资机会，同时规避投资风险。而证券分析本身就是一个探索真理的过程，证券分析师经过学习掌握证券分析的理念、方法后，构建起自己的分析框架和预测模型，通过不断地实践、积累经验，努力提升预测、判断能力，使证券分析结论不断趋近客观事实。

第二节 证券分析做什么

一、证券基本分析

任何一名投资者，在投资中时刻都要面对两个关键问题。

- 如何找到符合投资要求、能给投资带来收益的股票或机会？
- 持有的标的是否存在某些问题与风险？是否可以继续持有，或者再买，还是要卖出？

证券分析就是要给这两个问题提供答案。

在证券分析成为科学和专业之前，上述问题中的"投资要求""问题与风险"是没有具体标准的。

1934年格雷厄姆和多德合著的《证券分析》出版，使以价值投资思想为基础的证券分析成为科学。《证券分析》中提出了内在价值的概念，认为作为证券的股票，实际上是公司的所有权证书，代表的是对公司的部分所有权，因此股票的价格应由企业的内在价值决定。

《证券分析》为证券投资指明了方向，为证券定价提供了依据。企业价值是证券投资决策的依据，"投资要求"可以用"企业内在价值"衡量；而具体证券存在的"问题与风险"则通过公司基本面反映，如盈利是否真实、可靠，资产和负债是否"健康"，是否存在竞争对手威胁，或者有新的竞争者、新的技术威胁等。

既然股票价值可由企业价值表示，股票分析就转为了对企业的分析。证券分析就是以价值投资思想为基础，以企业的内在价值为依据，通过对企业基本面进行分析研究，评估企业价值。证券分析因而也被称为基本分析。

证券分析需要完成的任务可以概括为"发现投资机会、揭示投资风险"。具体而言，就是一方面要从众多的证券标的中，寻找价值未被市场充分认知的证券或被低估的证券，以发现投资机会；另一方面，要深入跟踪、分析影响投资收益的企业基本面因素，包括对证券市场价格可能产生负面影响的各种不利因素，以揭示投资风险。

这两方面的任务一个侧重正确评估企业的内在价值，另一个侧重价值影响因素及与证券市场价格的关系。虽然任务的侧重点不同，但都是基于企业基本面分析的内在价值的评估，两者其实是统一的。

二、企业内在价值

价值投资思想的核心在于内在价值理念，正确评估企业内在价值，首先需要正确理解企业价值，领悟价值的内涵。

企业价值通常就是指企业内在价值。格雷厄姆认为"一个企业的内在价值是由其盈利能力决定的",因为"无法放心地将明确数字表示的盈利能力当作证券分析的一般前提",所以"一般来说,内在价值是由资产、收益、股息等事实和可以确定的前景决定的"。

在格雷厄姆和多德的时代,财务制度尚不完善,现金流概念、现金流量表尚处于摸索期,格雷厄姆和多德因此以企业盈利和股息来表述企业内在价值。时代在进步,企业会计制度也在不断完善,现在主要以自由现金流来表述企业内在价值,今天的"内在价值"在《证券分析》的基础上也有了进一步的完善,其含义更加清晰和明确。

就如金融学认为的,资产的价值由该资产未来创造的现金流的现值决定,企业作为一种资产,其内在价值当然也由企业未来创造的现金流的现值决定。内在价值概念的完整表述是,"内在价值是企业未来创造现金流量的现值,是企业在整个剩余寿命期间产生的自由现金流量折现值的总和"。

企业内在价值有时容易和企业账面价值、企业市场价值混淆。企业账面价值是企业资产负债表上的全部资产与全部负债之间的差值,与资产净值、股东权益同义。企业市场价值则指企业在市场上出售时的成交价格。如果是上市企业,股票价格和股票数量相乘就可以得到企业的市场价值。

企业资产是企业创造现金流的基础,是企业内在价值的来源。企业资产的账面价值是按照会计核算原理和方法计量的企业资产数值,而且企业资产数值以历史成本入账,不考虑现实资产市场价格的波动,不考虑资产的收益状况,也不涉及企业的内在价值,只是一种静态的会计数值。企业内在价值是一个预期值,今天的内在价值是当下对企业未来现金流创造的预期。它不等于账面价值,有时也"很难确定为某一具体数值"。市场价值一般也不等于账面价值，企业市场价值由其内在价值决定，但由于人们的主观因素或市场信息不完全等诸多因素的影响，市场价值通常会偏离企业的内在价值。

　　账面价值、市场价值反映的是过去和现在，内在价值强调的是未来。内在价值、账面价值和市场价值的关系，可以借用"母鸡与蛋"的比喻来描述：企业好比会下蛋的母鸡，之前购买母鸡时所花费的钱就是其"账面价值"，现在，如果有人想出价买下这只母鸡，那么这个出价就是"市场价值"。然而这只母鸡的"内在价值"由其在未来生命周期内所能下蛋的价值决定。如果这只母鸡能下出金蛋，那么它的价值将非常可观。

　　事实上，正是由于企业内在价值被低估或高估的情形存在，才有了吸引投资者获取企业内在价值与市场价值的价差空间。格雷厄姆认为市场对各种消息都会过度反应，"市场价值容易被人为操纵，被狂热情绪扭曲"，导致股价偏离公司当前的价值，从而给股票投资创造收益机会。投资者可以通过寻找价格低于其内在价值的股票，买入并持有至其价格回归到价值之上，从而实现盈利。

　　内在价值作为市场定价之锚，对证券投资的意义是无可替代的。股票价格既不会长时间地偏离价值，也不可能无止境地偏离价值。由于其他因素影响，股票价格有可能高于价值，也有可能低于价值，也有可能较长时间在高位或低位区域，甚至可能偏离价值较多，但"价值之锚"会始终牵引着价格的走势，价格终会向价值回归。

三、证券分析过程

　　证券分析主要基于企业基本面分析，预测企业未来发展，评估企业内在价值，工作涉及面广泛，需要掌握众多知识、技能，且需要一定的经验积累，才有可能做好这项工作。

格雷厄姆在《证券分析》中对分析有过这样的描述："分析是指通过对现有可掌握的事实的认真研究，根据经确认的原则和正确的逻辑做出结论……分析是一种科学的方法。"对证券分析而言，格雷厄姆所说的结论就是企业的价值评估，也称估价。

有了对内在价值的正确理解，证券分析就可以依照格雷厄姆的思路展开。分析的起点和重点自然就是要寻找、发现可掌握的事实。这些事实包括行业、公司及宏观经济这三个对公司未来发展有直接影响的层面。具体而言，行业层面，如行业发展历史及供需情况、市场竞争状况及产业链相关情况；公司层面，如公司业务模式及经营状况、竞争对手与客户、财务绩效、公司治理和管理情况等；宏观经济层面，如国家经济政策、贸易政策、产业政策等。

所有这些统称为基本面，每个层面都有其信息渠道来源与分析方法。对证券分析师而言，实地调研考察、对上市公司管理层进行拜访是不可或缺的，有些时候"草根调研"对观察企业基本面变化、验证企业基本信息等也有重要帮助。掌握这些事实，研究这些事实，目的是为经营绩效评估、现金流预测等提供依据，并对其进行研究。

格雷厄姆所说的"经确认的原则"，涵盖面较广，既包括金融证券理论、知识，如金融学、产业经济学、企业财务管理等，也包括证券分析的方法、工具，诸如"迈克尔·波特五力模型"，可以作为分析行业及竞争的原则；各种财务比率被应用于财务预测；企业的资本成本来源于投资者的风险补偿；股票价格长期将趋向于其内在价值等，都在所指范围。

这些"经确认的原则"是需要我们掌握的证券分析知识体系，分析人员需要根据这些知识体系构建分析框架，区分主次轻重，并对驱动价值变化的重要因素跟踪研究。除了市场共识性原则外，分析人员在长期实践中也会发现和总结一些特殊的原则，经验积累对证券分析是有帮助的。

正确的逻辑，即需要按照"企业价值是未来企业创造现金流的现值"的逻辑，采用现金流折现方法评估企业价值。

这需要分析人员建立预测和价值评估模型，在认真研究可掌握的事实的基础上，依据一定的原则判断企业未来的发展，并对企业未来的现金流进行预测，按照折现逻辑测算出企业价值，从而完成所研究企业的价值评估。

本书主要的工作就是要详细解剖价值评估方法、过程，以及需要使用的事实、工具、原则，后续章节将从价值内涵、价值评估方法及企业价值创造开始，全面介绍相关的原则、方法、工具，并对分析过程中可能遇到的问题，甚至工具或方法本身存在的问题等，进行提示和分析。

四、证券分析可能会遇到的困难

价值投资思想及证券分析方法如今已成功应用于不同的市场环境，并且对不同国家、不同资产都有较好的适用性。但是，证券分析在现实中也会遇到一些困难，这些困难可能导致分析结论出现偏差，或者使分析基础失效、分析结论得不到验证等。这些困难并不是方法本身有问题，而是现实中存在的其他问题，主要有以下三种情况。

- 可掌握的事实资料不完整或不准确。

- 未来具有不确定性。
- 市场常常充斥着非理性。

（一）可掌握的事实资料不完整或不准确

企业的财务报告不一定披露影响企业价值的所有信息，而且企业可能为达到某些目的而使用一些财务手段，使财务数据出现不同程度的"失真"。很多时候，企业信息披露的客观性、完整性、及时性还是存在一些问题的。

分析结论建立在可掌握的事实资料不完整、不准确的基础上，这是有问题的，因而证券分析师不仅要紧密跟踪企业及行业动态，充分掌握必要的信息，还要具有数据真实性甄别能力及相关经验。

（二）未来具有不确定性

证券分析的结论都是基于对未来的判断，而未来尚未发生，企业未来将如何发展是不确定的。今天的分析结论所依赖的预判，可能会在明天发生变化，从而"根据事实和明确前景得出的结论，可能由于事情出现新的变化而失效"。

未来的不确定是客观事实，虽然完善的分析方法、工具以及分析人员的经验、认知等可以在一定程度上降低不确定性的影响，但不确定性永远都存在，是不可能彻底消除的。

（三）市场常常充斥着非理性

证券价格短期内更容易受到市场环境、投资者情绪和行为等影响，因此市场价格会经常性地偏离价值，但在长期来看，内在价值决定市场价格的规律经常会发生作用，市场也有自我调整的机制。

市场非理性给证券分析带来的困难是，由于市场的非理性，市场价格长期或大幅度偏离内在价值，而市场的自我调整节奏非常缓慢，使分析结论无法得到及时验证，或者在此过程中有可能出现新变化，而使之前的判断依据、假设等失效，导致分析结论出现差错，甚至干扰正常的内在价值判断。

第三节　投资机会来源于哪里

股票的价值反映了企业的经营前景，从长期来看，股票的价格由其价值决定。但短期股票价格走势更容易受到投资者情绪、心理和市场环境等外部因素的影响，股票价格通常会在理性和非理性拉锯中波动。

深度价值投资者认为，股票投资应该通过分享企业的经营成果或企业成长来获利，他们鼓励长期投资。相反地，投机者则根本不关注企业的基本面，他们更关注其他投资者的心理和意愿，并猜测其行为，试图在其他投资者行动前采取相关行动。投机者主要依赖于短期博弈获利。

然而，在现实中，真正的深度价值投资者和纯粹的投机者可能并不多见，更多的投资者介于两者之间，他们在有价值投资机会时，可能选择价值投资，在有投机机会时也不排斥博弈，这些投资者的操作比较灵活，我们很难明确界定他们是价值投资者还是投机者。

证券投资的目的自然是要获取投资收益，所以，投资也好，投机也罢，关于投资机会的来源，我总结了四大类。

- 投资机会来源于内在价值。
- 投资机会来自预期差。
- 投资机会来自定价的相对合理性。
- 投资机会来自市场价格本身走势。

四类来源中，前三类需要通过基本分析寻找，第四类则要求有技术分析技能。

四类来源并不涉及持股时间问题，投资者应该依据投资机会的具体情况做决策。当预判的卖出条件实现后，就可以考虑卖出，而不必苛求持股时间的长短，即使价值投资，也可以是短期投资；而短期投机，也可能持股较长时间。

一、投资机会来源于内在价值

价值投资认为证券投资不应该是零和游戏，证券投资通过所投资的企业创造财富而获取收益。具体而言，就是股票投资应该通过分享企业经营成果获得收益，主要有三种方式。

- 分享红利。
- 发现市场对企业价值错误定价，通过价值回归实现收益。
- 通过企业价值增长实现投资获利。

分享经营成果的红利是企业分配的股利，可以用红利率（股息率）作为判断的依据。

市场对股票的错误定价主要是指市场没有充分认识到企业的价值，或误解了企业价值，从而出现价格低于内在价值的情况，此时投资者可以买入股票，待价格回归到价值后，再卖出获利。

价值增长是指企业在成长过程中，其内在价值也在不断增长，因为价值决定价格，所以股票的价格也将上涨。买入这样的股票，将可以在企业持续成长的过程中获得巨大盈利。

价值投资的这三种获利途径都需要正确评估企业价值，并根据内在价值与市场价格的关系，做出投资机会的判断。

如果企业有令人满意的红利率，而内在价值没有被明显高估，投资该企业是相对稳健的；相反，如果内在价值已被严重高估，即使红利率较高，也存在较大风险。因为红利来自企业过去的盈利，它无法保证未来分红的稳定或增长，因而以红利率作为投资选择的依据并不充分。

从"定价错误"中找投资机会，其实和"寻找便宜股票"基本一致。格雷厄姆的投资思路就是寻找低估值股票，通过其"价值回归"实现投资获利。格雷厄姆"寻找便宜股票"的方法主要依据企业的盈利状况和资产状况，评估股票价格的高低。这种方法是相对估值，它没有内在价值严谨，但简单易行。巴菲特早期也采用了这种投资方式，他后来将这种寻找便宜股票的投资方式称为"捡烟蒂投资"，意指收益不高且容易被烫到嘴，有一定风险。

企业如果经营良好，并能逐步建立竞争优势，将可以在未来赚取更多的现金流。也就是说，企业的内在价值将可以实现增长。内在价值增长是巴菲特及其他价值投资者获利的主要方式。

随着信息传播技术的发展，投资者之间竞争日益激烈，目前，市场上价值低估的机会越来越少，因此，通过企业内在价值增长实现投资获利逐渐成为价值投资的主要方式。价值投资不仅要正确评估企业当前的内在价值，还要能判断企业未来的发展趋势及价值增长情况，这对证券分析提出了更高的要求。

企业的价值在于未来，证券分析自然要对未来做出分析与判断，尤其是对未来的变化和趋势做出分析与判断。对于内在价值增长的分析与判断，证券分析中又引入了价值创造的概念，即当企业的资本收益超过资本成本时，企业才能创造价值。内在价值增长的前提是企业必须具备价值创造能力，且可以长期保持这种能力，这样的企业将是价值投资者的"掌中宝"。相反，如果企业不具备价值创造能力，那么企业可能会成为价值毁灭者，从而给投资者带来风险。

因此，基于内在价值寻找投资机会，进行企业价值评估及基本分析的时候，最应该做的工作，首先是分析企业有没有创造价值，是否具备价值创造能力。其次要判断未来的变化。未来的变化又有两种情形，一种情形是公司过去不创造价值，现在也不创造价值，但是未来会变得更好，能创造价值，那就有投资机会。另一种情形是企业现在创造价值，但是要判断能否持续，未来能否变得更好。证券分析要以更长远的眼光分析一个企业的价值创造能力的变化。

企业基本面分析涉及众多方面，跟踪、分析、研究如果面面俱到，是没有效率的。在进行分析时应该分清主次，善于抓住核心因素，并尽可能降低未来不确定性的影响。关于未来价值预期判断有两个关键点：一是对竞争者及竞争格局演变的判断，在与竞争对手进行比较分析的基础上，可以鉴别企业的长期竞争优势，巴菲特将这种优势描述为企业护城河，有护城河的企业可以保证价值创造的长期持续；二是对产品及技术趋势的判断，把握产业发展脉络。芒格说投资的原则是"在有鱼的地方钓鱼"。

二、投资机会来自预期差

企业价值是指一个企业在整个剩余寿命期间，产生的现金流量折现到现在的总值，企业价值是预期值，它体现为未来现金流。但是，未来尚未发生，我们今天无法知道确切的价值数值，也不清楚股票的价格是否偏离价值以及股票价格偏离价值的程度，这给证券分析及投资带来了困难。

价值预期带有鲜明的主观性，不同的人在不同的时间对价值可能都有不同的预期。今天的企业价值是对企业未来创造现金流的预期，它可能有多个预期值：分析师的预期、不同投资者的预期、综合了所有参与者的市场普遍预期等，并且随着时间的变化、企业环境的变化，这些预期值也可能发生改变。

当前股票的价格一定是基于当下市场对企业价值普遍预期给定的，证券分析如果能够发现与市场普遍预期不一致的地方，或者认识到市场普遍预期中忽视了某些细节、变化，将可以为投资提供依据，这就是通过"预期差"发现机会的内在逻辑。

"预期差"思路不拘泥于内在价值绝对值的大小，而是强调预期值的差异，根据不同人群对价值的预期或认知上的差异获取投资收益。

"预期差"与价值投资有较大差异。价值投资认为投资者需要理解价值和价格之间的关系，根据内在价值与市场价格的差异，在安全的边际范围内进行投资。"预期差"投资机会虽然也包含着价值思想，但它将价值放在从属地位，或可称之为"价值投机"。

预期差通常可分为"认知差"和"时间差"两类，"认知差"是指从他人的认知错误或认知不完善中获取判断上的优势；而"时间差"

则是通过先人一步的信息掌握或更快的反应速度来获得时间优势。利用内幕信息就是一种典型的"时间差"预期，然而这是违法的。作为证券分析师，重要的是要从公开的信息中发现有意义的信息，或利用自身的分析能力建立相对于市场认知的优势。

企业价值是企业未来产生的现金流量的折现值，价值公式如下：

$$EV = \sum_{t+1}^{T} FCFF_t / (1+WACC)^t \qquad (1\text{-}1)$$

式中，t 表示时间，可以到无穷大（生命期限）；分子项 FCFF 是自由现金流；WACC 是加权平均资本成本，也相当于折现率。

价值公式的分子项表示企业价值创造，重在新的财富创造，是企业未来在其生命期限内创造的现金流；分母项表示未来现金流折算为现值的换算标准，并不涉及经营性价值创造，其变动只是说明在不同换算标准下所计算的企业价值的现值发生了变动。

在分子项，如果不存在认知错误和信息不完全，"预期差观点"其实是将"边际变化"作为分析的重点，企业基本面因素只要发生任何边际变化，如利润、竞争、政策、产品结构等，就会与市场普遍预期产生差异，从而出现投资机会或风险，而不管是否可以创造价值，是否可持续创造价值及价值是否有提升等。

在分母项，则是需要揣测投资者心理的变化，需要观察无风险利率和市场风险偏好的边际变化。无风险利率的变化一般由银行利率决定，是公开透明的，主要还是要判断市场风险偏好的变化。佛家"风动、幡动、心动"的故事能较好地说明这种状况，一阵风吹过后，到底是什么在动，慧能禅师说："不是风动，不是幡动，仁者心动。"有风吗？仁者什么时候会心动？需要对市场"情绪"有判断。

"预期差"基于企业内在价值逻辑，但并不以内在价值具体数值大小来判断投资机会，而是通过观察投资者对内在价值潜在变动情况的认知差异，来获取投资收益。

但企业的经济环境、竞争状况变化无常；投资者也有千千万万，每个投资者的心理、偏好各不相同，而且瞬息万变，要把握边际变化，对普通投资者是一个巨大的挑战。

我国股票市场频繁地大幅波动，市场风险很大，但也给短期交易提供了诸多机会，寻找短期波动机会成为大量投资者的需求。预期差或许也是有效的方法，就像相对估值一样。

三、投资机会来自定价的相对合理性

相对估值区分了不同证券之间定价的相对合理性，因此也成为发现投资机会的有效工具。

相对估值将股票的市场价格与企业基本面指标的比值，作为估值工具，以此评判市场定价的高低及合理性。企业基本面指标包括经营绩效指标（如主营业务收入、净利润、现金流、EBITDA等）、资产指标（如净资产、总资产等），这些基本面指标都只是某一时期的数值，所以相对估值并不能完整反映企业的基本面。

相对估值法是指股票自身的价格需要用其他可比公司的估值水平来推定，虽然逻辑上不是很严谨，但由于其含义明确，计算简单，易于理解和沟通，还是为投资者广泛使用。

相对估值通常需要完成三个步骤：一是选择既能反映公司业务特征，又能体现公司市场表现的估值指标，如市盈率（PE）、市净率（PB）、市现率（PCF）、市销率（PS）、PEG指标、企业价值倍数（EV/EBITDA）等；二是寻找对标标的，一般情况下，需要选择多个具有相似特征的可比公司；三是计算可比公司估值乘数，以此为基准确定目标公司估值乘数值，从而给出定价建议。

相对估值法揭示股票定价的相对合理性，当公司估值乘数低于可比对象的估值乘数时，一般认为该股票有投资机会，反之，则可能有风险，所以选择可比对象尤其重要。选择可比公司，一定要从业务属性、收益构成、行业地位、历史表现等多方面认真考察。

相对估值法不是判断股价与价值的关系，而是判断不同股票之间市场定价的相对合理性。因此，如果能在对内在价值评估的基础上，结合与市场定价的相对差异，可以给投资机会增加保险，也能更好地控制风险。

四、投资机会来自市场价格本身走势

股票的定价是由证券市场参与者（买卖双方）共同决定的，市场上数以万计的投资者聚在一起，通过竞价的方式集体确定价格。

这些参与定价的参与者既包括价值投资者，也包括投机者；既包括专业机构投资者，也包括个人非专业投资者；既包括企业利益相关者，也包括利益无关者；既包括了解企业基本情况的投资者，也包括对企业一无所知的投资者；既包括学识渊博的投资者，也包括文化素质不高的投资者……他们构成了市场智慧，通过真金白银（交易量）最后给出一个价格。

因此，以交易量和价格为依据的技术分析，通过技术图表及相关技术指标，在一定程度上可以揭示市场上投资者的情绪、偏好和行为。

技术分析通过市场价格、成交量反映的市场行为来分析证券价格未来变化趋势。技术分析把时间的变化作为分析市场行为的重要参数，从过去的变化过程中寻找规律或未来演变的线索，预测未来价格走势。

证券分析给企业估价时，通过价值和市场价格的差异寻找投资机会。而技术分析并不探究驱动股价走势的真正内在力量，它以"价格走势"作为分析目标，通过价格、成交量、时间的变化，分析判断投资者的行为、情绪等的变化，判断未来价格走势，从价格走势的方向性变动中获得投资机会。

技术分析理论有很多，如道氏理论、K线分析、形态理论、波浪理论等都属于技术分析范畴，它们都有三个共同的市场假设前提。

- 市场行为涵盖一切信息。
- 价格沿趋势运行。
- 历史会重复。

现实中这三个前提不一定完全成立，如"市场行为涵盖一切信息"，现实中到处都是不完全信息，信息不对称的情况也比较严重。技术分析应用过程中也会受较多主观因素的影响，如"价格沿趋势运行"时，趋势形成、中间变化及趋势延续等过程都是基于主观判断，而历史将以何种方式、何时重演也是不确定的。

对市场短期趋势的预判是很困难的，也缺乏足够有效的工具。尽管如此，技术分析在错综复杂的市场环境下仍然表现出较好的适用性。技术分析中支持位、阻力位、移动平均线、相对强弱指标及形态等都有相应的适用性，对判断价格走势有巨大帮助。娴熟的技术分析者选择适合自己的技术方法，能够总结其中的规律特征，以指导投资行为。

理论上，综合使用多种分析方法可以提高投资成功的概率，比如，用基本分析选股、技术分析选股时，可以在控制风险的基础上进一步提升投资的可靠性。多种分析方法共同使用时，企业价值评估往往是基础，即通过证券分析对股票正确估值后，再结合股价的市场走势及投资者行为、预期，利用预期差、相对估值、技术分析等方法，提高投资的成功概率。巴菲特说成功投资只需要掌握好两门功课，其中第一门功课就是准确评估企业价值，道理或许也在这里。

第四节　投资趋于短期化，证券分析更重要

一、投资短期化

投资之所以趋于短期化，一般认为与券商佣金、印花税、登记结算费等在内的交易成本大幅下降有关系。就国内而言，早期券商佣金基本在 0.2%～0.3%，而现在已经下降到 0.02%～0.03%，降幅达到 90%。印花税、登记结算费等其他交易成本也都有不同程度的下降。

交易成本降低有利于活跃市场，对长期投资者和短期交易者都是有利的，这个观点没有毛病，但绝不是全部，更不是主要原因，投资趋于短期化更深的原因其实是以下这些变化。

- 上市公司长期发展趋势预测的难度增加。
- 证券市场快速发展，投资品种、投资工具更加丰富多样。
- 投资者行为发生变化，更重视追求短期盈利。

（一）上市公司长期发展趋势预测的难度增加

经济全球化和大范围的技术更新是预测难度增加的主要原因。

最近几十年来，经济全球化趋势进一步加深，技术进步日新月异，它们不仅使企业的市场竞争得以在全球范围内展开，还使企业面临更多竞争对手，威胁也变得更加严峻。快节奏的技术更新使企业发展前景的不确定性进一步加大，有些时候，新技术的出现使企业甚至都不知道竞争对手在哪里，而当竞争对手出现时，企业再采取应对措施已然来不及。这种背景下，无论是分析师，还是基金经理，他们对企业长期发展趋势的预测将变得更加困难，预测的可靠性也会降低，投资者对长期投资的信心也因之下降。

长期发展前景预测难度增加，近期的发展前景预测就更受投资者重视，基于近期企业基本面、盈利等预测的投资，其买卖节奏必然加快。

当然，对部分具有全球长期竞争优势的企业来讲，以上的变化反而有利，比如，苹果、微软、谷歌、特斯拉等都是受益者，这些大企业的市值将持续攀升。但是更多的企业则会受到冲击，被迫陷入比过去更激烈的竞争之中。

（二）证券市场快速发展，投资品种、投资工具更加丰富多样

投资品种方面。一方面，上市公司数量大幅增加，尤其是大量中小市值上市公司。这类公司股价天然具有更大的波动性，任何企业的内、外部消息和变化都可能引发公司股价大幅波动，有利于短期投资者从中获利。另一方面，股指期货、期权、个股衍生品等在最近几十年都有了长足的发展。金融衍生品本身就是基于短期的投资，并为

短期投资提供了风险防范的工具，它们极大地提升了短期投资的市场氛围。

投资工具方面。量化投资、对冲投资、做空机制、股权投资、风险投资等已经广泛流行。量化投资、对冲投资都是立足短期交易的策略，通过发现市场定价错误、短期趋势，利用计算机自动操作来获得盈利。做空机制使得投资者能够从价格的双向波动中获利，即使股价下跌也能赚钱，这对短期交易来说是锦上添花。而股权投资、风险投资主要集中在非上市企业，投资周期较长，吸引了部分长期投资者，使二级市场的长期资金减少，进一步降低了市场中的长期投资力量。

（三）投资者行为发生变化，更重视追求短期盈利

资本市场作为资本形成市场，在助推经济发展的同时，也吸引了广泛的参与者。这些参与者有理性的，也有非理性的；有投资的，也有投机的；有知识丰富、投资技巧娴熟的，也有知识匮乏、风险意识缺乏的……他们共同参与市场价格竞争，使市场定价效率大大提高，加上互联网的发展使信息的传播变得更加快捷方便，很多投资者认为已很难找到价值被低估的股票，从而更加趋向于追求短期投资。

有人对美国证券市场的发展进行了深入研究，发现早期以共同基金为主的机构投资者，它们的投资出发点是基于企业的发展、成长而获利，更多依靠选股并长期持有的策略，其指导思想是给投资人赚钱。然而，现在的机构投资者更加注重自身公司的利润。这种转变，主要是因为现在的资产管理业务收取"业绩报酬"的情况日益普遍，同时市场投资工具、风险管理工具日渐丰富，机构投资者认为短期投资可以获得更多的收益。

投资的短期化推动市场频繁波动，市场波动又促进了短期投资，这两者是相互作用的。市场波动虽然表现为投资风险，但也为从波动中赚取收益提供了机会，这对一些"聪明人"（投机者）是有利的。"聪明人"利用自身经验、交易技术等优势，可以在市场波动中赚取收益。有意思的是，除了真正短期交易高手，市场上也从不缺自以为是聪明人的投资者。除了聪明人之外，各类要证明自己（包括基金经理）、相信运气在自己这里的投资者蜂拥而至，使市场交易更加频繁，市场波动进一步加剧。而且，在经济快速发展的背景下，大量新技术的开发应用、企业并购重组、资本全球流动等，为短期投资提供了引人入胜的叙事。市场上的投资故事丰富多彩，进一步激发了投资者参与投资的热情，从而使得市场投机氛围浓厚。

可能还有一个现象也是过去没有的，就是今天的媒体及基于互联网的新媒体，它们广泛而高频率地报道、分析证券市场动态及信息，使本就处于焦虑中的投资者更加焦虑，从而加快了投资者的投资决策节奏，促使短期投资更加短期化。

投资短期化趋势其实是全球性的，中国目前也有这种趋势，而且中国A股还有一些特殊的因素。

A股的市场还有需要完善的地方，比如在上市公司信息披露方面，信息披露要求的及时性、完整性、客观性等还有较大的提升空间，信息披露中关于误导性、滞后性等情况还有不少。有的上市公司因为违规成本低，难以抑制其违规冲动；退市机制不顺畅，也为投机交易提供了机会等。

另外，中国证券市场投资者结构中，个人投资者占比较高，这就给"聪明人"提供了浑水摸鱼的肥沃土壤。而且有相当一部分个人投资者并不具备证券投资知识，没有风险意识，也缺乏应有的判断能力，容易受他人或一些传言的影响，常常形成"羊群效应"，不断在市场上追涨或杀跌，加剧了市场波动。

二、"价值"价更高

在这种市场环境下，很多投资者对价值投资心存疑虑，加上最近几年一批优秀企业的股价一路下跌，更使不少投资者认为价值投资在我国已经不适用。但是，我深以为在投资短期化及投机氛围浓重的时候，价值理念更显重要，证券分析更是不可或缺。以下三个方面足以说明这点。

- 价值投资并不是简单地投资优秀企业。
- 价值投资本身就是最好的风险控制方式。
- 价值理念使投资更具可持续性。

（一）价值投资并不是简单地投资优秀企业

实际上，优秀企业的股价下跌正是说明了价值规律在起作用。

企业价值是企业未来创造的现金流的折现，主要体现在未来。过去几年，这些优秀企业的股票价格在市场乐观情绪中被推升到很高的价位，价格脱离了价值，企业本身已严重透支了未来。之后，国内经济发展中面临着一些过去未考虑到的问题，加上外部环境趋于恶化，给这些优秀企业未来的增长前景蒙上了阴影。

股票投资本质就是平衡风险和收益的关系，价值投资要求为潜在的风险留有足够的"余量"，可用价值投资者的术语"安全边际"表示。过去高位买入优秀企业股票的投资者实际上并没有考虑这点，现在股价下跌又怪罪于价值投资，这显然是说不过去的。企业未来创造现金流的折现其实反映了对风险的补偿要求，内在价值之锚始终会牵引着风险和收益达到平衡。尤其在市场对企业未来现金流创造能力有所顾虑的时候，股价下跌是必然的。

投资优秀企业与价值投资并不完全等同，优秀企业固然是价值投资的必要选项，但价值投资还要求安全边际、持续价值创造及价值增长等，需要投资者为未来风险预留补偿空间，这些问题都是不能忽视的。

（二）价值投资本身就是最好的风险控制方式

"买股票就是投资企业"，价值投资把股票风险转化为企业经营风险，而且优先考虑风险，安全边际的容错空间确保了在犯错的时候不会损失更多，但在正确的时候却可以得到更多。

价值理念崇尚价值决定价格，认为投资最佳的收益来源应该是企业内在价值的增长，而不是股票价格的走势。巴菲特站在价值投资、长期投资的视角认为投资风险"真正关键的是企业的内在价值风险"。

作为普通投资者，虽然我们无法达到大师的水平，更缺乏坚持长达10多年持股的定力。但是至少有一点我们是可以做到的，那就是拥有价值信念，我们将可以回避那些毫无价值的博弈，远离那些价格远在价值之上的股票，从而大幅降低投资风险。

价值投资的内在价值增长理念给投资提供了较大的确定性，而安全边际理念强调投资者应以低价或合理的价格买入，并在价格高于内在价值时卖出。"风险取决于购买价格"，价格与价值的差价就是安全边际，安全边际能有效控制投资风险并减少损失，使下行风险始终可控。

人性从来都没有改变过，正所谓：江山易改，本性难移，人类本性的贪婪、恐惧和投机一直伴随着证券市场的发展而未有改变，市场疯狂总会周期性地不断上演。这时具有价值理念将是很大的优势，既可减少损失，又有大量可观的机会。

价值投资也许不能使你一夜暴富，但可以确保你守住财富，守住你所得到的收益。实践已经证明，价值投资是一种可积累、可复制的投资方式，假以时日，投资者将可以迈入真正的富裕阶层。

（三）价值理念使投资更具可持续性

价值投资是可复制的，是可持续的投资方式。

投资股票就是投资公司，投资公司就是帮助、支持了公司的发展，放大了看就是支持了国家经济的发展。投资者在跟随公司发展壮大的过程中分享了公司价值的成长，在帮助别人的过程中也成就了自己。这就是投资的理想境界，也是价值投资可持续性的重要一面。巴菲特、查理·芒格这两位投资大师以他们逾70年的投资实践很好地诠释了这一点。

价值投资的可复制性还在于分析方法是具有广泛适应性的。价值投资思想找准了股票投资的脉点，它依照"价值决定价格、价值来源于未来创造的现金流的现值"的逻辑，清晰剖析了价值思想、价值和价格的关系。顺着这个思路，只要我们不断提升对企业、对市场的认知，强化自己的能力圈，股票投资的成功概率就会大大提高。

价值是企业未来创造的现金流的现值，公司基本面分析是评判价值的基础，通常落脚点都会在企业的盈利、现金流等财务数据，树立价值理念，有助于我们更深入理解股价走势。

市场总是存在大量盲目"博傻者"，他们没有价值理念，在市场上随波逐流。价值理念相当于给投资者提供了一个有力的工具，帮助投资者降低风险、提高收益，优势是不言而喻的。

三、价值投资并不等同长期投资

因为巴菲特倡导长期投资，更因为巴菲特的巨大成功，很多人因此把价值投资和长期投资等同起来，认为价值投资一定是长期投资，这是有失偏颇的。

价值投资其实也提倡"低买高卖"：在市场价格具有安全边际时买入，在高于内在价值时则应该卖出。格雷厄姆当年就是这样操作的。长期投资只是价值投资的一种，在市场频繁大幅波动的时候，价值投资者不必拘泥于持股时间的长短，而是要时刻以价值为准绳，选择投资标的，有效控制风险。

价值理念认为股价长期走势由内在价值驱动，而短期价格走势则更多受投资者心理、情绪及市场环境等的影响。价值投资可以通过评估企业价值及其变化情况获取收益，也可以通过观察价值因素变化对投资者心理、行为的影响而获利。

投资者行为变化影响短期市场供需，进而推动市场价格上下波动。投资者行为变化由投资者心理、情绪等因素决定，而股票的风险收益特征、公司基本面等外部因素及相关信息变化也能影响投资者的心理和情绪，从而改变其投资意图。

内在价值及其变化同样能驱动短期股价走势，而且这种驱动是双向的，即价格远低于价值时推高股价，价格远高于价值时推动股价下跌。虽然股价可能在较长时期内偏离价值，但价值理念和短期投资或短期交易并不对立。

尽管巴菲特等价值投资大师一再强调长期投资，但现实却是投资更趋短期化。投资者热衷于市场短期投资，更期望从股价的短期波动中赚取收益，相比而言，主动坚持长期持股的投资者似乎越来越少，虽然不少投资者由于被套而被动长期持股，但并不能将其归类为价值投资者。

长期投资是很艰难的。陪伴企业成长的过程中充满坎坷、艰辛，尤其在那些股价跌破价值或者出现亏损的时刻，投资者将面临巨大的压力。同时，在漫漫长路中，市场上的各种诱惑、各种机会又会不断干扰我们，抵御或隔离"这些极易传染的情绪是很困难的"，这无疑又进一步增大了长期投资的困难。

强调价值理念的重要性，并不是一定要求坚持长期投资，长期投资的前提是具有穿越未来的洞察力，没有洞察力，就可能成为另一个守株待兔式的笑话。

强调价值理念的重要性，是认为具有价值理念将可以在当前短期化投资氛围中更加游刃有余。价值投资者可以在价值理念的指引下进行短期交易，即在有安全边际时买入，在高于价值时卖出，或者价格严重高估时通过卖空获利。

基于价值理念的"低买高卖"的投资方式，与纯粹通过买卖价差获取收益的投资方式，形式虽然一样，但背后的含义是不同的。价差追求者重在短期股价波动，而价值投资重在市场对企业价值的定价差异，前者强调博弈，后者强调投资。

在正确选择投资标的时，长期持有的价值投资常被称为滚雪球投资，它随着企业的成长而获取高额的价值增长收益。短期投资在每一次投资中或许收益不多，但通过积少成多的方式也能获取高额收益。不管如何，树立价值理念，都将使你的投资增加成功的概率。

| 第二章 |

证券分析师
与
分析师职业

"研究创造价值",证券分析师通过自身的专业分析研究,帮助投资者、客户找到"有质和量"的投资机会、规避投资风险。规避风险和发现机会尽管同等重要,但现实中为什么很少看见"减持""卖出"等负面评级的研究报告呢?

一个重要的原因是分析师选择股票覆盖时,基本都有主观偏好,他们倾向于将好公司纳入股票池,他们不看好的公司一般没有机会进入股票池。还有观点认为,因为经济发展长期向上,发布看好的研究报告有更高的成功概率。其实,更重要的原因还在分析师本身工作的性质,很少看到负面评级的研究报告主要是由分析师职业特征、分析师工作职责等决定的。

本章将主要阐述分析师知识要求、工作要求、工作目标、方向选择、成长过程,以及分析师的职业行为、执业规范等,同时也总结了成为优秀分析师需要具备的素质,并对境内外证券分析领域的一些情况做了对比分析。

第一节 证券分析师

一、证券分析师是做什么的

证券分析师是从事证券分析工作的专业人士,他们工作的目标就是通过证券分析"发现投资机会,揭示投资风险"。

证券分析作为科学和专业,在证券市场发展过程中发挥着不可替代的作用。"发现投资机会,揭示投资风险"包含的工作要求、工作内容非常广泛,也是非常不容易的。分析师从容应对这项工作必须具有两个重要的前提：具备证券专业知识体系和对自己研究领域理解基础上的经验积累。

专业知识体系包含了两个层次。第一个层次，需要树立正确的价值观。机会也好，风险也好，必须得有一个标杆，在这个标杆下才能去判断。证券分析的这个标杆就是企业价值，证券分析需要围绕企业价值展开。投资标的有价值才能说投资，不然可能就变为投机。第二个层次，证券分析有逻辑严密、体系完整的分析方法及分析工具，分析师需要熟练掌握，投资标的是否有价值、是否创造价值及价值是否有变化等都需要运用这些工具、方法去分析、判断。

因为企业价值体现为未来创造的现金流的现值，证券分析实际上是需要对企业未来经营进行分析判断的，这不仅需要分析师对企业的历史表现进行分析，还需要分析师拥有足够的经验。分析师需要理解自己研究领域的发展，积累足够的认知经验，清晰了解证券市场运作及市场对不同证券的定价机制，才能准确预测未来，预判投资机会和风险。只有在广泛积累证券市场及自己研究领域经验的基础上，才能做出有价值的研究。

二、买方分析师和卖方分析师

由于市场经济的发展和社会分工日益细化等原因，不同机构的证券分析师的工作职责是有差别的。

基金管理公司、资产管理公司等机构的分析师，往往被冠以买方分析师的称谓。买方分析师所在机构以证券投资为主业，分析师的分析工作围绕公司自身投资开展，主要服务公司内部的投资经理或基金经理。买方分析师不需要也不能对外发布研究报告。对他们工作绩效的评判，主要根据"发现投资机会，揭示投资风险"的情况，在公司内部进行。

在证券公司、证券投资咨询公司从事证券分析的分析师则被称为卖方分析师。卖方分析师主要服务外部客户，需要且必须对外发布研究报告。卖方分析师主要通过服务客户，由客户支付相关费用作为报酬。卖方分析师只有建立市场影响力，才能获得更好的经济回报。

我们平常所见及接触到的分析师基本上都是卖方分析师（本书所讲的也是卖方分析师）。卖方分析师通过分析研究得到结论后，需要将研究成果向客户、市场推广，他们希望在得到市场验证、客户认同后，获取市场影响力及相应的经济回报。

卖方分析师因为在研究成果推广上需要花费更多时间，可能会影响研究本身投入的时间。实践中，卖方分析师的研究覆盖范围相对较窄，追求专而深。买方分析师一般需要覆盖更多领域，可以在更宽的范围内，用行业比较视角选择股票，不像卖方分析师只能在自己覆盖的单一行业里选择股票，而且不论行业发展情况是好是坏，都得"矮子里拔将军"，选择相对较好的公司（股票）推荐。

一般都认为卖方分析师在个股基本价值研究上有优势，而买方分析师在择时能力上更强。卖方分析师需要为买方分析师服务，卖方分析师的研究动向、研究成果等都可成为买方分析师的考察因素。

行为上，买方分析师只要避免犯错，一般都可以获得好的绩效。而卖方分析师必须有客户广泛认同或市场影响力，才能有好的绩效和经济回报。卖方分析师需要曝光度，需要独到见解，因此卖方分析师要敢于冒险，敢于标新立异，还要表现得与众不同。市场上不时有卖方分析师发表一些极端、疯狂的观点，其目的是要博取市场关注，期望能一举成名。

三、选择研究方向

成为证券分析师首先要面对研究方向的选择问题。

格雷厄姆在《证券分析》一书中把有关证券投资的分析分为市场分析与证券分析两类。他认为市场分析的主要任务是预测证券价格的走势，个股的、大盘的、行业的都在其分析范围内；而证券分析的主要任务是评估、预测内在价值，主要针对具体投资标的。

预测价格走势的技术和方法很多，但从分析的依据看主要有两大类：第一类市场分析从股票市场的历史表现中寻找价格走势的规律，并以此对未来价格进行预测；第二类市场分析则从宏观经济相关变动中寻找预测依据。

以现在的视角来看，这其实是技术分析和宏观经济分析。技术分析主要根据历史成交量、价格、时间三个指标，通过绘制走势图，测算量能、均值、趋势技术指标，从中寻找价格变化规律，从而预测后期走势。而宏观经济分析涵盖面非常广泛，如 GDP 增长、经济政策及变化、利率汇率、贸易及政治局势等，甚至证券市场本身也在其研究范围内。当然，现在的市场分析已经可以融合两类方法：从历史表现中寻找预测依据时，结合各类经济指标；依据经济变动预测价格走势时则结合了股票市场的历史表现。

格雷厄姆的分类在现在来看仍然有效，只是名称上有所不同。国内现在将市场分析统称为总量研究，而将证券分析称为行业公司研究。总量研究包括宏观经济、市场策略、金融工程等，是基于宏观经济、基于市场策略及综合两者的市场分析。其中金融工程还大量应用了现代金融理论知识，在投资组合管理、金融衍生品等方面开展分析研究。行业公司研究则以行业区分研究差异，一个行业一个研究方向，分析师需要对行业及相关上市公司进行覆盖研究。目前行业公司研究在研究机构中处于主导地位，其人员规模往往数倍于总量研究。

不同研究方向虽然研究对象不同，但它们都可以给证券投资找到"质与量"的根据，对投资都有巨大的帮助。不同研究方向对分析人员的专业要求及研究方法也是不同的。相对而言，总量研究对涉及的市场策略、宏观经济及金融工程三个研究方向要求更高，且渐有更多借鉴其他领域资料数据、方法之势。

现在的市场策略研究早已不满足于技术分析方法的应用，实践中既融合了宏观经济，又引入了很多企业基本面数据统计资料。而金融工程研究更是依托计算机技术，对市场交易数据、经济数据、企业基本面数据进行采集、统计、分析及深度挖掘，在量化投资、风险防控、金融衍生品设计与投资等方面形成了巨大的应用空间。也因此，金融工程往往需要掌握金融及计算机专业复合知识的人才，要求懂金融会编程，门槛较高。宏观经济研究向来需要更高的基础，做好研究的难度大，获取市场影响力的难度更大，因为参与竞争的不只证券行业的分析师。固定收益证券研究现在也划在总量研究范畴，研究的内容和宏观经济类似，但更加侧重货币、利率及信用等方面。固定收益证券从来都是机构投资者青睐的投资品种，吸纳了比股票市场更多的资金。

行业公司研究基于价值投资思想，有企业价值这个靶，又有完整、科学的价值分析方法，可以在分析研究上做得更加专业。按照格雷厄姆及价值投资者对证券分析师的定义，国内的行业公司研究员（业内称为行业研究员）才是真正的证券分析师。

但"三百六十行"，如何从众多的行业里选择合适的领域作为自己的研究方向呢？很多新人往往把"最有发展前景"的行业作为首选,比如生物医药、信息技术、新能源等。最有发展前景说明未来投资机会大,分析师及研究成果更易受到关注,这是有优势的。但是最有发展前景的行业聚集的分析师也更多,竞争非常激烈,且行业技术更新快,企业基本面变化大,在分析研究的过程中面临的挑战更多。

其实,结合个人的职业取向、性格特点、兴趣爱好等选择研究方向,才是最合适的。

每个行业都有生命周期,但不同行业的生命周期特征是不同的,有些行业的生命周期可能昙花一现,还有些行业的生命周期在我们职业生涯内都可能看不到衰退的迹象。如果想长久地从事证券分析工作,选择在可预期的时间内不会有衰退迹象的行业才是最合适的。一般行业的生命周期进入衰退期后,即使衰退期可能很长,投资机会也是不大的,对其做持续的跟踪和研究并没有太大的意义。

如果性格上喜好波动,追求创新,则可以选择科技类的行业。科技企业的技术更新速度快,产品生命周期短,有些甚至会经历"其兴也勃焉,其亡也忽焉"的局面,这种行业大起大落的现象屡见不鲜,一定可以满足你的需求。当然,兴趣同样也是重要的选择依据,有的人喜欢化妆、喜欢游玩,那美容美发、旅游等行业就是首选项,在兴趣的加持下,工作会更加轻松愉快,也容易取得好成绩。

选择行业研究方向还要注意行业本身的专业性。有些行业是有专业门槛的,比如医药、化工、半导体等,研究这些行业需要具备一定的专业知识,需要了解该行业的技术特征、工艺流程、产品性能等。行业研究的专业性要求对财经类、非专业学习背景的人可能是一个巨大的挑战,而对具有相关专业学习或工作经验的人则有较大优势。

四、分析师成长

当我在 1996 年作为国内第一批分析师从事行业研究工作时,完全没人关注分析师成长问题,我们那一代分析师都是摸着石头过河,野蛮生长。之后随着行业不断发展及规范,分析师成长问题才逐渐被重视。我基于个人成长体会,加之作为研究机构负责人带领过一批又一批分析师的经验,看着他们从新手"小白"逐步成长为成熟的分析师,对新人的成长历程也深有体会。尤其是其中很多的分析师还被评为了最佳分析师,在市场上拥有了较大的影响力,他们的成长经历能给到我们许多有益的启示。

分析师成长可能需经历三个阶段。

- 第一阶段:新手起步,学习为主。
- 第二阶段:独立工作,积累经验。
- 第三阶段:获取客户认同和市场影响。

第一阶段:新手起步,学习为主。

证券分析需要有完备的知识体系,需要理念、方法,还要有一定的经验。新手入职,基本以学习为主,主要任务是作为分析师助理,协助有经验的分析师工作。

学习时间方面,新手起步的学习阶段基本都有时间周期要求,这个要求可能是监管要求,也可能是研究机构的要求。如果是研究机构的要求,机构会根据自己对分析师成长历程的经验判断,来设定学习时间,境外大型机构通常都在 5～7 年。我国监管要求的学习时间是两年,任何没有分析师工作经验的人,只有在满两年相应的工作时间后才能注册成执业分析师,没有执业资格是不能在研究报告上署名及服务客户的。

学习内容方面，主要是构建属于分析师自己的知识体系，包括树立正确的研究价值观，学习研究方法，掌握分析工具，并逐步了解、理解自己研究领域及相关公司基本面的情况。正确的研究价值观就是基于企业内在价值的投资机会分析，而不是寻找短期股价波动的机会。这一点很重要，它是方向性的，可以影响分析师的发展方向。

有关学习内容，涉及范围很广，后面章节会对其中基础性、重要性的内容做专门介绍，包括一些基本的分析工具和分析方法，如价值内涵、自由现金流、投入资本回报率、资本成本与资本结构以及价值评估方法、相对估值等。

第二阶段：独立工作，积累经验。

证券分析工作不同于其他证券业务，其他业务分析只要"抓一抓"或投入更多人力、物力就能有成效，证券分析更像一场马拉松赛跑。虽然很多东西可以学习、借鉴，但"纸上得来终觉浅，绝知此事要躬行"，证券分析师需要一步一个脚印地往前走，并在经验积累中逐步提高研究能力。

分析师取得执业资格就可以独立工作，但境内两年的学习时间对新人还是过于紧张了，此时分析师的经验积累以及研究水平尚不足以应对变幻莫测的市场及挑剔且急功近利的客户。境内一些证券公司在分析师刚取得执业资格后，就将其推向市场，推到工作第一线，无论是出于锻炼新人、急功近利，还是其他什么目的，对新人而言，可能都有被"拔苗助长"之苦，不仅会打击分析师的信心，很多分析师还可能会备感挫折而萌生换行、换工作的想法，境内分析师频繁跳槽应该与此有关。境外大行情况则不同，我在香港工作的时候曾面试过来自 Morgan Stanley（简称 MS）的分析师，他已有 3 年的分析师学习和工作经验，希望换工作的理由就是想在新公司工作并署名发布研究报告，如果继续在 MS 工作，那至少还需要 3~4 年才可以署名和独立工作。

第二阶段分析师的核心要求，应该是持续提升自身能力。第二阶段不仅需要将所学的知识灵活应用，还需要建立自己的分析框架和预测模型，需要厘清自身研究行业方向、公司关键核心驱动因素，还需要具备对未来做出预测、判断的能力。通过不断尝试，在不断犯错纠错、发现问题解决问题的过程中，努力提高自身研究水平和研究能力。

做好证券分析工作必须有丰富的经验，它需要分析师有感同身受的市场体会，这既包括研究领域的产业市场，也包括长期波动的资本市场，以及相关企业的股票在不同市况下的表现。这些经验会潜移默化地融进分析过程、体现在研究成果里。

第三阶段：获取客户认同和市场影响。

分析师独立工作后就应该开始寻求市场影响力，第三阶段将是第二阶段的持续，只是工作的重心更加强调市场的影响和客户的认同。

分析师在真正成熟后，对自己的研究领域是有深刻洞察力的，他们完全能从容地应对该市场和客户，且可以很好地满足研究需求。

市场影响力都是在分析研究及服务客户的过程中逐步获取的，其过程是漫长而艰苦的。分析师不仅要有高质量的研究成果，还要积极向客户推介，积极主动服务机构客户。只有成果不断获得市场验证，并取得客户信任、认同，进而获得更大范围客户的认可，才能跑完这场马拉松比赛。

服务客户也是分析师成长的路径。面向客户，面向市场，既可以向客户学习，也可以了解客户、市场的需求，在努力满足客户和市场需求的同时提升自身的研究能力。而且，通过服务客户还可以获得直接的经济利益（交易佣金，国内称分仓佣金）和市场影响力（最佳分析师评选），这也是一个名利双收的路径。

国内不少研究机构目前尚未进入市场，证券研究还只是定位于内部服务，这对证券研究水平的提高和分析师的成长都是不利的，"温室中长不成大树"。

近些年国内"最佳分析师"的评选，无形中极大地增加了分析师的压力。虽然"最佳分析师"客观上是市场对分析师的认同，是分析师有市场影响力的体现，但将分析师的薪酬与"最佳分析师"的评选结果挂钩得过于紧密，有时候甚至脱离了研究过程本身创造的价值，可能就失去了证券分析原有的意义。

最后要强调的是，证券分析出错的情况很多，分析师都是在总结经验教训中成长的。证券分析结论基本都是基于对未来的判断。一方面，未来是不确定的，任何事情在未来是否发生、如何发生都是不确定的，也是不能把握的；另一方面，今天的价值是今天对未来价值的预期，不同的时间、不同的环境下，对未来价值的预期是不同的。证券分析报告对未来的判断出现错误是难以避免的，事物发展的客观规律从不以个人意志为转移。

因此，对证券分析报告判断出现的差错，只要能对客户做出合理解释，客户通常都能理解。况且分析结论或判断在很多时候也并不是最重要的，最重要的是在客观、独立的基础上，做到理念正确、逻辑自洽、推理严谨，这样的证券分析报告就是好报告。分析师都是在不断反思错误，不断总结出错原因、不断吸取教训中提高分析水平，并不断成长的。

第二节 成为优秀分析师

上一节曾讲过,分析师从容应对证券分析工作必须具备证券专业知识体系,及在对自己研究领域理解基础上积累足够的经验。但要成为一名成功的分析师,还要具备更多的条件。证券分析之父本杰明·格雷厄姆曾认为,成功分析师需要具备三个条件。

- 适度聪明。
- 稳健的作风。
- 坚定的信念。

自格雷厄姆20世纪30年代开创现代证券分析以来,时间又前进了近百年,人类社会、经济、科学技术以及证券市场等都发生了翻天覆地的变化,证券市场结构的复杂性、证券的多样性、参与者的丰富性,都是过去无法比拟的。但真理不会改变,人性也不曾改变,格雷厄姆有关成功分析师必须具有的素质,不会随着时间的变化而改变,但新的市场环境及社会背景下,成为优秀分析师的要求会更多,成为成功的分析师的要求更为苛刻。

我们结合格雷厄姆有关成功分析师须具备的三个条件,来看看当下成为优秀分析师需要具有怎样的素质。

(一)勤奋、持续学习是优秀分析师必不可少的配置

格雷厄姆认为的"适度聪明",我们不能想当然地认为,"只要不太笨"就可以成为优秀分析师。格雷厄姆想表达的其实是:聪明并不是成功分析师的必要条件,相比聪明,勤奋和持续学习是更重要的要求。

首先，证券分析工作是一项有较大弹性的创造性工作，需要充分发挥主观能动性，并且工作时间完全脱离了朝九晚五的轨道，每天起早贪黑是工作常态。其次，工作绩效较难量化，工作成果更多依赖外部定性评价，所以做好证券分析工作需要分析师有自觉性及自我约束能力，勤奋努力的品质更是不可或缺的。最后，证券市场新鲜事物特别多，从微观企业的技术创新、产品升级，到宏观政经时事、制度变革，以及市场特征、投资新品种等，这些都是需要及时学习和了解的知识，没有自我学习及不断提高的能力，是容易被市场淘汰的。

（二）正确的价值观是成为优秀分析师的必要条件

正确的价值观就是证券分析一定要基于价值理念，价值理念既是指导思想，也是方法论。

巴菲特说："价值投资虽不能保证我们盈利，但价值投资给我们提供了走向真正成功的唯一机会。"证券分析也一样，"正确的价值观不能保证分析结论的正确，但一定是走向真正成功的唯一路径"。

分析师必须深刻领悟价值内涵，树立正确的价值观，掌握基本分析方法、分析工具，以价值而不是市场价格为指导思想；以发现投资机会，而不是投机机会为己任。

格雷厄姆关于成功分析师三要素之一的"坚定的信念"，以及他认为战胜市场的两个要求：正确思考和独立思考，这些说的也是价值观问题。正确的价值观犹如成功的灯塔，指引分析师前行与成长。只有在正确价值观的引导下，分析师的研究水平才能不断提高。分析师如果没有正确的价值观，那么无异于盲人摸象，或者只是随波逐流，不可能胜任分析师的工作。

（三）独立、客观是优秀分析师获得市场认同的基础

独立、客观是证券分析工作本身必须具备的要求，分析师如果不能保持对分析工作的独立性、客观性，分析成果将没有任何价值，更不会被市场、客户认可。

现实中，分析师须具备的独立性和客观性经常受到挑战，这种挑战通常来自两个方面。一方面是利益相关者的干扰。证券市场是一个名利场，牵扯方方面面的利益，上市公司、机构客户及分析师所在公司的领导、同事及业务需要等，都可能会对分析工作带来影响，优秀分析师必须具备抵御这些干扰的能力，始终保持独立思考，客观公正地给出分析结果。另一方面可能影响分析师独立、客观的因素是分析师自己。分析师需要摒弃偏见、个人好恶、预设立场等，尊重客观事实，使分析成果反映事物的本来面貌。同时，分析师不能做墙头草，不能与市场共情，要尽量避免受到外部环境影响。有些分析师总是跟随市场表现，股价涨就说好，股价跌就说不好，判断和观点的依据都来自股价波动，人云亦云，这样的分析师没有独立思考的能力，且漠视客观事实，是不可能成为优秀分析师的。

证券分析工作要确保不会受到外部利益、外部环境的影响或干扰，保证对分析成果的判断是公平公正的。优秀分析师应该能隔离市场情绪的影响，不论市场涨跌，始终坚持自己的价值判断；也不论市场涨跌，始终坚持认定的客观事实。这就是格雷厄姆所说的"稳健的作风"，只有这样，分析师及其分析成果才有可能获得市场和客户的认同。

（四）优秀分析师要有良好的客户意识和服务意识并积极付诸行动

格雷厄姆时代证券市场规模小，而且，不论投资者数量、规模，还是投资者构成的多样性，都是和现在无法相比的。过去分析师可能

只要全心全意做好分析工作就可以，他们并不需要"吆喝"，不需要直接参与客户服务，就可以取得较好的工作绩效及经济回报。对卖方分析师而言，现在的市场环境已是大相径庭。一方面卖方分析师之间竞争激烈，不仅需要分析师拥有独到的分析见解，还需要大声地"吆喝"；另一方面投资者结构复杂、数量众多，需要分析师有大量的时间精力投入服务。

过去分析师只要"产出"研究成果就可以，现在既要"产出"，还要"销出"。分析师在完成一项研究后，需要向投资者、客户服务和推广交流，只有得到客户和市场的认同，才能获得市场影响和更好的回报。实际上，客户服务、推广交流现在已经是证券分析工作的一部分了，分析师必须积极参与，而且与客户交流、沟通也是了解市场、学习借鉴的一个良好渠道。通过服务、沟通，分析师可以发现自身的问题与不足，有利于提升自身研究水平。

分析师获得市场认可及市场影响力，需要付出的努力是过去不能想象的。今天要成为优秀分析师，必须具有客户意识和服务意识，并积极付诸行动。

近十多年来，我国证券市场快速发展，证券分析师的社会地位、市场影响大幅提高，吸引了大批优秀人才加入分析师队伍。分析师队伍规模、人员素质都大幅提升，研究的广度、深度及分析水平也已更上一层楼。

同时，分析师的流动性也明显高过其他职业。分析师过于频繁的流动说明市场对分析师人才的需求十分旺盛，这与证券市场及机构投资者快速发展的时代背景是吻合的。流动既可以帮助分析师找到更合适的环境，也能助其尽快实现自我价值，对分析师本人来说自然是好事。但是，分析师如果因此忽视自身研究水平的提升、对自身担负的工作职责漠不关心，可能会得不偿失。分析师忽视自身的能力建设、职业要求，基本上是不可能成为优秀分析师的。

实际上，证券市场是个名利场，里面充斥着各种浮躁、投机取巧、急功近利与喜怒无常。相比其他证券相关职业，证券分析工作是一项既需要"名"（市场影响力），也需要"利"（经济回报）的工作，而且往往是有"名"才有更好的"利"，因此更容易使分析师陷入浮躁、急功近利之中。所以优秀的证券分析师既需要保持良好的心态，也需要有良好的职业精神，尽管我们没有把它们作为成功的条件单独列示，但它们就如同分析师需要具备的相关知识体系一样，是证券分析工作最基础的要求，也是证券分析师行稳致远的基石。

分析师在明确研究方向并能够独立工作后，就需要承担起"发现价值、揭示风险"的职责，对自己的研究方向保持紧密跟踪，并充分把握自己研究领域内的机会、风险，为投资者提供真正有价值的分析服务。要做到这些，分析师必须具备敬业、进取、担当的品质，并且在错过、遗漏或者判断出现差错时，要及时反省、总结经验，从中吸取教训，提升自身的研究能力。

分析师的市场影响力往往通过独立机构的最佳分析师评选得以体现。最佳分析师评选从来都是证券市场引人注目的重要事件。境外的《机构投资者》《亚洲货币》及境内《新财富》等在业内有着较高的认可度。虽然评选为最佳的分析师未必就是真正的优秀分析师，但优秀分析师一定具备了最佳分析师的特质。良好的心态与职业担当是优秀分析师所必备的"人设"，是会为分析师增添光彩的。那些敢于担当、恪尽职守、积极进取的分析师不仅在研究机构内部得到重视和尊重，也终将会受到握有选票的机构投资者的青睐。

第三节 分析师职业

一、分析师是好职业

客观而言，分析师的工作是很辛苦的。一方面，分析师每天投入在工作上的时间相比其他职业要多很多，并且需要"起早贪黑"；另一方面，分析师还要不断经受市场和客户的捶打，在研究成果与市场实际不一致时，市场和客户的质疑会让分析师承受巨大压力。但我仍想说的是，证券分析师是难得的好职业。

工作辛苦、市场考验，其实都是分析师成长的必要过程，走过这个阶段后，一切将会不一样。如果分析师积累及经验足够，研究能力足够，工作表现将很出色，而这些都可转化为分析师工作的动力。

分析师职业最大的好处其实有三点。一是分析师的每一天都是全新的，他们每天的所见、所闻、所想都是新鲜的，接触的人也是各不相同的，这与那些枯燥单调的工作相比是不可同日而语的。二是分析师在工作中学到的知识、掌握的方法技巧、积累的经验、交往的人脉都是自己的，他人、雇用你的公司拿不走。当你跳槽、离职、自己创业或退休时，这些知识、技巧、经验、人脉等都始终跟随着你，颇有些利用公司有形资源，积累自身无形资产的意味。三是证券分析工作还引导着你不停学习，不断进步，你的工作成果也充满着创造性。

当然也有人以薪酬高低判断职业的好坏，证券分析师虽然不算收入最高的职业，但毋庸讳言，分析师的收入也是较高的，其平均收入水平高于社会平均收入水平。

如果将证券分析师比喻为一个公司（公司业务是证券分析、产品是研究报告），这个公司一定是巴菲特想要的那种"如果经营良好，将具有竞争优势的企业"。分析师经过足够积累，将具备较强的研究能力，将具有较高的研究水平（业务经营良好），将输出良好的产品（高质量研究成果），将可以获取市场影响力和个人IP[⊖]，将具有他人不具备的竞争优势，分析师自身就可以成为一个品牌，既受市场赞誉，经济回报也更加可观。

二、分析师跳槽并没有变换职业

有人可能会说，既然证券分析师是个好职业，但国内为什么还有那么多的分析师选择改变职业呢？

这里其实有个误解，他们可能将分析师频繁跳槽当成改变职业了。国内分析师跳槽确实很频繁，但如果将买方分析师和卖方分析师作为一个整体来看，分析师改行的情况其实并没有大家想象的那么多，因为跳槽的主流方向都是从卖方分析师转为买方分析师。由于买方分析师不能对外发布研究报告、不能对外发布投资观点，似乎"销声匿迹"了，我们可能错误地认为他们已转变了职业，其实他们仍然在从事证券分析工作。

国内大量分析师跳槽到机构投资者，选择买方研究，与国内以公募、私募为主的机构投资者如雨后春笋般发展有关。机构投资者超常规的快速发展，迫切需要大量有经验的证券分析人员，卖方分析师因此成为挖角的对象，卖方研究机构也就成了人才培养基地。

当然，也有很多分析师转行了，国内分析师转行去向最多的是做投资，二级市场基金经理、一级市场投资经理以及做私募和对冲基金

⊖ 个人IP是指个人的知名度、影响力和特点。

的也不少。严格来说,从事证券相关的投资工作并不能说是转行,因为投资依然需要证券分析。

最近几年,因证券分析工作业绩突出而升职做管理的分析师开始逐渐增多,所谓"研而优则仕",从分析师到研究管理、资产管理,甚至公司领导的已然不少。另外,也有少量分析师放弃证券分析工作而转向实业企业,或者自己创业,但占比很低。总体而言,分析师职业生涯的可选项还是很多的。

三、分析师执业规范

公开、公平、公正(三公原则)是证券市场的基石,需要每一个参与者遵守。

因为证券分析是一项涉及多方利益相关者的工作,分析师研究成果可以影响到广泛的人群,因此监管机构对证券分析及分析师都有相应的规范和职业行为约束,尤其卖方证券分析师,更是受到严格的监管。中国证券业协会制定的《证券分析师执业行为准则》,对分析师执业提出了具体、明确的要求,证券分析师应遵循独立、客观、公平、审慎、专业、诚信的执业原则。

为保证证券分析工作能顺利开展,证券公司将研究机构设置为独立的机构(部门),在明确分析师执业行为规范的同时,也为分析师独立开展工作提供充分的条件,并确保分析师的观点不受他人干扰。而且,研究机构内部对研究报告的管理也有严格要求,对研究报告的质量审核、合规审查、对外发布及分析师个人观点等都有相应的规范。

规范证券分析师职业行为,本质上是为了解决分析师工作中的利益冲突问题。分析师职业的利益冲突包含两个方面。

（1）分析师个人可能因为自身利益或职业前景而出现行为失当。

个人行为失当可能表现在很多地方，如索取并使用内幕信息；为使推荐效果更佳，有意忽视或降低某些负面事件的影响；对重大信息不做核实，或者选择性使用信息；欠缺审慎性，随意预测并给出投资意见；提前向特定客户分享未公布的研究成果等。

（2）面对利益冲突各方，不能独立、客观提供建议。

主要表现为偏向特定客户、听从客户旨意、维护公司业务而忽视不利信息、接受好处等。

具体而言，公司内部主要有投行业务和投资业务。投行业务方面，公司可能以"失去业务机会"为由，要求分析师发布对某企业积极评价的研究报告；对于首次公开募股（IPO）发行定价报告，乐观的判断显然对企业和公司投行都是有利的。投资业务方面，一般涉及自营投资、资产管理及股权投资，投资经理或公司相关人员通常都希望分析师不发布对持仓股票不利的报告，有些时候也可能让分析师做出有利于其投资的建议。

公司外部主要有投资者和上市公司。投资者方面，可能有基金经理要求分析师按其意见给出投资建议，并尽量避免发布不利于其持仓股票的报告。上市公司方面，上市公司可能要求分析师秉承与公司一致的观点等。

至于研究报告抄袭、接受好处等方面，属于分析师严重的行为失当，分析师一旦犯错可能影响到分析师职业生涯。现实中分析师遇到的利益冲突情况比较普遍，分析师必须严守职业道德，秉持三公原则，独立、客观、公正地开展研究。

第四节 境内外证券分析比较

一、境内外证券分析差异

证券分析的起源可以追溯到19世纪90年代的道氏理论，道氏理论由道琼斯指数创始人之一的查尔斯·道提出，属于技术分析范畴。现代证券分析则是由格雷厄姆于20世纪30年代首创，他在《证券分析》一书中提出价值投资思想及基于内在价值的基本分析体系，对证券投资的研究产生了极其广泛而深远的影响，格雷厄姆因此被认为是现代证券分析之父。

境外成熟市场的证券分析已经经历了近百年的发展，其理论、理念、方法与实践不断反复验证，在证券投资中具有举足轻重的作用。境内的证券分析是在向境外同行学习的过程中发展起来的，自1996年原君安证券研究所首次引入基本分析、开展行业公司研究，开启真正意义上的证券分析以来，到今天亦有近三十年的时间了。同证券市场一出世便站在较高的起点上一样，境内证券分析可以直接借鉴境外成熟市场的理论、经验，起步高，发展迅速，已取得了令人瞩目的成就，在证券行业、投资领域及社会上都产生了较大的市场影响。

但是，由于证券市场环境不同、投资者结构存在差异，境内证券分析在发展过程中，逐渐形成了与境外成熟市场不同的一些特征，境内外证券分析表现出了一定的差异性。境内外证券分析的差异主要体现在以下五个方面。

1. 分析师对上市公司的覆盖范围不同

分析师一般只对覆盖范围内的上市公司出具研究报告，覆盖范围之外的上市公司分析师虽然也会跟踪研究，但不会为它们撰写报告。境外分析师通常只对行业内的大公司出具研究报告，而境内分析师的要求基本上是全覆盖。而且，境内研究机构还会将一些大行业拆分为多个细分行业，并安排不同的分析师分别进行跟踪研究，境外研究机构则相反，它们可能将一些小行业合并，并只指定某一位分析师进行跟踪研究。

境外研究机构在长期分析实践中形成了普遍的共识，它们认为从长期来看中小企业是缺乏竞争力的，基本不会有长期投资价值。而境内研究机构认为市场反映的现实是，任何上市公司股票价格都有中短期趋势或波动，存在短期交易获利机会，证券分析师不能置之不理。

现在境内少数研究机构也开始尽量缩减研究覆盖范围，将更多精力花在行业内优势企业上，并积极引导分析师基于企业内在价值进行分析研究，但市场主流仍是大而全。

2. 出具研究报告的频率不同

境内分析师普遍勤快、高效，研究报告一篇接一篇地频繁出具，其中有些研究机构一年研究报告数量超过万篇，平均每个分析师一年都要出具近百篇研究报告。

相比起来，境外分析师则要"懒惰"很多，他们可能一个月，甚至几个月都不会出具一篇报告。境外分析师通常只有在以下情况才会出具研究报告：分析师认为存在商业机会、企业具备投资价值、有新的需要阐述的东西（包括新发起对一家公司的覆盖研究），以及企业IPO或发行新股票时。当然他们也会为路演、会议等出具研究报告。除此之外，他们很少动笔，但研究、跟踪、服务等基础工作丝毫不会懈怠。

实际上，境外分析师的基础性研究更加扎实，他们对自己覆盖研究的公司都建有完整的量化分析模型，包括财务分析模型、财务预测模型、估值模型等，其研究结论一般都会落实到估值结果上，这是境内大量"快餐式"研究报告所欠缺的。

出现这种差异的原因在于，境外分析师关注基于内在价值的投资机会，所以境外分析师发布研究报告往往能引起市场较大的反响。而境内分析师更在意短期交易机会，短期机会把握难度大，风险也大，且是见仁见智的。另外，境内不少研究机构将研报数量视为研究工作量，并作为对分析师的考核指标，在一定程度上也起到推波助澜的作用。

3. 对上市公司关注、分析的重点不同，研究报告内在逻辑存在差异

既然客户和市场要求分析师把握短期交易机会，境内分析师对上市公司分析和关注的重点就与境外分析师有所不同。境外分析师立足企业价值及投资需求，侧重关注企业资本回报及公司持续发展能力，如公司治理、诚信、长期竞争优势等，而境内分析师更关注企业利润、产品、主题概念、赛道等，对企业短期经营绩效、短期股价触发因素给予过高权重的关注。

境内一些优秀分析师在价值观上和境外分析师可能并没有差异，但在实践中，囿于市场氛围，因之随波逐流。

基于不同分析逻辑完成的研究报告，其内在逻辑自然是不一样的。境外分析师基本不关注股价短期波动，不会为迎合市场需要去挖掘短期交易机会，他们主要关心企业内在价值是否发生变动，在意企业长期的价值创造。

4. 服务客户方式不同

境外分析师需要服务的投资者基本限定在公司客户范围内，服务方式以电话或电话会议为主，与公司没有利益关系的其他投资者，分析师是不会主动提供服务的。

境外分析师的这种服务机制体现了经济利益优先的原则，而境内分析师更看重市场影响力，境内研究机构及分析师们普遍将公募基金、保险、银行理财等机构投资者作为服务对象，而不管它们是否已成为公司客户，只是因为这些机构握有最佳分析师的选票。境内研究机构及分析师频繁地举办各种路演、研讨会、专家分享等交流活动，尽管其中很多服务没有经济回报，但他们仍一如既往。境内分析师提供的这种服务对分析师的体力是一种考验。

现在研究机构都设置了专业的研究销售人员，不少机构的研究销售人员都有数十上百人，这可能因应了境内机构投资者数量众多的需要。但境内外研究销售人员所起的作用及对分析师的帮助是有较大差异的。

境外研究销售人员本身具有较高的研究水平，他们中很多本就是有经验、有能力的分析师，普遍具备和基金经理直接对话、探讨专业问题的能力，他们不仅传递研究成果及分析师观点，还有自己独到的见解，甚至能根据客户的具体情况为其提供有针对性的操作方案及建议。

境内研究销售人员主要参与非专业方面的服务，专业方面的所有服务都要由分析师本人来完成。而且境外研究销售人员在工作中实际上成了分析师的客户，他们会实时反馈外部客户及自身的问题、困惑以及观点、见解等，帮助分析师成长。当然境外研究销售人员的薪酬都普遍高于分析师，这与他们所起的作用是息息相关的。

5. 分析师个人成长周期、职业生涯差异

境内外分析师个人成长及职业生涯是有所差别的。

（1）在成为可以独立工作的分析师前，境内外分析师的学习、积累时间不同。

证券分析需要有完备的知识体系、正确的理念与方法以及足够的经验积累，因此分析师在独立工作前都要经历一个学习阶段，在协助有经验的分析师工作的过程中，学习、积累、提高。境外分析师的这个学习时间一般需要 5～7 年，主要由研究机构自己确定；境内分析师则遵从监管要求，学习时间基本以两年为限，在分析师取得执业资格之后就可以独立开展工作。

分析师独立工作后就要在分析研究及服务客户的过程中逐步获取市场影响力，这个过程通常需要较长的时间。成熟分析师对自己的研究领域有着深刻的洞察力，能从容应对市场和客户，但在走向成熟的过程中，相比境外，境内分析师的学习时间偏短，在缺乏足够的技能、储备和经验时，就要直接面对身经百战的客户，境内分析师将可能遇到更多挫折。

（2）在成为可以独立工作的分析师后，境内外分析师的职业生涯有较大的不同。

境外分析师通常会选择长期从事证券分析工作，而境内大量分析师跳槽机构投资者，转型为买方研究，成为基金经理助理或投资经理。境内分析师中途放弃卖方证券分析工作，可能与面临的压力和竞争有一定关系：境内证券市场频繁波动的环境对分析师提出了过高的要求，分析师需要花费更多精力来挖掘难以捉摸的短期投资机会，而且研究机构之间竞争异常激烈、服务过度，使不少分析师畏而却步或萌生退意。

同时境内以公募、私募为主的机构投资者蓬勃发展，迫切需要有经验的分析师，双方自然一拍即合。他们中也有人去实业企业、去私募股权（PE）机构，但占比不高。

境外分析师转行的也不少，毕竟证券分析是一项具有挑战的工作，但他们转行的方向与境内不同。我在日本、美国拜访同行时，他们都告诉我，分析师转行去向最多的是研究销售人员，即境内对应的研究销售。他们说因为长期证券分析师的工作积累，一般都会有一批基金经理、投资者客户成为其"粉丝"和朋友，他们转型研究销售人员后，这些投资者"朋友"会继续追随，成为分析师的客户，因此分析师在转为研究销售人员后薪酬收入可能会更高。

当然境外也有很多分析师转行做投资、私募和对冲基金，但不会像境内这样大量涌向买方投资机构。

二、差异形成原因

导致境内外证券分析及分析师行为出现这些差异的原因，主要是市场环境影响，体现在以下两个方面。

（一）投资者结构差异

境外成熟市场中机构投资者占主导，具有绝对的市场定价权；而境内一直以来都是以中小个人投资者为主，以公募基金为代表的专业机构投资者虽然从1998年开始迅猛发展，但时至今日，机构投资者的市场占比仍较低；而且，结构分散、数量众多，真正有规模、有影响力的大型机构投资者很少。证券分析师要花费更多的时间、精力用于服务，服务的难度和服务的工作量也更大。

中小个人投资者普遍缺乏价值理念，在投资上没有机构投资者的专业、理性，比较盲目。中小个人投资者为主的市场是缺乏定价效率的，它对分析研究结论的验证、分析本身都有不利的影响。

（二）境内市场波动大且频繁，严重影响了投资者的投资行为

市场频繁波动本身是风险，但可能也预示着获利机会。境内市场频繁波动，投资者因此倾向于追逐市场短期波动机会，热衷于概念炒作、主题投资、市场热点等，市场投机氛围较重。这种市场环境下，证券分析不一定被看重，而为满足市场及投资者短期交易的需求，分析师还需要花费较多精力为短期交易寻找依据。

三、境内外证券分析共同点

证券分析境内外共同的地方也是很多的。

（一）对证券分析的执业规范要求，境内外是一致的

最近十多年境内监管机构对证券分析职业及分析师执业行为规范做了大量工作，成效显著。证券分析执业规范包括两方面：一方面是证券分析的独立性、客观性及公正性，这是证券分析的基石，没有这些要求，证券分析报告将一文不值，证券分析职业也会失去价值；另一方面是，在防止利益冲突上，境内外的要求是相同的，既要防范分析师与公司、特定客户之间的利益冲突，也要防止分析师个人的执业失当行为。

（二）很少发布投资评级是"减持"或"卖出"的研究报告

市场上较少见到"减持"或"卖出"评级研究报告的一个重要

原因是，分析师发布"减持"或"卖出"的评级研究报告通常会"得罪"相关上市公司，毕竟没有企业希望自己公司股价是下跌的，这有可能会影响到公司业务，影响到分析师个人与企业的交往。对于持有股票的投资者客户而言，发布卖出评级的研究报告，有使其投资蒙受损失的风险，分析师可能承受巨大压力。对分析师个人而言，发布卖出评级的研究报告，让分析师在上市公司、投资者客户、自己公司、分析师个人四个主体之间都不讨好，即使评级判断正确，也可能得不偿失。

其实市场上较少见到"减持"或"卖出"评级的研究报告的另一个重要原因是，分析师选择股票覆盖时都有主观偏好，他们倾向于将看好的公司纳入股票池，他们不看好的公司一般没有机会进入股票池。对于股票池中的公司，虽然不发布"减持"或"卖出"评级的研究报告，但也并不代表不能对其表示看法。境外分析师通常会以"不再覆盖"或"剔出股票池"等形式，表示对相关企业的不看好。境内分析师目前的股票覆盖池建设也正在开始逐步规范和完善。

有观点认为，因为经济长期向上发展，发布看好的研究报告会使投资的成功概率更高。这个观点虽有一定道理，但不完全正确，因为市场环境是千变万化的，市场竞争是持续不断的，今天好并不能代表明天会更好，市场中的企业总是在优胜劣汰的过程中一直向前发展的。

（三）证券分析都需要求真求实，需要勤奋努力和不断学习

证券分析专业门槛高，做好证券分析工作的门槛更高，这在境内外都是一样的。

作为分析师，勤奋、刻苦自是不可或缺的，但更可贵的是要有

求真求实的工作态度，保持寻求客观证据、实事求是及勇于质疑的精神，及时洞见新的变化，不断探寻事件背后产生的原因和带来的影响，以及因此而存在的机会或风险。成功分析师具有的这些素质，在哪儿都是适用的。证券市场天然地喜新厌旧，天然地催促着大家不断学习，分析师自然是不能落后的。

境内外研究结论出错的情况都很多，哪里的分析师都是在总结经验教训中不断提高分析水平的。证券分析的结论都是基于对未来的判断，很多时候分析师所发现的事实未必就是事实的全部，而该事实也并非一成不变。研究的结论可能只是更接近事实真相而已，也许市场早已对该事实做出了相应反应。所以对分析师而言，保持探究之心，长期学习是十分必要的。

| 第三章 |

领悟价值内涵，
树立正确价值观

现在市场上自称价值投资者的人很多，但不少人实际上只是以价值投资之名，行价值投机之实。

格雷厄姆在《证券分析》中对投资和投机做了界定，"投资运作是一种通过认真分析研究，有望保障本金安全并能获得满意回报的行为，不满足这些条件的行为就是投机"，价值投资"需要既能从质的方面，又能从量的方面找到根据"。

价值理念认为买股票就是买企业，投资者购买股票，形式上是"资金和股票"之间的交换，本质上是投资了股票所代表的企业。投资不是零和游戏，它不是从投资者伙伴那里赚钱，而是通过所投资企业的经营活动赚钱。企业将投资者的资金用于生产经营并参与市场竞争，实现企业的成长，在为经济发展做出贡献的同时，也为投资者创造价值。

证券投机者不在意企业是否能带来回报，主要通过预测市场中其他参与者在短期内可能的行为，并提前买卖，从而达到获利目的。因此，投资和投机的区分可以表述为：投资侧重公司基本分析，通过预测、判断上市公司未来经营表现来获取投资收益；而投机重在博弈，要求对市场及市场参与者的行为有敏锐的感知能力。

价值投资思想在近百年的实践中指引着无数投资者，尤其经过巴菲特、芒格等价值投资大师的丰富完善，更成为今天证券投资的必学、必备。

对证券分析而言，深刻领悟价值内涵、树立正确的价值观是首要任务，价值投资思想犹如大海航行中的灯塔，如果没有它，航行能否到达彼岸是不确定的。本章将根据巴菲特的长期投资实践，简单介绍价值投资进化情况，并从以下几个角度阐述价值的相关问题：

- 价值的内涵。
- 价值评估。
- 相对估值。
- 价值创造与价值增长。
- 价值投资进化。

第一节　价值的内涵

企业价值是企业未来创造的现金流量的现值，是企业在整个剩余寿命期间产生的现金流量折现值的总和。企业价值有三个关键要素。

- 自由现金流。
- 未来。
- 折现。

一、自由现金流

传统观念中，企业创造的财富都体现为净利润，企业经营业绩的评价指标也都以净利润表示，但企业内在价值却并不用净利润表述，而代之以自由现金流（Free Cash Flow for the Firm）。

自由现金流是企业经营活动产生的、在满足了再投资需要之后，可供资本提供者分配的最大现金流量。自由现金流是20世纪80年代才提出的概念，因其能完整反映企业资本使用绩效，兼顾了企业发展需求和股东回报之间的关系，已成为企业价值评估中使用最广泛的财务指标。

企业利润是在一定会计准则和会计规范要求下，在平衡相关者利益基础上核算出的会计利润，并不一定是企业的现金利润。企业有可能生产了更多的产品，但没有完全销售出去；企业也有可能把产品销售出去了，但没有收回货款，这时企业利润并没有体现为现金利润，而是"隐藏"在存货或应收账款中。所以这时的企业在会计核算上可能有利润，但不一定能拿得出现金。

净利润体现了企业的经营业绩，有可能只是一种"纸面富贵"，股东未必能拿到。经营活动产生的现金流量净额（以下称经营活动现金流）是经营活动现金流入与流出的差，它以现金为依据，以收付实现制为核算基础，表示企业实际赚到的利润，在评价企业经营绩效上比净利润更有优势，但用其评估企业价值仍有一些问题。问题主要在经营活动现金流没有考虑企业长期发展的资本支出及资本结构差异。经营活动现金流扣除了债务资本的费用支出，如利息支出，使不同资本结构的企业的经营活动现金流缺乏可比性，也无法用于全面评估企业的资本运营效率。而企业持续经营、发展需要资本支持，尤其在企业扩张、成长时期，短期的营运资本和长期资本支出都需要企业持续投入，这些投入通常都需要企业通过内部积累方式实现，即盈利再投资。企业只有在满足了再投资需求后，才能由股东对剩余净利润或现金进行分配。所以，会计上显示的净利润、经营活动现金流并不能表示股东可以支配的现金。企业可能有现金，但首先要用于持续经营和发展，未必能用于分配。

自由现金流克服了经营活动现金流的不足，既将债务资本和权益资本统筹考虑，以全面衡量企业现金流，也优先考虑了企业发展的资本需求。自由现金流是"不受任何约束的现金"，是在不影响公司持续发展的前提下，可供分配给企业资本提供者的最大的现金额，以自由现金流评估企业价值最具内在逻辑。

企业再投资包括了长期资本支出和短期的运营资本增加。经营良好的企业通过内部积累就可以实现再投资。经营良好的企业除了重大的长期资本支出，基本不会再寻求外部资本支持；而经营不善的企业只有不断地增加外部资本投入，才能维持企业的正常经营及生存，一旦股东不能及时"输血"，企业可能就会陷入困境。

自由现金流可以充分揭示这些状况，在经营活动现金流基础上，兼顾了企业的发展和分配，这也是自由现金流相比净利润、经营活动现金流评估价值最大的优势。巴菲特始终坚持认为，企业现金流的变动是价值评估的关键，"普通的标准都与估价无关，除非它们到了给进出企业的现金流量或流动时刻提供线索的程度"。

企业内在价值是企业未来创造的自由现金流的现值，预测未来自由现金流是价值评估的关键。

二、未来

内在价值是预期值，体现为未来创造的现金流量的现值，买股票其实买的就是企业未来创造自由现金流的能力。

账面价值、市场价值反映的是过去和现在，内在价值反映了企业未来财富创造能力。过去的事情已经发生，尘埃落定，是既成的事实，我们可以客观地测算出相关结果。而未来尚未发生，未来事物如何发生、发展就需要我们根据内在价值进行分析判断。

"企业价值是企业未来创造的现金流量的现值"，意味着过去和现有的事物将不会成为衡量价值的关键，如股息、过去的盈利、资产的账面价值等，也意味着证券分析最重要的工作就是要对未来做出预测与判断。

未来有无限可能,但不可能凭空而来,在一定程度上也是对过去的延续,预测未来需要对企业过去和现在的经营状况、市场环境、产品结构、财务绩效等进行分析,并在此基础上,依据自己的经验及对行业未来发展、公司竞争优势进行分析,判断企业未来的经营与发展,尤其是要对未来的变化和趋势做出判断。

财务报告显示的会计信息是企业过去的财务状况和经营成果,是已实现的,我们分析它的目的并不只是评价财务绩效,而是通过报表数据分析找到驱动企业绩效、发展的内在因素,透过表象发现本质,找到支撑企业未来发展的真正动力。

分析师最常犯的错误,就是将研究重心放在分析企业的过去及现状,而忽视了对企业未来的预测和判断,本末倒置。有些研究报告完全是过去资料的堆积,没有内在逻辑,没有根据"确定的原则"判断未来。这种分析好比隔靴搔痒,是没有什么价值的。

对未来的分析和判断包含两个方面,一方面是企业未来获得的财富(现金流);另一方面是企业未来创造财富(现金流)所存在的风险。

未来事物如何发生、发展存在较多的不确定性,因此预测未来事物发展的结果,自然就需要做出很多假设、判断。证券分析就是要尽量使这些假设合理,合乎"原则",使判断更符合客观事实。

不同的人,由于知识水平、认知能力、经验等的差异,对同一事物的判断存在差异,会导致对同一企业所做的价值评估出现差异,这种情况下有经验的专业分析师就可显示出优势。

现在的价值是当下对未来价值的预期。企业未来经营面临着环境、政策、社会、疾病以及竞争对手策略等各方面的变化带来的不确定性,这些不确定性影响和改变着企业的内在价值,这对证券分析也提出了挑战。

尽管如此，有些客观事实对预测和判断也是有帮助的。随着时间的推移，"未来"的一部分会逐渐实现（离现在最近的"未来"终会变成过去），同时随着我们对相关企业及产业的深入理解，对相关企业的价值把握也会越来越贴近真实的价值数值。

三、折现

将未来的现金价值折算到现在的方法称为折现。

企业未来创造的现金流通常都以年度核算，企业每年创造的现金流即使相同，但以今天的视角来看，它们所代表的价值也是不一样的。比如，现在的100元和1年后、2年后的100元的价值是不同的。假设银行利率为5%，1年后、2年后的100元折现到今天，实际只相当于95.24元和90.70元。

折现隐含了复利功能，它反映了两个方面的问题。

（一）折现率越高，价值越小

折现率是影响折现值的关键因素。在现金流相同的情况下，折现率越高，折现值越小，说明价值越小。一方面因为货币具有内在的时间价值属性，即使不做任何事情，也会产生相当于银行存款利率（无风险收益率）的收益；另一方面因为投资于企业需要承担风险，需要有相应的风险补偿。折现率需要涵盖这两个收益率，不然将难以引入资本。

（二）时间越长，价值越低

离现在越近，折现值越高；离现在越远，折现值越低。说明时间离现在越近，数值相同的现金（或资产）折现价值越高，而时间离现在越远则越不值钱。它反映了时间越长、风险越大的事实，因为在漫长岁月中，对未来的不确定性，使我们能拿到相应价值的概率降低。

以上两条揭示了不同时期现金流的折现值差异。

折现率越高，未来现金流的折现值将越低，降低折现率显然是提高企业价值的重要方法；同时，时间离现在越近的现金流对价值的影响越大，时间离现在越远的现金流对价值的影响就越小。

实践中，价值评估的折现率都是采用加权平均资本成本，这又回到了企业基本面。企业降低加权平均资本成本的思路有两个：一是调整资本结构，通过合理利用杠杆、分红、回购等方式来降低权益资本占比；二是提高公司实力、地位，通过降低资本提供者的风险补偿要求，来实现加权平均资本成本的降低。

折现值对折现率的敏感性较高，折现率的微小变动都可能会带来较大的影响。敏感性分析在价值评估的很多时候都是需要的。

第二节　价值评估

价值投资要求以低于股票内在价值的价格买入股票，或者要求企业价值能不断增长。安全边际理念更要求尽量加大价值与买入价格的差值。这些都要求准确评估价值，这也是价值投资成功的基础。

巴菲特说成功投资只需要掌握好两门功课，第一门功课是准确评估企业价值，第二门功课是正确看待市场价格走势。价值评估既是证券分析的核心，又是成功投资的起点，其重要性是不言而喻的。

一、自由现金流折现的价值评估

自由现金流折现是最基本的价值评估方法，也称绝对价值法，通常分为 5 个步骤。

第一步，刻画企业未来发展轨迹。

这一步主要确定价值评估预测框架，证券分析所说的"二阶段模型""三阶段模型"中的"阶段"，就是针对未来发展轨迹而言的。

实践中，通常根据投入资本回报率未来的变化趋势，来描绘企业发展阶段。

投入资本回报率（Return on Invested Capital，ROIC）是企业息前税后经营利润与投入资本的比值。投入资本回报率从资本投入的角度对企业的资金使用效率进行衡量，反映了企业运用资本创造经济收益的能力。

投入资本回报率是企业经营绩效评估和自由现金流预测的重要工具。测算 ROIC 需要清楚几个财务指标，以及它们的计算方法。

IC：投入资本（Invested Capital）；

EBIT：息税前利润（Earnings Before Interest and Tax）；

NOPLAT：扣除调整税后的净营业利润（Net Operating Profits Less Adjusting Taxes），也称息前税后经营利润。

企业资本包括股东投入的权益资本和债权投资者的债务资本，这些资本都可用于开展经营活动。但一般情况下企业不会将所有资本全部用于主营业务，可能还会用于非经营性资产、备用现金（超额现金）等，计算投入资本时需要剔除非经营性资产和超额现金，公式如下所示。

IC= 股东权益（净资产）+ 有息负债 – 超额现金 – 非经营性资产　　（3-1）

$$EBIT = 净利润 + 所得税费用 + 利息费用 = 利润总额 + 利息费用 \quad (3\text{-}2)$$

$$NOPLAT = (利润总额 + 利息费用) \times (1 - 所得税税率)$$
$$= EBIT \times (1 - 所得税税率) \quad (3\text{-}3)$$

$$投入资本回报率（ROIC）= 息前税后经营利润 \div 投入资本$$
$$= NOPLAT/IC \quad (3\text{-}4)$$

过去的 ROIC 可以根据企业报表直接计算得出，未来的变化情况需要根据行业发展特征、供需状况、行业竞争格局，以及企业经营现状和发展战略、规划等进行预测与判断，需要对行业、企业充分了解，也需要分析师具有相当的经验和知识。

一般情况下，企业未来发展常被划分为三个阶段，如图 3-1 所示。图中深色线是企业 ROIC 的正常变化趋势，以反映市场竞争、企业回报长期将趋向社会平均回报的趋势（企业投入资本回报率逐步向加权平均资本成本趋近）。

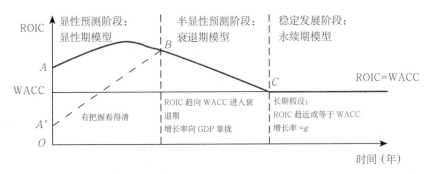

图 3-1　企业发展的三个阶段

第一阶段是高速增长阶段，因为离现在最近，预测可靠性较强，因此称为显性预测阶段。图中曲线 AB 表示 ROIC 先增后减，而虚线 A′B 表示开始时企业资本回报是负的，但一直在持续改进。不同的企业可能有不同的变化趋势，需要分析师根据掌握的事实依据进行分析判断。

第二阶段是过渡阶段，是从高速增长转向常态发展的过程，此时预测的难度开始增大，称为半显性预测阶段。该阶段ROIC的轨迹当然也是"千人千面"的，需要根据具体企业经营情况进行预判。

第三阶段是稳定发展阶段，也称永续增长阶段，经过前两个阶段的竞争发展后，企业逐步进入稳定发展期。企业往往需要5～10年才可能达到稳定发展阶段，稳定发展期通常假定ROIC保持不变，并以接近行业或经济平均增长的速度增长。

第二步，预测显性、半显性阶段的自由现金流。

传统财务报表中没有设置自由现金流项目，需要依据利润表和资产负债表测算。

自由现金流是"企业创造的、在满足了再投资需要之后剩余的现金流量，可以向所有出资人（股东和债权人）自由分配的现金"，根据定义，公式如下所示：

$$
\begin{aligned}
自由现金流 &= 息税前利润 \times (1-所得税税率) + 折旧与摊销 \\
&\quad - 资本性支出 - 营运资本增加 \\
&= 息前税后经营利润 - (资本性支出 + 营运资本增加 \\
&\quad - 折旧与摊销)
\end{aligned} \quad (3\text{-}5)
$$

式中，"资本性支出+营运资本增加"是企业的再投资，而"折旧与摊销"是不用支出现金的，所以"资本性支出+营运资本增加-折旧与摊销"实际上就是企业新增的净投资（Net Invest）。

假设企业自由现金流用FCFF表示、新增净投资用NI表示，则有：

$$NI = 资本支出 + 运营资本增加 - 折旧与摊销 \quad (3\text{-}6)$$

$$FCFF = NOPLAT - NI \quad (3\text{-}7)$$

假设企业 ROIC 保持不变，则新增净投资将带来息前税后利润增量为 ROIC×NI，企业收益（息前税后经营利润）增长率（g）的计算公式如下所示：

$$g = ROIC \times NI/NOPLAT \quad (3\text{-}8)$$

因此：

$$NI = g \times NOPLAT/ROIC \quad (3\text{-}9)$$

将其代入自由现金流计算公式中，见式（3-7），得到：

$$\begin{aligned} FCFF &= NOPLAT - NI = NOPLAT - g \times NOPLAT/ROIC \\ &= NOPLAT \times (1 - g/ROIC) = IC \times ROIC \times (1 - g/ROIC) \\ &= IC \times (ROIC - g) \end{aligned} \quad (3\text{-}10)$$

熟悉自由现金流的测算，有助于加深对自由现金流的理解。未来自由现金流既可以根据预测利润表和资产负债表测算，也可通过式（3-10）预测。

第三步，过渡期后的终值测算。

显性、半显性预测阶段之后，企业步入稳定发展阶段，即永续增长阶段。假定永续增长阶段企业的 ROIC、g 都保持不变，则永续增长阶段的价值计算，就可用永续年金模型，此阶段折现计算出的价值称为终值。

永续增长阶段的自由现金流折现采用永续年金模型来计算企业价值，公式如下所示：

$$企业价值（EV） = FCFF/(WACC - g) \quad (3\text{-}11)$$

假设永续阶段起始年度为 $T1$，$FCFF_{T1}$ 为永续增长阶段第 1 年自由现金流量，$FCFF_{T0}$ 为过渡期最后一年的自由现金流量，则终值（TV）的计算公式：

$$TV = FCFF_{T1}/(WACC-g)$$
$$= FCFF_{T0} \times (1+g)/(WACC-g) \qquad (3-12)$$

假设 $T1$ 年企业的投入资本为 IC_{T1}，将式（3-10）代入后，可得：

$$TV = IC_{T1} \times (ROIC-g)/(WACC-g) \qquad (3-13)$$

从式（3-13）可以看到，当 ROIC 等于 WACC 时，$TV=IC_{T1}$，此时永续增长阶段企业终值将等于该阶段初始投资资本，表示企业在永续增长阶段没有创造任何价值。当 ROIC 小于 WACC 时，终值小于初始投入资本，说明企业在永续增长阶段是毁灭价值。只有 ROIC 大于 WACC，终值大于投入资本，企业在永续增长阶段才是创造价值的。对于 ROIC 与 WACC 的更详细讨论，我们会在本章的第四节"价值创造与价值增长"中讨论。

第四步，测算加权平均资本成本（WACC），即折现率。

价值模型中的折现率由加权平均资本成本确定，所以价值评估中，企业加权平均资本成本的测算也是必不可少的环节。

企业资本（股权资本和债权资本）是企业可以自由应用的资本，但两者性质、风险不一样，投资者要求的风险补偿不一样，对企业来讲其成本也有差异。我们在综合计算企业资本成本时，不仅需要分别确定两类资本的成本，还需要根据两者占比的不同，计算出加权平均资本成本。

假设企业股东权益和有息负债分别为 E 和 D，股权资本成本和债权资本成本分别用 K_E 和 K_D 表示，加权平均资本成本为 WACC，则有：

$$\text{WACC} = \frac{E}{E+D} \times K_E + \frac{D}{E+D} \times K_D \times (1-T) \quad (3\text{-}14)$$

式中，T 为所得税税率，因为债务利息可以税前抵扣，所以能够降低债权成本。实务上，债权资本成本 K_D 经常取 10 年期国债利率。

股权资本成本 K_E 以投资者投资该企业的预期收益率为依据，也就是股权资本成本等于投资该企业所要求的必要收益率：

必要收益率（预期收益率）= 无风险收益率 + 风险补偿

$$K_E = R_f + \beta \times (R_m - R_f) \quad (3\text{-}15)$$

式中，K_E 为必要收益率，也是股权资本成本；R_f 是无风险收益率；R_m 是股票市场的平均收益率；$R_m - R_f$ 表示股票市场的风险溢价；β 是股票波动与市场波动的比值，企业股票相对于总体市场的相对风险，通常用过去 2～5 年股票和市场各自月度收益的平均比值表示。这个公式也被称为资本资产定价模型，即 CAPM 模型。

第五步，计算企业价值。

有了企业显性阶段和半显性阶段预测的自由现金流量、永续增长阶段终值和加权平均资本成本，企业价值就可以通过折现模型测算了。

如果企业价值用 EV 表示，企业自由现金流为 FCFF，t 表示从现在起的第 t 年，FCFF_t 为企业第 t 年的自由现金流，TV_T 为 T 年时的终值，则企业价值的现金流折现（DCF）模型公式如下所示：

$$\text{EV} = \sum\nolimits_{t+1}^{T} \text{FCFF}_t / (1+\text{WACC})^t + \text{TV}_T / (1+\text{WACC})^T \quad (3\text{-}16)$$

二、特殊行业价值评估

自由现金流是一个多项目相关联的中间分析指标,其预测相对复杂,所以有时会以净利润、经济利润、经营活动现金流、红利等指标替代,近似地评估企业价值。以这些指标代替自由现金流,会不同程度地偏离价值内涵,但由于估算过程相对简单,也有较多人采用。

其中有一些具有独特性质的行业,盈利严重依赖企业的某种特定资产,对这些特殊行业的企业,我们可以选择利润指标作为价值评估的依据。评估时利用特定资产和盈利的高度相关性,建立盈利和资产的量化关系,据此预测未来年度的盈利,最后折现得到企业价值。这种方法可以称为资产价值折现法,是一种特定行业认同度较高的价值评估方法。

矿产企业的例子可以较好地展示资产价值折现法的估值思路和过程。评估分成三步:

第一步,建立特定资产(矿产资源)和盈利之间的量化关系,根据已实现的财务数据测算"吨利润",并评估判断未来变化;

第二步,预测未来盈利。根据产能及市场状况判断今后年度的产销量,通过"吨利润"计算出未来年度的盈利;

第三步,计算和选择合适的贴现率,将前面预测数据折现,计算出现值。这个现值就是近似的内在价值。

所有盈利依赖矿产资源的企业都可以用这个方法进行评估。

类似地,保险公司内含价值法(Embedded Value,EV)、房地产企业净资产价值法(Net Asset Value,NAV),都是利用了企业盈利依赖现有某种特定资产这个特征,对企业价值进行估测。

保险公司特殊的保单资产是盈利的主要来源,其内含价值(EV)

包括经调整后的净资产和有效业务价值。有效业务价值指现有保单预期未来产生的可供分配的税后利润的贴现值，它代表了评估时点这些保单给企业带来的内含价值。保险公司在披露年报时，都会发布根据自己的精算假设所计算的内含价值，这也给我们评估其价值提供了方便。

NAV 估值已成为房地产企业价值评估的主流估值方法。房地产企业的 NAV 估值是指在一定销售价格、开发速度和折现率的假设下，房地产企业现有开发项目以及土地储备项目，在未来销售过程中形成的净利润，经过折现的净现值，再减去负债后得出净资产价值。很多时候，房地产公司的 NAV 估值也会用经营活动现金流量指标测算。

无论矿产企业，还是保险、地产企业，评估时并没有考虑评估时点以后新开展的业务或新增的业务资产，仅以评估时点现有的相关业务或资产为基础进行评估，所以这个估值是谨慎的。资产价值折现法巧妙利用了盈利来自现有某种特定资产的特征，建立资产和盈利或现金流的关系，并以折现的思路测算企业价值。相比自由现金流估值，资产价值折现法简单易行，但只适合部分行业。

三、降低不确定性和主观性影响

（一）价值评估结果存在不确定性

因为价值来源于未来，由企业未来创造的现金流量现值决定。过去的事情已尘埃落定，我们可以客观测算、判断；未来尚未发生，其不确定性、不可预料的偶然性、毫无征兆的突发性等，都会影响我们对价值进行评估。

未来在目前尚未发生，将来如何发生、发展，在今天是不能确切知晓的。企业未来经营面临着环境、政策、社会、疾病以及竞争对手策略等变化的不确定性，这些不确定性既可能影响和改变企业的内在价值，也会改变我们的预期，使预期的前提条件发生变化。

现在的价值是当下对未来价值的预期，明天可能出现新的情况，新情况可能改变我们当下对价值既有的预期，这好比要对飘忽不定的物体进行精准定位，不仅难度很大，定位（价值评估）的准确性也容易受到质疑。

（二）评估过程带有较强主观性

任何人对事物的判断、预测都有其主观性。未来尚未发生，未来事物如何发生、发展存在较多的不确定性，只有在一定假设的基础上，才能对事物未来发展做出预测、判断。

主观性既体现在不同的人，也体现在不同的时间。不同的人由于知识水平、认知能力、经验等差异，不仅对同一事物的判断存在差异，还会导致对同一企业所做的价值评估出现差异。相同的人也可能会随时间变化、环境变化等对同一事物的判断发生预期改变，这些主观性影响都是评估过程中难以完全消除的。

不确定性和主观性是价值评估的两道坎，也是证券分析工作需要攻克的两个难关。证券分析的一个重要内容就是要不断降低价值评估的不确定性及主观性影响，尽量以严谨、独立、客观、专业的态度对企业未来经营及企业价值做出判断、预测。

除了在评估过程中需要严谨、独立、客观、专业的分析外，还可以采用情景分析和敏感性分析，进一步降低不确定性和主观性的影响。

情景分析是指为降低评估过程中的不确定性和主观性影响，使估值结果尽可能接近其内在价值,可以通过设定不同发展状况、发展条件,比如乐观、常态、悲观等状态下,来分别预设不同的发展轨迹、不同 ROIC 假设下的现金流预测或不同增长率(g)水平下的永续价值,并分别评估测算相应的价值。情景分析最后还需要根据各种情景可能出现的概率,赋予其不同的权重,从而计算出期望价值。

敏感性分析是指从对评估结果有影响的众多因素中,找出影响较大的因素,设定不同的取值,进而测算出估值结果的区间范围。比如折现率,其变动对估值结果的影响较大,评估时选取不同的 WACC 作为参数,分别计算相应的企业价值,最后框定价值大小区间。

第三节 相对估值

相对估值以股票的市场价格与企业基本面指标的比值,作为估值工具。相对估值的核心思想是通过可比对象的估值水平,评估目标证券定价的合理性,评估是否存在投资机会或风险。在目标证券缺乏市场定价时,相对估值也可用于对目标证券进行定价,企业首次公开募股(IPO)定价就常用此方法。

相对估值法有两个关键。

- 估值工具。
- 可比对象,即参照系。

一、估值工具

估值工具的选择主要是指对估值指标的选择。

相对估值把企业基本面和股票价格联系起来，以股票价格和企业基本面指标的比值作为构建估值指标的工具，并以此评估股票价格的高低，判断股票定价的合理性。

1.常见的估值指标有以收益为基础的，公式如下所示。

（1）以销售收入为基础的市销率：

$$市销率（PS）= 股票价格 / 每股销售收入 \qquad (3-17)$$

（2）以净利润为基础的市盈率：

$$市盈率（PE）= 股票价格 / 每股收益 \qquad (3-18)$$

（3）以经营活动现金流为基础的市现率：

$$市现率（PCF）= 股票价格 / 每股经营活动现金流 \qquad (3-19)$$

（4）以股息为基础的股息率：

$$股息率 = 股息 / 股票价格 \qquad (3-20)$$

（5）以息税前利润为基础的息税前利润倍数：

$$息税前利润倍数 = 市场价值 / 息税前利润 \qquad (3-21)$$

（6）以息税折旧摊销前利润为基础的EBITDA倍数：

$$EBITDA 倍数 = 市场价值 / 息税折旧摊销前利润 \qquad (3-22)$$

2.常见的估值指标还有以资产为基础的，公式如下所示。

（1）以净资产为基础的市净率：

$$市净率 = 股票价格 / 每股净资产 \qquad (3-23)$$

（2）以总资产为基础的资产倍数：

$$资产倍数 = 市场价值 / 总资产 \qquad (3-24)$$

相对估值指标虽然很多，但其应用的方法是一样的，这些估值指标都是以企业所能支配的资源或经营成果等基本面现状，去衡量股票价格。不同的估值指标反映了不同的看问题角度，对同一企业用不同的估值指标进行比较分析，分析结果可能存在差异，甚至可能得到相反的分析结果。"两小儿辩日"故事能很好说明这点。

"两小儿辩日"描述了两个小孩争辩太阳的远近，其中一个小孩认为"早上的太阳看起来大，所以早上的太阳离我们近"，而另一个小孩却说"中午的太阳光很强，所以太阳在中午的时候离我们更近"。相同的问题从不同的角度去看，得出了完全不一样的结果。所以选择估值指标时，一定要选取最能体现股价关系的基本面指标。

二、参照系选择

由于相对估值指标的高低并不能直接衡量股票价格是否合理，它需要有比较对象，即参照系，以比较对象相应指标的高低来推测股票定价是否合适。

根据不同的情景需求，通常会选择标的自身历史估值、其他相关股票等作为比较对象。当选择股票自身历史估值作为比较对象时，我们将根据目前的股票估值水平在历史上的位置判断定价是否脱离了历史定价的均值范围。当选择其他上市企业相关股票做比较对象时，我们可以得知两者估值水平的差异。当企业估值乘数低于比较对象的估值乘数时，我们认为该企业有投资机会，反之，则可能有风险。

选择参照企业时，一定要选择类似的企业，如行业属性一样，业务及业务模式相同，经营规模与行业地位相近，或者所在地区一致，上市时间相似或相近，以及历史表现的相关性强等。

类比企业是相对估值之"锚",它是相对估值法中价值评判的基础,对类比企业的选择非常重要。"没有绝对的贵,也没有绝对的便宜,取决于参照系"。参照对象与目标企业相关性越强,股价历史表现关联度越高,参照效果将越好。

实践中,参照系企业可以是一家,也可以是多家。选择多家参照企业的情况下,需要计算多家参照企业的平均估值水平。

三、相对估值的优缺点

相对估值也是基于基本面分析的证券分析,和绝对估值最大的差异在于,相对估值不要求测算企业的内在价值,其采用的基本面指标只是企业众多基本面因素中的某一项。相对估值不能全面反映企业基本面状况及长期发展前景。

前述"两小儿辩日"的故事在一定程度上揭示了相对估值和绝对估值的差异:故事中小孩所说的"看起来大""阳光很强",其实就是"相对估值",如果采用"绝对估值"方法,就应该拿尺子量一量太阳到地球的距离。

相对估值选用的基本面指标是企业某一时期的数值,容易受到企业操控,从而使指标失真。绝对估值采用自由现金流折现,涵盖企业多个时期的数值,能更完整地反映企业基本面情况,比相对估值更具科学性。所以巴菲特认为折现现金流是企业价值评估唯一正确的方法。

相对估值的本质是股票自身的价格需要用其他参照企业的定价情况来推定,逻辑上并不是很严密。而绝对估值涉及对企业未来的经营进行分析、判断及现金流预测,任务既艰巨、烦琐,难度也大。企业未来的经营存在着不确定性和主观性，未来发展是否能如预期有较大的不确定性，预测与判断易受主观意识影响，因此绝对估值在实际应用中将会遇到较多挑战。与之相比，相对估值具有含义明确、计算简单、易于理解和便于沟通等突出优点，相对估值还是最为投资者广泛使用的工具。

相对估值体现的是不同证券之间定价的相对合理性，因此相对估值被成功应用需要选择以下两个维度，才能使估值做到精确无误：一个维度是选择最能反映价格走势的基本面指标构建估值指标，另一个维度是选择真正具有可比性的参照对象。

四、特殊情形估值

估值指标中市盈率指标应用最广泛，但在企业亏损时，使用市盈率指标无效，这个时候需要采用其他指标。亏损企业常用的估值指标有市净率（PB）、市销率（PS）、市现率（PCF）等，具体采用哪个指标进行估值主要看企业的业务特性或行业属性。

注册制全面实行后，一些没有收入的创业型、研发型企业也可以通过IPO上市，这些企业基本上只有投入，没有产出，甚至股东权益资产也很少，常规估值指标都不适合这类企业，此时绝对估值法可以大显身手。但如果一定要使用相对估值法，分析师可以采用市研率指标（股票价格和每股研发投入的比值）进行估值，有时候也可以采用企业未来盈利时的预期市盈率（PE）指标，但该指标的不确定性较大。

研发创业型企业的研发投入是关键，比如生物医药企业，研发投入往往反映研发进度，证券市场上相关的可比公司也有不少，有参照系，所以采用市研率进行估值有一定的参考价值。

对正常经营但利润亏损的企业，很多情况下是可以通过EV/EBIT、EV/EBITTA进行估值的。这里EV是企业市值，EBIT是息税前利润，EBITTA是息税折旧摊销前利润。采用EV/EBIT、EV/EBITTA指标进行估值，通常用于不同资本结构、不同税率水平企业之间的比较，但不少企业出现亏损常常是因为过高的债务负担、过多的折旧和摊销，所以用这两个指标进行估值具有一定的意义，尤其是在评估历史股价定位时更有价值。

第四节 价值创造与价值增长

一、价值创造

企业经营实现了盈利，但不一定创造了价值，有时还是在毁灭价值。评判企业是否为投资人创造了价值，首先要明白资本是有成本的。股东把资金投入企业，企业进一步通过债权人筹措资金，这就构成了企业的资本，会计上分别将其归为股东权益和负债，但都是企业可自主运用的资本。

企业资本成本来源于两个方面，一个是货币的时间价值（无风险收益），另一个是风险补偿。货币的时间价值是货币拥有者放弃当前享受而取得的一种延迟享受补偿，其收益率是在没有风险和通货膨胀下的社会平均资金利润率。风险补偿是因为投资人把资金投入企业，投资人因此承担了两种风险而要求的补偿，一种是通胀导致货币贬值的风险，另一种是企业经营不达预期甚至失败的风险。投资人只有在投资预期收益可以超过货币的时间价值和风险补偿之后，才会进行投资，这在企业的视角看，就成为企业的资本成本。

资本成本等于无风险收益和风险补偿相加。无风险收益取决于社会平均资金利率水平，风险补偿则与所投资的具体企业相关，不同企业经营风险不同，风险补偿则不同，所以不同企业的资本成本存在差异。

有了资本成本的概念，评判企业是否创造价值就有了依据。企业以债权人、投资人投入的资本对企业进行投资经营，如果获得的收益刚好与资本成本相等，即没有新增收益，此时，企业没有为投资人创造价值；如果获得的收益低于资本成本，此时企业不仅没有为投资人创造价值，还是在毁灭价值。企业息前税后经营利润与投入资本的比值，就是投入资本回报率，也称投入资本收益率（ROIC），它是评判企业是否创造价值的关键指标，只有投入资本回报率高于加权平均资本成本时，企业才是在创造价值。

在本章的"价值评估"一节我们已经分析过投入资本回报率、加权平均资本成本（折现率）的测算，可以见式（3-3）、式（3-4）和式（3-14）等，这里不再赘述。

前文我们也讨论了，通过比较 ROIC 和 WACC，我们就知道企业是否在创造价值，只有 ROIC 大于 WACC 时，企业才是是创造价值的，企业才是具备价值创造能力的。

二、如何创造更大价值

创造价值的企业如何才能创造更大的价值呢？有两个路径：提高投入资本回报率和在保持投入资本回报率的水平下增加再投资。

（一）提高投入资本回报率

如果将式（3-4）中的 NOPLAT 用产品销售价格和销售规模（数量）粗略表示，则有：

$$\text{NOPLAT} = (\text{单位产品售价} - \text{单位产品成本}) \times \text{销售数量} \times (1-T) \tag{3-25}$$

从式中可以看到，企业可以通过扩大销售规模（数量）、提高售价与成本之间的价差（提高售价或降低成本），来提高 ROIC。但是，现实中由于市场竞争的存在，过高的 ROIC 会吸引更多的市场参与者，加剧市场竞争。无论是产品的销售数量，还是售价与成本的价差，都是受到市场强烈约束的，投入资本回报率的提高是有限制的。图 3-2 描述了企业 ROIC 的变化趋势。

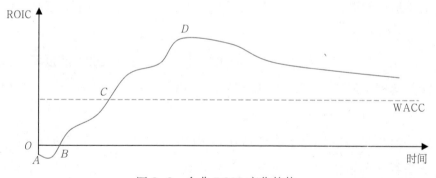

图 3-2　企业 ROIC 变化趋势

图 3-2 中实线表示 ROIC，虚线表示 WACC。任何企业成立之初都需要投入资本且只有在建成投产后才开始有收入，如图中曲线 AB 所示。这个时期由于企业规模不够、市场拓展困难等原因，企业并不创造价值且处于价值损失阶段。只有在 ROIC 超过 WACC 时（图中 C 点），企业才开始创造价值。

当一个产业或企业具有超越 WACC 较高的 ROIC 时,往往会有更多的其他参与者进入市场,激烈的市场竞争将影响企业创造价值,不仅会抑制 ROIC 的上涨(图中 D 点),还会使 ROIC 下降。

实际上,在图 3-2 中,ROIC 趋势线所表示的企业是具有较强竞争优势的,一般企业的 ROIC 趋势线波动幅度更大。市场经济中,高回报必然会引发竞争,很多时候会使 ROIC 又重新回到 WACC 水平(图 3-3 的 E 点),曲线 EF 表示企业处于价值毁灭阶段。经过一段时间的优胜劣汰,企业的 ROIC 又会重新回升,如此循环往复,如图 3-3 所示。

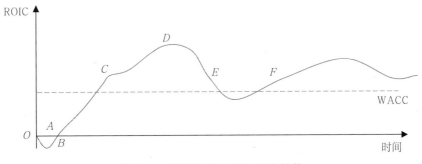

图 3-3　更真实的 ROIC 变化趋势

(二) 增加投入资本规模

企业在保持投入资本回报率 (ROIC) 不变的情况下,如果把获得的收益用于再投资,将可以为投资人创造更多价值。对企业而言,加大投资的同时还要保持 ROIC 不变是不容易的,投资分析中如能找到这样的好企业,那将极大提高投资成功率。

我们来看看企业利用收益再投资是如何为企业创造更大价值的。为方便起见,我们还是以永续年金模型为例。根据式(3-11)永续年金模型来计算企业价值，将自由现金流计算公式（3-10）代入式（3-11），可得：

$$EV = NOPLAT \times (1-g/ROIC)/(WACC-g) \quad (3\text{-}26)$$

式中，$NOPLAT=EBIT \times (1-T)$ 是经调整的息前税后净利润；T 为所得税税率；g 是 NOPLAT 增长率。

有书将上式称为公司金融之禅，它涵盖了企业价值的三个关键因素，这三个因素分别为投入资本回报率（ROIC）、收益再投资增长率（g）及加权平均资本成本（WACC）。

将式（3-26）进一步简化，公式如下所示：

$$\begin{aligned} EV &= IC \times ROIC \times (1-g/ROIC)/(WACC-g) \\ &= IC \times (ROIC-g)/(WACC-g) \end{aligned} \quad (3\text{-}27)$$

企业具备价值创造能力时，ROIC>WACC，（ROIC-g）/（WACC-g）>1，且随着 g 的不断增加，比值也将逐渐增大，说明增加再投资能够增加企业价值。

在 ROIC 保持不变时，新增净投资将带来息前税后利润增量 ROIC×NI，所以可得出本章前面列出的式（3-8），即收益增长率（g）为：ROIC×NI/NOPLAT g 与新增净投资（NI）成正比。其中新增净投资（NI）由式（3-9）计算得出。

三、增长陷阱

式（3-27）显示的价值创造可以分为三种情况表述：

（1）当 ROIC=WACC 时，EV=IC，说明企业价值和投入资本完全相等，企业没有创造新的价值。

（2）当 ROIC<WACC 时，EV<IC，说明企业价值小于投入资本，企业是在毁灭价值。

（3）当 ROIC>WACC 时，EV>IC，说明企业价值大于投入资本，企业是在真正创造价值。

式（3-27）还揭示了增长的陷阱。式中，(ROIC-g)与(WACC-g)的比值公式中有三个变量，即 ROIC、g 和 WACC，不同情景下的增长对公司的意义是大相径庭的。

（1）当 ROIC=WACC 时，无论增长率（g）如何变化，企业价值都等于投入资本。

（2）当 ROIC>WACC，即企业创造价值时，该比值随 g 的增加而增大，意味着企业的价值随着增长率（g）的提升而提高。

（3）当 ROIC<WACC，即企业毁灭价值时，该比值随 g 的增加而减少，意味着企业的价值随着增长率（g）的提升而进一步降低，企业陷入了增长陷阱。

从中看出企业收益再投资是一个助推器，对价值创造企业而言，收益再投资提升企业价值；对价值毁灭企业而言，收益再投资加速企业价值的毁灭。

四、价值增长

以上分析揭示了企业价值增长的三个必要前提，分别是：

- 企业投入资本回报率必须高过加权平均资本成本，才具有价值创造能力。
- 长期保持价值创造能力。

- 持续的再投资。

在产品市场上,企业必须在拥有良好的资本回报和持续再投资能力的基础上,具备长期竞争优势。企业需要通过持续创新、降低成本或者塑造品牌形象等方式,构建坚固的"护城河",保持行业地位,避免企业业务受竞争者的干扰。

企业的目标是实现企业价值最大化,企业的经营、管理都是围绕这个目标展开的,只有具备持续的价值创造能力,具备价值增长潜力,才能为投资人带来更好的回报。

巴菲特的成功正是来源于此,所谓的滚雪球投资的秘密也在于此。

第五节 价值投资进化

证券投资方式多种多样,客观而言,只要能获取好的收益就是好的投资方式。但相比众多其他投资方式,价值投资方式具有更高的确定性,这种确定性既来自内在价值定价理念,也来自安全边际理念,且价值投资方式可复制、可持续。其他投资方式虽然在短期看,都有良好的收益记录,尤其收益可能还比较显著,但长期看,非价值投资者侧重市场博弈,很难出现"常胜将军"。证券市场150多年的发展历史已经反复证明了这点,很多声名显赫的非价值投资者最后都将收益还给了市场。

一、格雷厄姆价值投资

格雷厄姆在其1934年出版的《证券分析》中,开创性地提出了内在价值概念，并在此基础上阐述了价值投资思想。

格雷厄姆认为股票价格由企业内在价值决定，内在价值应该作为投资选股的核心依据。格雷厄姆的价值投资包含三个核心理念。

第一，股票代表公司的部分所有权，投资股票就是投资公司。

股票投资不是零和游戏，不应作为投机炒作的工具。购买股票实际上就成了公司的股东，就是用购买股票的资金支持公司的发展。公司在股东资金的支持下参与市场竞争，并不断创造价值。在这个过程中投资人作为企业的部分所有者，自然可以获得相应的收益。

第二，要正确理解市场和"市场先生"。

市场是一个投资的场所和工具，市场的存在是为投资人服务的，它提供购买公司部分所有权的机会，也提供将其卖出变现的机会。但市场从来不会告诉我们价值是多少，它只告诉我们价格是多少。格雷厄姆认为"市场先生"情绪变化无常，一会儿告诉你这个价格，一会儿又告诉你另一个价格，我们不要被"市场先生"变化无常的情绪（价格）迷惑。股票价格时刻都在波动，风险和机会都隐含其中。

第三，价值投资需要安全边际。

投资应该以低于内在价值的价格买入，以接近或高于内在价值的价格卖出，内在价值和市场价格之间的价差就是安全边际。安全边际既是风险控制的工具，也是获取高收益的手段。因为内在价值难以准确预估，在投资有安全边际的情况下，即便预测不准甚至出现差错，也不会亏损太多。安全边际确保投资损失在可接受、可承受的范围以内，而一旦预测正确或接近准确，收益就会很丰厚。

格雷厄姆在19世纪30年代提出的这些价值投资思想，经过时间的检验，已成为卓有成效的投资哲学，价值投资思想在近百年的实践中使无数人受益。

二、价值投资进化

随着经济发展、时代进步，以及金融市场和金融理论的发展，格雷厄姆所定义的内在价值，有了新的内涵拓展和完善，价值投资的方式也更加丰富。价值投资在格雷厄姆建立的地基上，已修建成美轮美奂的高楼大厦。

格雷厄姆当时认为"内在价值是由资产、收益、股息等事实和可以确定的前景决定"，而现在对内在价值的认识是"内在价值是企业未来创造的现金流量的现值，是企业在整个剩余寿命期间产生的自由现金流量折现值的总和"。所以，内在价值的本质是企业未来的财富创造，"股票代表公司部分所有权"也可以说"股票是企业未来收益分配权凭证"，投资的本质是对未来进行预测。

格雷厄姆在《证券分析》中直言并没有十分有效的办法判断、预测未来前景，所以他认为：证券分析并不是为了确定某只证券的内在价值（虽然也可评估），而是为了证明其内在价值是足够的，可以为债券发行提供保障或为购买股票提供依据等。

现代金融学、经济学的发展为内在价值评估提供了方法和思路，自由现金流、资本成本、贝塔系数等指标成为我们评估内在价值的有效工具，就如本书"价值评估"章节所描述的。

格雷厄姆认为对股票的选择有三个主要标准，他在自己的投资实践中完全"如法炮制"。

- 是否有合适和确定的股息。
- 是否有稳健的盈利记录。
- 是否有充足的资产。

格雷厄姆的三个选股标准均立足企业基本面，但与现在理解的内在价值有一定的区别。我们现在知道，企业价值由企业未来创造的现金流量现值决定，企业现在的资产、过去的盈利、股息等基本面因素只是为未来判断提供分析依据，对企业价值并不具有决定性作用。公司的价值在未来，证券分析最重要的是要对未来做预测与判断。

格雷厄姆认为投资不是零和游戏，是通过所投资的企业创造财富而获取收益。具体而言，就是股票投资应该通过分享企业经营成果实现投资获利，比如红利；或者从"定价错误"中"寻找便宜股票"，通过股票价格的"价值回归"实现投资获利。

现在，由于机构投资者逐渐占据主导地位，投资市场竞价充分，具有良好基本面的高红利率、低估值股票日渐稀少，早期价值投资方式已较难适应市场的变化。企业的"价值创造"已成为当今价值投资的核心，在长期实践中，价值投资已由"分享红利""价值回归"转为企业价值增长，即通过企业成长、通过企业价值创造能力的提升，而获得内在价值增长的利益。

价值投资需要预测未来，但预测的结果不可能百分百准确，因此做投资决策的时候就必须预留一定的空间，安全边际理念始终是需要的。价值投资始终都要考虑风险，为了提高预测的准确性，价值投资思想在格雷厄姆三个选股标准的基础上又新增了"能力圈"理念：投资人通过长期不懈的努力，可以建立起自己的能力圈，在"能力圈"范围内能够对某些公司、某些行业获得比其他几乎所有人更深的理解，并且可以对公司未来的长期表现，做出比他人更准确的判断。

在应对未来的不确定性方面，价值投资大师们做了深入探索，并取得了卓有成效的投资业绩。其中巴菲特的"护城河理论"，认为有护城河的企业可以保障价值创造的长期持续；费雪的"成长价值理论",将企业成长作为价值评估依据,保障了价值增长投资成功的概率。还有很多价值投资者依托行业属性、发展前景或者科技力量,寻找相关产业内最具实力的优质公司进行投资,都是值得借鉴和学习的。

巴菲特在价值投资进化过程中发挥了决定性的作用,他的很多投资思想和投资方式深受投资者的追捧。巴菲特早期受教于格雷厄姆,其后在自己数十年的投资实践中不断丰富和完善价值投资思想和价值投资方式。能力圈理念就是巴菲特的贡献,巴菲特以逾70年的投资实践向投资者们展示了价值投资的优势。巴菲特强调企业价值创造及内在价值增长,他认为投资应该面向未来,相信"以合适的价格买入合适的股票""拥有护城河的公司能持续创造价值"等。

最近几十年,巴菲特积极倡导长期投资,在实践中言行一致。实际上,格雷厄姆提倡价值投资的时候并没有长期投资的概念,价值投资也并不要求长期投资。长期投资是不容易实现的,绝大多数投资者都做不到。这不仅在于建立能力圈、预测未来的困难,还在于长期持股过程中的外部诱惑和机会干扰,以及在市场大幅波动中内心的煎熬。

三、股神巴菲特

沃伦·巴菲特被世界各地投资人视为当代股神,因长期居住在美国西部城市奥马哈,也被誉为奥马哈先知。投资者都对他特别崇敬,视他的言论为"投资圣经"。每年5月初伯克希尔-哈撒韦公司(Berkshire Hathaway)的股东大会,都是投资者的一次盛宴,世界各地许多投资者为了聆听他关于投资的智慧言论,会不远万里、不辞辛劳地赶到奥马哈参加伯克希尔-哈撒韦股东大会。

在价值投资进化过程中，巴菲特起到了决定性的作用。从某种意义上可以说格雷厄姆开创了价值投资，巴菲特发扬光大了价值投资。

巴菲特的价值投资思想丰富，但都根植于企业内在价值。他在其老师格雷厄姆的内在价值理论基础上，极大地丰富了内在价值的内涵，完善了选股思路，创新了价值投资方式。青出于蓝而胜于蓝。巴菲特在投资生涯中取得了无人可比的投资业绩，使基于价值投资的证券分析成为"显学"，使价值投资模式成为市场主流投资模式。

巴菲特1930年出生于美国内布拉斯加州的奥马哈市，父亲是股票经纪商老板、国会议员，这为他参与股票投资提供了便利。巴菲特早在11岁的时候就开始了零星的股票投资，期间虽有获利，但并没有什么特别之处。在1951年哥伦比亚大学硕士毕业之前，可以说巴菲特对股票的认知仍然是懵懂的。

1954年，24岁的巴菲特进入其导师格雷厄姆的公司担任证券分析师后，才真正对股票投资、对价值有了认识。1954～1956年的三年时间里，巴菲特在格雷厄姆公司的职位是年薪1.2万美元的证券分析师（学徒）。在这段时间里，巴菲特工作勤奋、刻苦学习，领会了格雷厄姆在《证券分析》和《聪明的投资者》中所揭示的价值理论及价值投资方法。1956年，26岁的巴菲特回到奥马哈，创立了自己的合伙企业，开始了此生挚爱的投资事业。

在20世纪70年代，巴菲特控股伯克希尔-哈撒韦公司后，开始在公司年报中发表一年一度的"致股东信"，数十年来从未间断。巴菲特在信中详述其投资思考、投资思想，发布对于经济、市场的看法，以及投资选择的标准、方法，甚至包括对人生、生活、财富等的感悟。在随后的年度股东大会上，巴菲特和长期搭档芒格现场对投资者提问的作答,幽默且富有哲理。今天来看,这些"致股东信"和"投资问答"早已成为投资经典。

巴菲特一生勤于学习,善于思考,毅力非凡,不仅投资业绩无人能敌,他每每发表的一些投资感悟,都充满了真知灼见、人生智慧,能给投资者巨大的启迪,引起市场强烈反响。

四、巴菲特进阶之路

从巴菲特的投资实践、"致股东信"及相关言论中,我们可以较为清晰地看到巴菲特的投资思想轨迹及投资方式的转变。其投资实践可以划分为三个阶段,反映了巴菲特从幼稚、成长到成熟的过程,展现了巴菲特从价值学徒到充实和丰富价值内涵、价值投资方式,最后到创新价值分析方法、价值投资方法的过程。

- 1956～1968年,亦步亦趋地学习格雷厄姆,股票买的是公司的一部分生意,低估值投资。
- 1968～1987年,认为价值是由企业未来创造的现金流量现值决定的,价值投资转向长期投资,以"合适的价格买入合适的股票"。
- 1988年到现在,强调价值创造决定真正的成长,经济"护城河"保护企业价值创造,是股票选择的核心依据。

第一阶段:1956～1968年,格雷厄姆的学徒。

这个阶段巴菲特将从格雷厄姆那里学来的价值分析方法和价值投资方法用于自身的投资实践,此阶段巴菲特身上有着深深的"格雷厄姆"烙印。格雷厄姆认为的"股票代表公司的部分所有权,股票的价值可以通过公司的经营绩效等指标进行度量""市场对信息的过度反应给投资者提供机会""价值投资需要安全边际"等，这些基本的价值理念和价值投资方法，成为巴菲特一生的投资准绳。

这个阶段巴菲特活学活用，投资如鱼得水，取得了较好的投资业绩。1968年，虽然在当年取得了58%的股票投资收益，但巴菲特感觉已找不到便宜的股票了，于是果断清空了股票，把资金归还给投资人并解散了公司。

以现在的眼光看，这一阶段巴菲特价值投资的重心是寻找估值便宜的股票，这与格雷厄姆以PE、PB等指标寻找市场上"低估值股票"是一脉相承的。巴菲特后来总结说，这个时期的投资属于"捡烟蒂投资"：找便宜股票就如同捡别人抽剩的烟蒂，虽然仍有一段烟可吸，但很容易烫到嘴。尤其股票市场经过多年的上涨后，烟蒂越来越短，烫嘴的风险已然很大，这也是1968年股票市场上涨后巴菲特解散公司的原因。

格雷厄姆"寻找便宜股票"的方法主要依据企业当前的经营状况和资产状况，将股价与相关指标相除，这种方法其实就是相对估值，它更侧重对企业的过去及现在的价值进行评估。

概括而言，这个阶段巴菲特的投资思想和投资方式就是"寻找便宜股票"和"捡烟蒂投资"。

第二阶段：1968～1987年，注重未来和长期。

巴菲特在1968年解散合伙公司的同时，就已经着手对伯克希尔－哈撒韦公司的收购。1970年如愿成为伯克希尔－哈撒韦的大股东后，巴菲特担任公司董事长和CEO，也在当年将伯克希尔－哈撒韦公司的主业从纺织转向保险、银行与投资，并逐步把伯克希尔－哈撒韦公司打造成金融与投资平台。

这一时期，巴菲特与查理·芒格成为好友，并深受芒格影响。芒格的很多思想深刻影响了巴菲特。芒格基于格雷厄姆"市场先生情绪不稳"的观点，认为市场短期上下波动，无法判断走势，投资应立足长期；芒格提倡"以合适的价格买入合适的股票"，认为以合适的价格买入一个优秀的公司，远胜于以优惠价格买入一个普通的公司，投资要看未来……巴菲特将芒格许多的见解融入自己的投资实践中，并以自身对投资的理解，将这些理念充分融入价值投资方法中。

这个阶段巴菲特把选股考察重心转向了未来，"我决定改变我的投资策略，试着以合理价格买进好公司，而不是以便宜价格买进普通公司"。不仅如此，巴菲特这期间也从菲利普·费雪那里汲取了投资养分，对费雪的"成长投资"深为赞赏，并将费雪的成长投资理念纳入企业价值的评估中："成长和价值，它们是不可分的。它们是同一个等式的一部分。或者说，成长是价值等式的一部分。"在此基础上，巴菲特进一步认为：只有那些"收益大于成本"的真正成长，才是对价值的度量，只有高于社会平均收益的收益，才会带来价值，不然成长没有任何意义。

巴菲特称"我的血液里流着85%的格雷厄姆和15%的费雪"，由于对价值内涵的丰富和投资思路的拓展，巴菲特在投资上更加积极进取，期间虽然遭遇了1969年、1974年、1987年三次股市危机，投资业绩受到不少影响，但由于所选股票合适，保障了业绩的快速恢复。

巴菲特第二个阶段形成的价值思想，如"现金流的折现是唯一正确的价值评估方法""只有收益大于成本才是真正的成长""短期市场波动无法把握，投资需要长期持股""能力圈"等，这些价值思想如今已经为大众所认同，也是金融学教科书中的重要内容。

这个阶段巴菲特价值投资的典型特征就是看重"未来"与"长期",实践中放弃了"捡烟蒂",而转向以合适的价格买入合适的股票,并长期持股。"如果我们认为公司的竞争地位不稳固,我们不会试图用价格来弥补。我们想收购一家伟大的企业,即长期拥有高资本回报率的企业……我们喜欢以 40 美分的价格购买 1 美元,但为了一笔好生意,我们将以接近 1 美元的价格购买"。

巴菲特在该阶段的投资也被誉为"滚雪球"投资。巴菲特称"买股票就要买拥有好商业模式的公司,买未来能带来源源不断现金流的公司""买入后要长期持有,如果你不打算持有一只股票 10 年,那么就不要考虑持有它 10 分钟"。

第三阶段:1988 年一直到现在,护城河保障企业价值创造。

该阶段以 1988 年买入可口可乐为标志。这个阶段巴菲特为"滚雪球"投资提供了寻找"坡长雪厚"的方法,并以自身优异的投资业绩和实践经验,给"坡长雪厚"做了详尽的注释。

巴菲特在 1987 年美国股市危机后,开始持续大规模买入可口可乐的股票,并长期持有,今天可口可乐仍然是伯克希尔-哈撒韦的最大重仓股之一。这个阶段是巴菲特在第二阶段形成的价值投资理念和方法的基础上,又进一步提炼出企业经济护城河思想,其投资理念趋于成熟。

巴菲特最早提出护城河概念是在 1993 年的致股东信中,1995 年的致股东信中又对护城河进行了进一步的阐述。经济护城河是一种比喻,意指企业抵御竞争对手对其攻击的可持续性竞争优势,相当于保护城堡的护城河。从 1988 年买入可口可乐、吉列等公司的股票开始,巴菲特的每一次投资都包含着护城河理念。

2008 年 2 月致伯克希尔-哈撒韦公司的股东的信上,巴菲特描述了护城河的重要价值:"一个真正伟大的企业必须有一条持久的护城河,以保护投资资本的优异回报。资本主义的动态性保证了竞争对手将反复攻击任何能获得高回报的商业城堡。因此,一个难以逾越的障碍,例如一家公司成为低成本生产商(盖可保险、开市客)或拥有一个强大的全球品牌(可口可乐、吉列、美国运通),对于持续的成功至关重要。商业历史充满了罗马蜡烛[⊖],这些公司的护城河被证明是虚幻的,很快就被跨越了。"

企业拥有护城河,即企业具有长期可持续竞争优势,可以保障企业在较长的时间内获取超额收益,为投资人不断创造新的价值。经济护城河越宽,越牢固,企业保持竞争优势的时间将越久,企业为投资人创造的价值将越大,体现为企业价值越高,股票价格必将上涨。

护城河既保护着企业的价值创造,又降低了企业未来发展的风险和不确定性。护城河概念在一定意义上给未来判断和评估价值增加了一道保险,增加了证券分析的可靠性,增大了投资成功的概率。

经济护城河揭示的长期竞争优势包括以下几个方面。

(1)无形资产。构成护城河的无形资产包括品牌、专利权、法定许可等,这类无形资产让企业在市场上拥有与众不同的地位,能从客户身上获取更多利益。

(2)转换成本。转换成本指的是当消费者从一个产品或服务的提供者转向另一个产品或服务的提供者时所产生的一次性成本,包括采购、调整、检测、培训等方面的花费,高转换成本能让客户持续不断地购买你的产品或服务。

(3)网络效应。网络效应可以简单概括为:随着新用户的增加,

[⊖] 中世纪西方处决死囚的酷刑,是一种将犯有重罪的囚犯当蜡烛处死的方式。因为古罗马皇帝率先使用,因此称为罗马蜡烛。这里指商业竞争残酷。

不仅新老客户都能获得比过去更多的好处和更好的服务体验，而且产品的价值也会随着用户数量的增加而提高。建立在网络效应基础上的企业，更容易形成寡头垄断和自然垄断。

（4）成本优势。企业通过低于竞争对手的成本，在市场竞争中筑起自己的护城河。成本优势来源于内外两个方面：外部方面体现为优越的地理位置和独有的自然资源，可视为自然属性；内部方面，则可通过在经营规模上建立超越竞争对手的优势，通过在业务模式和业务流程上创新，以及通过降低营运成本等途径，构建低成本优势。

巴菲特经济护城河理论清晰形象地为投资分析指明了方向。护城河理念实质上也是"收益大于成本的真正成长"的升级版，它把"真正成长"从理论落实到鲜活的现实世界中，告诉我们如何在具体操作中选择合适的股票。

巴菲特投资的三个阶段清晰而明显，这是巴菲特不断学习与时俱进的表现，反映了巴菲特在价值投资上从学习、模仿，到丰富、充实，再到创造、升华的过程。巴菲特对价值投资思想的丰富和完善，其贡献相比财富本身而言更具价值。

| 第四章 |

掌握分析工具，准确预测未来

会计报表提供的会计信息，既是与企业有经济利害关系的外部单位、个人了解企业的财务状况和经营成果，并据以做出相关决策的重要依据，也是企业内部加强和改善经营管理的重要依据。

会计报表记录了企业的过去和现在，降低了投资中的信息不对称问题；证券分析专注于未来，探讨和解决不确定性问题，并通过对过去的分析，给未来的预测、判断提供依据。

财务报表分析能有效评估企业的盈利能力、经营效率、偿债能力及资产流动性，但以三大报表为核心的传统财务分析忽视了股权资本成本，可能导致企业管理者不重视资本配置及资金使用效率，容易诱导企业管理者盲目追求规模，而不关心企业的资本收益情况及企业是否真正创造价值。

从资本使用的效率视角进行财务分析，不仅可以解决以上问题，还克服了传统报表分析可能存在的财务操纵、持续发展能力评估等方面的不足。

本章在传统财报分析的基础上，系统介绍了资本成本的来源、计量，并引入加权平均资本成本、最优资本结构、投入资本回报率、自由现金流、经济利润等分析工具。这些分析工具不受会计方法的影响，且涵盖来自利润表、资产负债表、现金流量表中的关键信息，比较综合地反映了企业真实的经营绩效。

资本是有成本的，企业首先要考虑提高投入资本回报率，而不是盲目扩大规模。企业应聚焦主业，合理安排资本结构，在创造价值的前提下实现企业规模的扩张和增长。

第一节 财务分析

一、会计报表

会计报告向企业利益相关人、其他相关的机构提供有用的信息。有用的会计信息主要指企业经营成果、财务状况和资金流转等,分别通过利润表、资产负债表和现金流量表三大会计报表加以反映。

会计报表是"企业的语言",是综合反映企业资产、负债和所有者权益情况,以及一定时期的经营成果和财务状况变动的书面文件。会计报表由会计人员根据日常会计核算资料归集、加工、汇总而成,是会计核算的最终结果。

会计报表全面反映企业的财务状况、经营活动及经营成果,既要求真实可靠,也需要及时编制。为促进企业会计行为规范化,保障会计信息质量,国际会计准则委员会(IASC)及各国政府都专门制定有会计准则,就企业经济业务的具体会计处理、报表编制等做出规定,以指导和规范企业的会计核算。

会计准则规范了会计账目的核算、会计报告编制,把会计处理建立在公允、合理的基础之上,并使不同时期、不同主体之间的会计结果具有可比性。比如会计准则中的存货准则,它规范了存货的确认、计量和相关信息的披露,对存货的定义、不同情形下存货的确认及计量、存货跌价准备等做出了明确的要求。

会计报表编制需遵循的原则和要求较多,我们将重点介绍权责发生制、收付实现制及谨慎性原则。

权责发生制按照产品或资产的"权力责任"是否在当期发生转移作为收入、费用归属的标准,以此确定当期收益、费用。权责发生制下的收入确认不需要以是否收到现金来衡量，而不属于当期发生的费用或损失可能在当期被挂账处理，因而容易受到财务操控。

收付实现制是按照收益、费用是否在本期实际收到或支付现金为标准，来确定本期收益、费用的一种方法。现金流量表的编制采用收付实现制。收付实现制认准是否在本期实际收到现金或支付现金，一般的利润调节手法对它不起作用，因此现金流量表能更真实地反映企业经营绩效。

一方面，会计谨慎性原则要求企业对交易或者事项，进行会计确认、计量、记录和报告时保持应有的谨慎，简单地说，就是不应高估资产和收益，不应低估负债和费用。因此资产负债表上的资产通常以历史成本计量，而不考虑当期价值或重置价值。另一方面，会计谨慎性原则也导致很多资产无法体现在报表中，例如企业的品牌价值、企业自己研发的专利等都不能计入资产，尽管这些资产对企业意义重大。而企业为品牌塑造和维护、专利开发投入的支出却需要列入当期费用，以确保收益的客观真实。另外，报表编制要求的计提存货跌价准备、计提坏账准备，以及长期股权投资减值准备、固定资产减值准备等都遵循谨慎性原则，谨慎性原则在资产负债表编制中得到了比较充分的体现。

实务中将附有详细附注和财务状况说明书的会计报表统称为财务会计报告。由于充分披露原则的要求，财务报告需要披露的表外信息越来越多，附注的篇幅越来越长，导致会计报表仅成为财务会计报告中的小部分，但会计报表仍然是财务会计报告中最重要的核心部分。

二、报表分析

会计报表分析是对会计报表提供的数据信息进行进一步的加工、

分析，为决策者提供决策依据。

报表中的数据是会计人员根据会计准则要求和规范编制的，反映报告期内企业经营活动或相关变动情况，是一个绝对量，是静态的、分立的，分析时需要有一个参照物，只有通过与参照物的对比分析，才可以更直观地揭示企业的经营状况、财务绩效。比如净利润，如果不考虑收入、资产规模或之前报告期的情况，单凭静态净利润数据是不能客观、准确地判断企业绩效的。

（一）比较分析法

以历史数据作为参照物的报表分析方法，称为比较分析法。

比较分析法通过同一指标在前后两期或连续多期财务报表中的表现进行比较，从而判断该指标增加或减少的方向、金额及幅度，以此说明公司财务状况、经营成果的变动趋势。比如主营业务收入、净利润、总资产，当期财报数据与上期财报数据相比，我们可以获得增减方向、增减数额及变动幅度三个信息。

比较分析法有同比、环比之分，同比分析指当期与此前同时期数据的比较，环比分析主要用于季度、半年度比较，指在连续报告期内相同指标的比值。

由于历史久远的财务数据参考价值不大，比较分析时基本选用离现在较近的报告期数据。

财务科目构成情况应用比较分析法，可以揭示很多重要信息。比如主营业务收入，对生产多种或多类别产品的企业，不同产品的收入及其在总收入中占比情况的比较分析，将能清楚揭示哪些产品更具有市场优势。其他如净利润、流动资产等应用比较分析法分析其构成情况，具有同样效用。

（二）比率分析法

比较分析法主要揭示企业经营成果、资产状况的变动趋势，并不能对当期的财务状况、经营绩效进行评判。这个任务主要通过比率分析法完成。

财务比率分析是报表分析的主要工具。根据不同需求，有针对性地选择不同"参照物"构建相应的比率指标，可以对企业财务状况、经营绩效等进行评判。比率分析可以从盈利能力、经营效率、偿债能力、流动性评估四个维度揭示企业的财务及经营状况。

1. 盈利能力

盈利能力有四个观察角度，分别从营业收入、资产、经营活动现金流以及息税前利润四个方面去分析盈利状况，评判企业盈利能力。

（1）利润和收入的比率，反映公司业务盈利水平，表示公司每创造一元的收入，在扣除相应的成本和费用后，股东最终能得到多少利润。常用的指标有毛利率和净利率，公式如下所示：

$$净利率 = 净利润 / 营业收入 \quad (4-1)$$

$$\begin{aligned}毛利率 &= 毛利润 / 营业收入 \\ &= (营业收入 - 营业成本) / 营业收入\end{aligned} \quad (4-2)$$

式中，毛利润也称经营利润，经营利润扣除相关的费用（包括管理费用、销售费用、财务费用三大费用）后得到税前利润，税前利润扣除所得税费用后就是净利润。

（2）净利润和资产的比率，反映公司运用资产创造盈利的能力，表示公司每一元资产或净资产在报告期内可以收获多少利润。常用的指标有净资产收益率和总资产收益率，公式如下所示：

净资产收益率 = 净利润 / 股东权益（净资产） （4-3）

总资产收益率 = 净利润 / 公司总资产 （4-4）

（3）现金流和净利润的比率，表示公司每赚一元的利润能收到多少真金白银，反映公司利润的现金含量。该指标为"净利润现金比率"：

净利润现金比率 = 经营活动产生的现金流量净额 / 净利润 （4-5）

（4）对不同资本结构、不同税负水平的公司，用息税前利润指标（EBIT）代替净利润，可以提高盈利能力评判的可比性，公式如下所示：

$$\text{息税前利润（EBIT）} = \text{净利润} + \text{利息费用} + \text{所得税费用}$$
$$= \text{税前利润} + \text{利息费用} \quad (4\text{-}6)$$

息税前利润率 = EBIT / 营业收入 （4-7）

因为折旧和摊销都不涉及现金流出，为了能更好地反映企业的盈利能力，需要把折旧和摊销加到息税前利润指标上，得到一个新的指标"息税折旧摊销前利润"（EBITDA），公式如下所示：

EBITDA = EBIT + 折旧（D）+ 摊销（A） （4-8）

息税折旧摊销前利润率 = EBITDA / 营业收入 （4-9）

2. 经营效率

经营效率一般用企业资产的周转速度评判，主要指标有总资产周转率、存货周转率、应收账款周转率，公式如下所示：

总资产周转率 = 营业收入 / 总资产 （4-10）

$$存货周转率 = 销售成本 / 存货平均余额 \quad (4-11)$$

$$应收账款周转率 = 营业收入 / 平均应收账款 \quad (4-12)$$

总资产周转率表示每一元资产可以在报告期内带来多少收入，反映公司利用资产创造收入的能力。

存货周转率表示在报告期内，公司共完成了多少次从取得存货（原料），到销出产品的业务循环，反映了公司存货管理及生产管理的效率。其中平均存货余额是期初存货和期末存货的平均值。

应收账款周转率指企业在一个经营周期（通常为一年）内赊销收入净额和应收账款平均余额的比值（由于财务报告一般不披露赊销收入，使用中常用营业收入替代），其含义为相应期限内企业应收账款转化为现金的次数，它衡量企业应收账款管理与产品销售的效率。其中平均应收账款是期初应收账款和期末应收账款的平均值。

3. 偿债能力

企业负债结构反映企业债务融资和杠杆应用水平，偿债能力评估企业现有经营状况下还本付息的能力。负债使企业资产增加，企业可以用比股东投入资本更大的资本规模开展经营活动，从而增加收益；而且，负债的利息支出具有税前抵扣的税盾效应。但负债需要按期还本付息，在企业经营遇到不利情况时会加大企业生存的困境，由此给企业带来风险。偿债能力主要有三个财务比率指标，公式如下所示：

$$资产负债率 = 总负债 / 总资产 \quad (4-13)$$

$$权益乘数 = 总资产 / 股东权益 = 1/(1-资产负债率) \quad (4-14)$$

$$利息保障倍数 = 息税前利润 / 利息费用 \quad (4-15)$$

资产负债率是公司总负债占总资产的比率，负债占比越高意味着公司资本构成中债务规模越高，公司债务风险较大。

权益乘数是资产相对权益的倍数，表示股东每投入一元钱，通过借债而总共可以运用的资产，这个比值也被当成杠杆率。权益乘数和资产负债率分别从权益和负债两个视角看资本结构。

利息保障倍数表示公司的息税前利润能达到利息费用的几倍，它衡量公司支付利息费用的能力。

另外，也可以从债务与息税折旧摊销前利润的比值进行偿债能力评估，该指标表示报告期内公司债务需要几倍息税折旧摊销前利润才能偿付完毕。

4. 流动性评估

流动性反映公司可快速变现资产对短期负债的覆盖能力，用以衡量破产风险，常用指标有流动比率和速动比率，公式如下所示：

$$流动比率 = 流动资产 / 流动负债 \qquad (4-16)$$

$$速动比率 = (流动资产 - 存货) / 流动负债 \qquad (4-17)$$

速动比率是流动资产扣除了存货等资产后的比率，其中存货既有跌价风险，又有从生产到销售到回收账款的周期风险，所以速动比率以更严格的态度审视公司资产的流动性。

（三）杜邦分析法

财务比率分析的四个维度，是将各财务指标逐个进行分析的，而杜邦分析法利用其中几种主要财务比率间的勾稽关系，综合分析企业的财务状况和经营绩效。杜邦分析法（DuPont Analysis）最早由美国杜邦公司使用，故名杜邦分析法。

杜邦分析法立足股东回报，以企业净资产收益率（股东回报率）为分析目标，将其逐级分解为多项财务比率，公式如下所示：

净资产收益率（ROE）= 净利润 / 股东权益

= (净利润 / 营业收入) × (营业收入 / 总资产) ×

(总资产 / 股东权益)

= 净利润率 × 总资产周转率 × 权益乘数

= 盈利能力 × 营运效率 × 杠杆水平　　　（4-18）

拆分之后可以清楚看到，ROE 是由盈利能力、营运效率和杠杆水平共同决定的，企业管理者可以据此采用相应的对策做针对性调整。比如：假设 ROE 较低，通过不同企业的对比分析，发现盈利能力（净利润率）和杠杆水平（权益乘数）都正常，而营运效率（总资产周转率）严重偏低，此时可以采取加大企业总资产周转率的对策，有效提高 ROE。

杜邦分析法用于不同企业之间比较分析时，将可以清晰地看到彼此的优势和不足。

三、盈利质量

利润是当期的营业收入扣除成本和费用后的余额。企业利润作为评价企业在会计期内经营业绩的重要指标，也是投资者进行股票投资和价值评估的重要依据。

但是，利润表给出的利润数据，反映的只是数量，利润的质量情况还需要进一步结合资产负债表和现金流量表进行分析。

（一）通过资产负债表分析盈利质量

存货和应收账款是体现盈利质量的两个重要科目。存货和应收账款既隐含企业众多经营信息，也容易成为利润操纵的工具。尽管现在会计上对存货和应收账款的相关处理方法都有具体的规定和要求，但利用它们进行利润调节的灵活性始终是存在的。

存货和应收账款的变动还直接影响企业的财务状况，且在大多数情况下可以反映企业经营状况及可能的变化趋势。

1. 存货

存货是指企业在日常活动中持有以备出售的产成品、处在生产过程中的在产品、在生产过程或提供劳务过程中耗用的材料和物料等。

存货可以保证企业生产的顺利进行，但又占用了企业大量的资金，两者构成了一个矛盾体。存货管理在企业中很重要，存货过多不仅会增加与之相关的采购成本、仓储成本、管理成本等，而且根据会计准则中关于存货的计量要求，资产负债表日，当存货成本高于其可变现净值时，需计提存货跌价准备，以降低公司经营利润。

利用存货调节利润主要有三种路径。第一种路径是多提或少提存货跌价准备；第二种路径是通过原料采购推迟入账的方式少计存货；第三种路径是企业通过跨期方式调节利润：超常规计提当期存货跌价准备，到下期再转回，以操纵下年利润。

存货周转率是销售成本和存货的比率，常用作公司存货管理水平高低的评价指标。存货周转速度越快，存货的资金占用率就越低，企业的存货管理水平就越高。

由于存货的变现能力弱于有价证券和应收账款等资产，存货量过大容易造成公司速动比率过低，导致偿债能力降低，从而影响企业筹资能力，严重时甚至会影响企业生产经营活动的顺利开展。

导致公司存货增加的原因，包括宏观经济、技术进步等外部因素，这些外部因素导致市场需求下降，从而引起整个行业存货的增加。如果企业缺乏进取精神，在新技术、新工艺方面落后于竞争对手，那么企业将会失去市场竞争力，产品销售也将面临压力，这些都属于内部因素。

如果企业的存货大量增加而销售收入并没有明显提高，会影响到企业的资金周转和盈利能力，说明企业在市场竞争中遇到了巨大的麻烦，需要引起高度重视。

2．应收账款

应收账款是企业因销售商品、提供劳务等经营活动所形成的债权。随着市场经济的不断发展，企业间的竞争日益加剧，为了扩大销售及降低存货，企业通过提供商业信用，以赊销的形式销售商品，从而形成了应收账款。

应收账款的变动不一定体现在现金流量表上，这一点经常为企业管理层所利用，成为企业"调节"利润的工具。

企业通过应收账款调节利润主要有两种方式。一种是提前确认销售收入，将下一期的销售收入记入当期的营业收入和应收账款。如果要调减利润则可以延迟确认销售收入。另一种是通过调节应收账款的坏账计提比例来调节当期的利润。

应收账款的确认都存在账龄问题，不同账龄的应收账款对应着不同的坏账发生的可能性，一般而言，账龄在一年以上的应收账款，其回收的比例大约只有30%，而账龄在三年以上的应收账款则几乎无法收回。如果遵从谨慎性原则，会计上应该从严计提坏账准备。高龄应收账款容易转变为坏账并导致公司业绩大幅下滑，因此，对于应收账款的分析，首先需要关注账龄问题。

应收账款的本质是公司将资金无偿提供给客户使用。应收账款越多，表示公司给客户的"无息贷款"越多，公司自身的资金压力将越大。

但仅以应收账款的绝对值变化来判定公司的经营状况，也可能有失偏颇。应收账款周转率就能较好地衡量这点。公司销售规模扩张，使应收账款也随之增加，此时如果应收账款周转率提升，仍可以判断企业经营状况是向好的。

应收账款周转率反映了企业回收账款的能力和速度，应收账款周转率越高说明企业回收账款的能力越强，发生坏账的可能性就越小。

有些企业采取了激进的销售策略，用相对宽松的信用政策抢占市场份额，这往往会导致企业应收账款的大量增加。而应收账款的增加又会导致资金的大量占用，增加了企业的经营成本，并且提高了坏账发生的风险，因而在进行分析时，需要结合企业的竞争战略、产品市场状况、财务状况等进行综合分析。

（二）通过现金流量表分析盈利质量

经营活动现金流量揭示了企业利润的含金量，代表企业的"现金利润"。

企业收入的确认是按权责发生制原则来定的，产品的所有权一旦转给对方，不论当期是否收到相应的款项，都可以在当期确认为销售收入。因此，企业经营活动现金流量与财务利润之间会有一定的差距。有些企业账面利润很大，看似业绩可观，而现金流却入不敷出，企业经营举步维艰；同时也有些企业虽然行业地位突出，却有大量的预收款、应付款，有些企业虽然账面盈利有限或出现亏损，却现金充足，周转自如。

企业经营活动产生的现金流量净额和净利润的比值，表示企业实现的每一元的利润中，实际上收到多少真金白银。如果该值大于1，说明企业利润质量很高，是赚钱的；如果该值小于1，则说明利润可能有"水分"。

从动态角度分析，经营性现金流入也给盈利增长质量分析提供了依据。销售商品、提供劳务收到的现金与主营业务收入的比值（可简称"现收率"），说明企业销售回收现金的情况及企业销售的质量。如果现收率保持稳定甚至有所提高，说明企业在市场竞争中表现良好，企业的盈利与盈利增长具有较高的稳定性。相反，如果企业刻意通过大量赊销的方式来增加财务利润，盈利增长而"现收率"却下降，则基本可以肯定企业的盈利及盈利增长是缺乏持续性的。如果这种状况在较长时间内没有改变，说明企业的产品在市场上遇到了较大麻烦，或许不用太长的时间，业绩将会出现波动。

（三）根据利润表分析盈利质量

根据利润表揭示的利润构成结构可以判断盈利的稳定性。

投资收益、营业外收入、政府补贴等通常被归为非经常性收益，因为它们的发生不能像主营业务那样具有持续性，它们的发生具有偶发性。如果主营业务利润在总利润中占比很低，那么该企业的盈利能力、质量是令人怀疑的。

相比利润本身，利润增长速度更为投资者所看重。增长质量也有优劣之分，没有质量的增长只是对企业价值的损害。

利润增速必须与利润本身的数值大小结合在一起分析。单纯地关注利润增速是没有意义的。因为,企业的利润基数较小时,利润的绝对数只要增加一点儿,就会有较高的增速。然而,这种高增速并不表示企业盈利能力的提高;而企业的利润基数较大时,即使利润的绝对数增加很多,利润增速也不会很高,而这种情况下,企业的盈利能力往往是得到提升的。

增长是否来自主营业务,是增长质量的评判关键。只有基于主营业务收入增长的盈利增长,才是稳定、高质量的增长。如果盈利增长主要由非主营业务、非经常性收益贡献,增长只是一次性的可能性非常大,那么增长是毫无质量可言的。

四、资产结构

(一)轻资产重资产

"轻重"用于形容物质重量,即使在引申应用时,"轻重"也只是比较利害得失的大小,代表着权衡取舍。企业资产作为一个抽象概念,怎么可以用"轻重"来衡量呢?

实际上,资产一般用货币计量,资产"轻重"概念来源于企业资产结构。

企业资本结构讲的是企业资本中权益资本和债务资本的比例关系;企业资产结构则指企业资产中流动资产和非流动资产之间的比例关系。

流动资产是企业预计在一个正常营业周期或一个会计年度内变现、出售或者耗用的资产和现金及现金等价物。现金、银行存款、交易性金融资产、应收账款及预付款项、存货等都属流动资产。

非流动资产是指流动资产以外的资产,包括固定资产、在建工程、工程物资、无形资产、长期股权投资等。

流动资产的周转过程实际上也是企业生产经营的过程，它从货币形态开始，因采购和生产变成包括原料、在产品、产成品在内的存货，最后通过产品销售，实现销售收入，从而变成应收账款和现金，流动资产依次改变形态又回到了货币形态。流动资产的周转速度快，变现能力强。非流动资产是相对于流动资产而言的，它周转速度慢、变现能力差。

所谓重资产，就是指企业资产中非流动资产占比高；轻资产则指非流动资产占比低，而流动资产占比高。重资产企业在市场发生变化的时候，一般都难以迅速做出适应市场变化的调整，"转身慢"，显得"笨重"；轻资产企业则恰恰相反，只要企业愿意，它随时都可以根据市场状况做出经营上的调整，"身轻如燕"。

"轻重"比较形象地说明了企业资产结构的特征，但非流动资产占比究竟高到多少就可以称为重资产，在实践中却很模糊，并没有什么具体标准，就如最优资本结构很难确定某个固定的负债比例一样。"轻"和"重"只是一个相对的概念，可用于不同行业、不同企业间的对比。

（二）资产结构差异的来源

企业资产的"轻重"特性主要由不同行业的差异所致，比如制造业，它必须有较多的厂房、设备等固定资产才能正常开展经营，因此制造业的资产就比"以人力为资产"的服务业要"重"。

重资产行业意味着进入壁垒高，这是其优势，但也正因如此，退出壁垒也高。对轻资产行业而言，其进入壁垒主要由技术、业务模式等构成，风险主要体现在自我知识或业务模式是否能随市场和环境的变化而及时更新、完善。一旦不能做到与时俱进，可能就会落后或被淘汰。

在同一行业内，业务模式或经营模式的不同也会导致资产轻重的差异。酒店业就是一个很好的例子，传统的酒店都是自建楼宇，因此在固定资产方面需要大量投资；而经济型连锁酒店则采用租用楼房的方式开店，它不需要过多的固定资产投资。与传统酒店相比，经济型连锁酒店可以将资本用于规模的扩张，而在经济状况变差时，可以通过简单关闭一些门店的方式实现规模的收缩，且这种收缩并不需要支付太高的成本。百货零售、交通运输等行业也有类似情况。

另外，侧重外延式扩张的企业也容易出现重资产，因为并购时往往会支付高于对方账面资产的溢价，这个溢价形成了商誉，是一种非流动资产。

（三）轻资产优势

在会计上，不管企业生产经营状况好坏，都要按规定的要求，对包括固定资产、无形资产、长期投资等在内的非流动资产计提折旧或减值准备，因此市场环境变化对轻资产、重资产这两类企业的影响差异较大。

重资产企业的折旧、摊销等固定成本较高，且不能削减，在市场环境转坏时，企业想要实现盈利会更加困难。轻资产企业"按需定资产"，可以针对环境变化迅速做出调整，有效控制成本。而在市场环境转好时，轻资产企业又能迅速增加投入并把握机会。相反，重资产企业因固定资产等投资资金需求大、时间周期较长，总会"慢半拍"。

一般而言，重资产行业进入和退出壁垒高、建设周期长，同时资本需求大，由市场变化和产品价格波动所导致的盈利波动会更加剧烈。因此，一些企业利用社会化大生产与分工，将生产经营过程做进一步专业化细分，把需要重资产经营的生产制造环节从企业"剥离"，委托给生产代工企业，这样企业就可以以轻资产模式开展业务经营。

对代工企业而言，虽然资本支出较大，但客户和订单稳定，收益有保障。加之专业化分工符合社会大生产趋势，代工企业最近几十年来在享受时代红利中快速成长。比较典型的是手机制造业，包括苹果公司在内的几乎所有手机企业，都将手机制造外包给代工企业，苹果等手机公司自身则侧重在手机的研发和市场环节。类似手机这种外包制造的产业还有很多，如半导体、服装、家居等。

资产的轻重差异自然影响着企业的估值水平，轻资产企业由于前述的优势，其估值有明显的溢价。资产的轻重是投资者选择投资目标的依据之一，尤其在经济环境、产业状况发生变化时更为投资者所看重，这些时候投资者往往会"避重就轻"。

（四）资产构成差异

流动资产和非流动资产都包含了多种资产，其本身也存在着结构差异，这些差异使具有相同"轻重资产"特征的企业也可能存在不同的特性。

流动资产中，现金、银行存款、交易性金融资产本身就是现金或可迅速转为现金的资产，而应收账款、存货的变现速度相对较慢。

应收账款的账龄结构、坏账计提，以及存货结构、存货跌价准备等都是资产结构分析时需要关注的，尤其存货的情况相对复杂。有些行业是没有存货的，比如金融等服务性行业，其中证券行业既没有存货也没有应收账款。有些行业的存货可能预示着更高的价值，比如白酒、黄酒行业，因为酒"越陈越香"，成品酒酿造时间越长其价值将越高。还有些行业，由于对产品质量有时效性的要求，超过一定时间产品就会变质、失效，从而失去价值，这样的行业就不宜有较高的存货。当然对大多数行业而言，由于原材料、产成品的市场是经常性波动的，在市场竞争激烈的时候，存货大量增加对企业的影响将会非常巨大。

非流动资产作为公司的长期资产，公司的资本性支出都用在了这里。非流动资产占比高，意味着公司资本需求大，需要权益投资者投入更多的资本。

重资产企业的非流动资产结构也存在着较大差异。投资型企业可能长期股权投资占比高；制造业、能源业等可能固定资产类占比高；此外，还有一些企业无形资产占比高。非流动资产往往是企业正常经营的基础，其重要性不言而喻。但从变现能力、升值潜力视角看，非流动资产的价值是不同的，如果变现快、升值潜力大，那么这类非流动资产就属于优质资产。如果是专用设备、专用技术类的非流动资产占比偏高，那这类非流动资产的价值就较低。

需要强调的是无形资产，无形资产包括专利权、非专利技术、商标权、著作权、土地使用权和特许权等。无形资产主要通过企业溢价收购、研发类成果、技术投资等形成，对无形资产的分析，重要的是分析其在实际经营中的作用及产出，如果无形资产的价值有趋弱的迹象，那么说明无形资产可能有贬值风险。

现行会计制度下并不是所有无形资产都可以进入企业资产负债表中，比如品牌价值、专利等，而企业为品牌塑造或维护、专利开发等的投入需作为费用，已计入当期利润表，减少了当期的利润，因此拥有强大品牌、众多专利的企业，其资产总量是有低估的情形。

第二节 利润调节与财务操纵

一、利润调节

利润调节俗称报表粉饰，是指企业在公认的会计制度、会计准则和相关法律许可的范围内，对会计数据进行有意识的处理，使相关数据能反映企业期望表现的状态。虽然会计准则对企业会计行为有具体的规范，但仍然给予了较多的灵活性，企业可以对财务报表进行灵活处理以达到利润调节的目的。

上市公司为了某些特殊目的，比如 IPO、再融资、完成业绩承诺（股权激励）、避免 ST 或退市，配合主要股东减持股份等，往往会对企业盈利数据进行调节。大多数情况下，企业利润调节以增加企业盈利为主，但在某些时候也会调减盈利，比如出于避税需求，当期业绩过好需要适当"平滑"，或者需要调高下一会计年度盈利等目的。

企业净利润是企业营业收入扣减成本及各种费用、损失、所得税费用后的数值，公式如下所示：

$$\begin{aligned}净利润 =\ & 营业收入 - 营业成本 - 税金及附加 - 销售费用 -\\& 管理费用 - 财务费用 - 资产减值损失 + 公允价值变动收益 +\\& 投资收益 + 资产处置收益 + 其他收益 + 营业外收入 -\\& 营业外支出 - 所得税费用\end{aligned} \quad (4\text{-}19)$$

理论上，企业根据自身利润诉求，对上式中的"加项"或"减项"做适当调增或调减，就可以达到利润调节的目的。但在实际操作中有两个约束，一个约束是会计准则对企业事项的具体会计处理都做了明确规定，会计科目的调整需要符合这些规范，盲目调整会陷入"造假"泥坑；另一个约束是三大报表是相互关联的，调整报表中某一项目可能会引起报表中其他项目的变动，简单机械的调整会造成会计信息失真、失衡。

利润调节不只是简单调整某个会计科目，它需要企业在经营及业务过程的很多环节参与配合，还需要调整三大会计报表中关联科目的数据，是一项有较高技术含量的工作。

下文以调增利润为目标，看看利润调节的思路和方法。

第一，调增营业收入。

营业收入调增的方式主要包括以下两种。

一种方式是调整收入确认的时间，即将未来的收入提前确认。由于利润表以权责发生制原则编制，不需要现金收付，企业只需通过提前签订销售合同、提早发货就可以操作。在财务账上只要将调增的这部分收入分别计入营业收入和应收账款就可完成一次利润调节。

另一种方式是非正常销售，比如将产品推向销售渠道，尽管销售渠道并没有真正销售，货物仍"滞留"在渠道中，但按权责发生制原则，产品所有权已转至渠道，企业仍然可以将这部分产品收入计入当期营业收入。有些企业还可能借助某个特定的第三方，将产品先销给第三方，待到下期财报时再做转售。这种非正常销售一般情况也是收不到现金的，同样只需将调增的这部分收入分别计入营业收入和应收账款。

营业收入调节相对简单易行，同时对盈利的影响空间较大，因而成为利润调节中最常见的方式。

第二，调减费用。

企业费用包括管理费用、销售费用和财务费用三大类，企业可以通过少计当期相关费用的方式来调增利润。

少计销售费用有两个思路，一是延后确认当期部分销售费用，二是通过关联方承担费用的方式，减少公司销售费用支出。国内不少上市公司大股东就承担了所控股上市公司大量的市场宣传、品牌推广等费用。

管理费用涉及的相关内容较多，其中管理人员的薪酬是刚性的，没有可调节的空间；股权激励由于按照《企业会计准则第11号——股份支付》的规范，股权激励的费用化处理也将不能用于调节利润。

研发费用由于特定条件下可以资本化处理，从而存在调节空间。研发费用资本化是指当期的研发支出符合资本化确认条件时，不在利润表中确认为费用，而是在资产负债表中确认为无形资产，从而增加了企业的资产。通过将研发费用资本化，可以延迟相关费用的确认，从而提高当期利润。虽然会计准则对研发费用资本化处理有明确要求，包括研发已进入实质阶段，企业有能力和资源开展研发，有研发成功的可能性，存在市场需求或内部使用利益，研发支出可计量等，但准则同时赋予企业在具体判断上有较大的自主裁量权，因此不少研发费用较高的高新技术企业常以此来调节利润。

少计财务费用常见的方法就是利息资本化。当企业自行建造固定资产时，一般都需要外部借债融资，这就会产生利息支出。然而，会计准则明确规定，企业在在建工程达到预定可使用状态之前，须将相关的利息资本化；而在建工程达到可使用状态之后则须将在建工程结转为固定资产，此后发生的利息才会被费用化处理。企业将已达到预定可使用状态的在建工程适当延迟结转为固定资产，此时的利息支出仍可计入在建工程并作为利息进行资本化处理，减少了当期财务费用。此外，由于固定资产不再增加，还可以少计提折旧，进一步提高了企业的利润水平。

第三，通过调整资产负债表相关科目，调减营业成本和相关费用。

企业主营业务成本指公司生产和销售主营业务相关的产品或服务，所必须投入的直接成本，包括原材料、直接人工、燃料动力、制造费用等，这些成本支出基本是刚性的，很难直接调节。调减营业成本主要利用资产负债表中某些类别的资产，在符合会计准则规定的前提下做出调节，主要有以下三类方式。

（1）调整相关资产项目计量方法达到调增利润目的。

比如存货，因为：

$$期末存货 = 期初存货 + 本期增加存货 - 本期发出存货 \quad (4\text{-}20)$$

所以可以通过增加期末存货的办法，降低营业成本。在原材料价格下跌时，企业可以将存货计价方法从先进先出调整为后进先出，虽然确认了营业收入，但没有足额确认营业成本，企业利润就会相应增加。

有可供出售金融资产的企业，可以通过将其重分类为持有至到期投资进行利润调节。可供出售金融资产按公允价值计量，在发生资产减值损失时，相应损失需计入当期损益。持有至到期投资则只需按相关要求计提减值准备，因而在可供出售金融资产出现较大减值损失时，可以通过适当调整将其重分类为持有至到期投资，从而减少利润表中的支出，达到调增利润的目的。

（2）调整资产减值准备。

会计准则要求资产可收回金额低于其账面价值时，应当将资产的账面价值减记为可收回金额，差额确认为资产减值损失，计入当期损益，同时计提相应资产的减值准备。根据谨慎性原则，报表编制时资产负债表中的应收账款、存货、长期股权投资、固定资产、无形资产、持有至到期投资等都需要计提资产减值准备。如果需要调增利润，则适当减少资产减值准备计提的金额。

会计准则对资产减值计提要求都有规范，规定了减值计提准备的方法，但对于计提的条件、具体方法和计提比例等，企业有一定自主权，在符合会计准则规定的前提下，企业可以对资产减值计提的具体方法进行调整，比如固定资产计提折旧的方法，可以将加速折旧法改为直线折旧法等。企业对减值计提的时间、比例等也有一定的弹性处理空间。比如某些资产可能已经失去回收价值，但是否满足计提条件、何时做全面计提，企业有一定的操作空间。比如某项无形资产，有可能已经不能给企业带来价值，但如果企业本期有一定的盈利压力，企业就可以考虑延后处理。

（3）减值转回。

会计准则明确规定固定资产、无形资产、商誉等资产计提减值准备后不得转回，但应收账款、存货等流动资产计提的减值准备可以转回。

减值准备转回常用于以下情景：

一是当期利润不佳，将以前计提的减值准备转回。

二是当期亏损不可逆转，干脆通过超额计提减值准备，一次亏个够，以便后期报表扭亏。

资产负债表中相关资产项目计量方法调整、计提资产减值准备和减值准备转回均不涉及资金收付和现金流变动，企业调节利润时相对比较容易操作。

第四，通过主营业务以外的资产腾挪调高利润。

营业外收入和支出是指与企业日常生产经营活动没有直接关系的各种收入和支出，它们不会持续发生，具有偶发性。营业外收入包括非流动资产处置所得的利得（如固定资产、无形资产处置时，获得的收入超过其相应的账面价值的数额）、非货币资产互换增值（换出资产的公允价值与账面价值的差额）、债务重组利得（重组前后债务账面价值之差，实际为企业债务减少量）和政府补贴等。

营业外收入可直接提高公司当期利润，常被企业当成"及时雨"并适时操作调整盈利。有些时候，地方政府也会通过政府补贴给予上市公司"恰到好处"的支持。

投资收益是企业对外投资所取得的回报，包括持有期间收到的现金股利、债券利息，以及处置对外投资所确认的投资收益。当企业当期盈利有压力时，既可以通过要求所投企业分发红利，也可以通过卖出有盈利资产或长期股权投资，获得更大的投资收益。

企业调减利润的情景一般是盈利过好，或者预期下个年度可能有压力时，会对盈利做适当"平滑"，把利润先"隐藏"起来，这个时候利润就可以通过以上四个方面反向操作予以调节。

二、财务操纵

企业如果不遵循会计准则要求，违背会计准则和报表编制原则，肆意调节利润，那就变成了利润操纵。

利润操纵是指通过非法的手段，人为地操纵造成企业利润的增加或减少。刻意、恶意的利润操纵就是财务欺诈和财务造假，它是无中生有地伪造业务合同、虚开发票、虚构资产、变更资金属性等，有目的地编制虚假会计报表。

财务欺诈、财务造假往往都是为了做高业绩，即增加收入、利润、资产等项目。财务造假的方式多种多样，包括虚构、隐瞒、变更、关联交易等，"天马行空，无所不至"。造假者最怕被人发现、察觉，因而会挖空心思于报表的衔接，按会计要求把三大报表做平。

财务造假对会计报表的操纵大致体现在以下几个方面。

（1）损益表方面，主要通过虚构收入、隐瞒成本和费用来达到目的。虚构收入是最常见的财务造假行为，包括打白条出库，做虚假销售入账；对开发票，确认虚假收入；虚开发票，确认虚假收入等。隐瞒成本和费用就是将本期发生的成本、费用刻意隐瞒不报，如原材料采购成本、销售费用等。做假账的企业有时候也会依照虚增的收入而同比例虚增成本和费用。

（2）资产负债表方面，造假手段主要是虚增资产和漏列负债。比如多计存货价值；将部分销售成本仍计为存货，增加存货，从而降低销售成本，增加营业利润；虚列存货；多计应收账款；漏列负债等。

（3）现金流量表方面虽然造假难度相对较大，但对于那些存心、刻意做假的企业来说，它们会竭尽所能，以提高造假的利润表和资产负债表的可信度，它们也会配合编制虚假的现金流量表。

现金流量表的造假主要通过篡改现金流量的性质来匹配利润表和资产负债表的虚假记录。比如将筹资活动现金流入作为经营活动现金流入做账；将经营活动流出放到投资活动流出中；将投资活动现金流入转变成经营活动现金流入等。另外，应收票据贴现、应付项目也被用作造假的工具。有时候为了避免年度会计报表中出现的经营活动产生的现金流量净额下降的情况，常让与造假相关的利益相关者在期末大量偿还应收账款，或者支付预付款项，下期再将资金以多种形式返回。

三、关联交易及其他

现实中关联交易常被作为报表粉饰的重要手段，财务造假者往往还会掩盖关联交易。实际上如果是业务正常需要的关联交易，在企业需要调增利润时，关联方通过关联交易适度让利，一定程度上可以认为是利润调节；关联交易如果完全背弃市价原则，则可能涉嫌利润操纵；关联交易如果并非业务正常需要，而是刻意为之，则可能涉嫌财务造假。

企业为达到某些目的粉饰报表，在会计准则范围内进行适度的利润调节，无非就是"朝三暮四"和"朝四暮三"的关系，今年调增利润必然会使明年的利润相应减少。

由于现金流量表以收付实现制原则编制，企业正常利润调节一般都不会涉及现金流变动，也就是说无论企业通过前述四种方法中的何种方法，都不会改变现金流量表。因此，相对于净利润而言，企业的经营活动现金流量更能反映企业真实的经营成果。

企业价值来源于企业未来现金流，利润调节虽然改变了企业当期利润数据，有时候这种改变还会非常大，甚至把亏损业绩调节为盈利业绩，但现金流不会改变，企业价值并不会因为利润调节而发生重大改变。企业通过调增利润推高股价的目的，在理论上应该是很难达成的，但利润调节后的报表可能超出投资者预期，也可能使公司免于ST或被摘牌，加上投资者片面注重利润数据，短期内也可能引发股价上涨，长期看，股价还是会回到价值上来。

利润调节的力度如果偏大，是可以通过财务比率分析察觉出来的。比如调节营业收入，可以通过主营业务收入增长率和应收账款增长率的匹配情况予以发现。如果应收账款增长率远大于主营业务收入增长率，可能预示公司主营业务增长的质量不高，或者存在利用应收账款调增收入和利润的可能。再比如利润增长应当与现金流量增长相符，两者存在正相关关系，如果这种正相关关系不成立，则表明企业不是销售政策出现了问题，就是存在利润调节的可能。

财务造假即使做得天衣无缝，也会留下蛛丝马迹。除了前述利润调节的识别方法外，还有很多鉴别的方法，比如现场核对固定资产、存货等资产是否真实存在。而现金流量分析通常都是最有效的鉴别方法，既可以通过现金流量表中三类资金是否匹配（经营活动产生的现金流量净额＋筹资活动产生的现金流量净额＋投资活动产生的现金流量净额＝期末现金及现金等价物－期初现金及现金等价物），也可以通过经营活动、投资活动、筹资活动现金流变动与资产变动是否匹配，来分析企业是否存在财务造假。当然，关键的是企业财务造假不可能长期持续，吹大的气泡随时都可能破灭。

第三节　资本效率

传统财务报表及报表分析存在两个较大的缺陷。

一个缺陷是，利润表的编制遵循权责发生制原则，企业收入不需以是否收到现金为基础确认，各种减值损失、坏账准备也可以被推迟确认，因此，财务利润存在较大的操纵空间。此外，企业非核心业务、非正常经营活动产生的非经常性收入也可以计入企业利润，因此传统的财报分析并不一定能真实完整地揭示企业经营绩效及发展的可持续性。

另一个缺陷是，传统的会计利润核算、现金流量等未考虑股权资本的成本问题。尽管会计核算方法将债务资本成本以财务费用的形式扣除，但都不会扣减因使用权益资本而产生的成本。而且传统的会计核算还将留存收益、通过发行新股获得的资金都视为可以无偿使用。这种做法导致企业经营者忽视了企业资本的收益情况，不关心真正的价值创造。企业管理者可能会片面追求规模，并且常常以增加负债、股权融资等方式作为扩大规模的手段，盲目地追求发展。

基于资本成本的财务分析工具包括加权平均资本成本、最优资本结构、投入资本回报率、自由现金流、经济利润等。这些分析工具不仅弥补了传统利润核算、经营活动现金流等指标在反映公司真实盈利能力上的缺陷，有效地挤掉了其中的"水分"，还考虑了持续发展的再投资需求，能够充分揭示企业的持续发展能力。

考察资本使用效率的企业绩效评估，抓住了企业价值创造的核心，有效剖析了上市公司基于价值创造能力的长期发展潜力。企业应聚焦主业，合理安排资本结构，在创造价值的前提下提高再投资能力，避免陷入增长陷阱，并实现真正有价值的企业规模扩张和增长。

一、必要收益率与资本成本

投资者延迟或放弃当前的消费，将由消费带来的享受放在以后某个时间，逻辑上是需要得到相应补偿的，换句话说，就是投资者将来所得到货币总量应该比当前进行消费的货币总量有所增加。这个增量就是对放弃当前消费的补偿，称为货币的时间价值。

货币的时间价值可以用一个确定的收益率表示，它主要由资本市场上用于投资的资本的供需关系决定。在实际应用中，仅测算货币的时间成本是不够的，因为货币还存在通货膨胀。货币时间价值和预期通货膨胀率构成了投资者放弃消费转而投资，并在不承担风险情况下的收益率，即无风险收益率，公式如下所示：

$$\text{无风险收益率} = \text{时间价值} + \text{通货膨胀率} \quad (4\text{-}21)$$

无风险投资意味着投资者进行投资所获得的预期收益是确定的，这种确定包括了数量和时间的确定。但对证券投资而言，大多数投资实际上并不属于这种类型。证券投资面临着诸多不确定性带来的风险，这些风险包括了市场风险、公司的经营风险及财务风险、流动性风险、汇率风险等，投资者因此会要求比无风险收益率更高的投资收益率，以对这些不确定性风险做出补偿，这种补偿就是风险溢价或风险收益。

投资者进行一项投资时会衡量所要承担的风险，并希望预期收益率（Expected Rate of Return）能够给予足够的风险补偿，这个预期收益率就是必要收益率。金融理论认为，为承担风险要求更多收益是理性的，必要收益率的含义就是投资者进行投资预期不发生亏损时的收益率。

无风险收益率与风险补偿之和构成了投资者进行投资的必要收益率（Required Rate of Return，RRR），公式如下所示：

$$\text{必要收益率} = \text{无风险收益率} + \text{风险补偿} \quad (4\text{-}22)$$

不同投资品种，比如债券和股票的必要收益率都具有相同的构成结构，但因为风险不同，其必要收益率的测算方法和结果是不同的。在具体测算时，常用一定期限的国债利率来替代无风险收益率，而风险补偿需要根据具体的投资标的分别进行测算，因为不同投资标的风险水平存在较大的差异。

企业债券的必要收益率，公式如下所示：

$$K_D = R_f + 信用价差 \qquad (4\text{-}23)$$

式中，K_D 为债券投资必要收益率；R_f 为无风险收益率。

无风险收益率 R_f 与市场利率水平直接相关，在考虑了通胀的因素后可以用 3～5 年期的国债利率来替代。

债券信用价差与债券发行人自身的信用直接相关，高风险公司的信用价差自然更大。影响信用价差的因素之一是企业的信用评级，较高的信用评级有助于企业降低信用价差，从而可以在发行债券时降低债务成本。另一个影响信用价差的因素是债券的到期时间，到期时间越长，债券还本付息的不确定性风险越大，投资者需要的风险补偿越高，因此信用价差越大。

如果我们以到期时间为横轴、以到期收益率为纵轴，描画图 4-1 的"收益率曲线"，可以看到债券到期收益率是一条向上倾斜的曲线。这条曲线表示随着到期时间的增加，债券到期收益率也在不断提高。

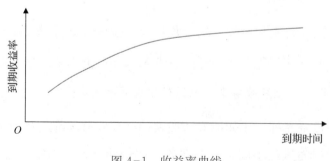

图 4-1 收益率曲线

股票的必要收益率可以通过资本资产定价模型，即 CAPM 模型测算，见式（3-15），为方便下面内容的说明，在此再次列出，公式如下所示：

$$K_E = R_f + \beta \times (R_m - R_f) \qquad (4\text{-}24)$$

式中，K_E 为股票必要收益率；R_f 是无风险收益率；R_m 是股票市场的平均收益率；R_m-R_f 表示股票市场的风险溢价；β 是股票波动和市场波动的比值。

股票的风险收益率由两部分构成：市场风险溢价（R_m-R_f）表示由于承担了与股票市场相关的不可分散风险而预期得到的回报；β 衡量股票历史回报率对市场波动的敏感程度。

实务中，市场收益率 R_m 常用最近 2~5 年的市场月度收益率测算，一般用市场指数的涨跌幅代替，其数值取月度收益率的平均值。β 系数是公司股票月度收益率（R）和同期市场月度收益率（R_m）的比率的平均值（R/R_m 的平均值），它反映公司股票的价格波动对市场波动的敏感性。

在同一个证券市场中，不同的公司都有相同的 R_m，而（R_m-R_f）则表示市场给投资者提供了投资股票市场的风险溢价。（R_m-R_f）有时也被称为风险的价格。

在同一个证券市场中，不同的公司有不同的 β 系数，β 系数高意味着股票的波动性比市场大，表示投资者承担的风险更大，也说明通过分散投资消除风险的难度更大，所以需要更高的风险溢价来补偿，即风险价差 $\beta \times$（R_m-R_f）更大，从而给公司带来更高的资本成本。

需要注意的是，市场和个别股票的波动在不同时期是不同的，就是说不同时期测算的月度收益率将是不同的，意味着 K_E 和 β 系数是随时间的变化而不断变化的，采用更长时间的数据有利于消除这种影响。

市场上不同的投资者都有不同的风险偏好，必要收益率的高低可以体现这种差异。保守、风险厌恶的投资者要求的必要收益率相对较高,而风险偏好型投资者要求的必要收益率则较低。

企业股票提供的必要收益率未必符合所有投资者的预期,从企业的角度来看,如果要吸引投资者投资,就需要提供能达到必要收益率水平的预期收益率,因此必要收益率也被当成企业融资的成本。

公司的资本包括权益资本和债务资本,它们在资产负债表上分别对应着股东权益和负债。这些资本由两种类型的投资者提供,即提供债务资本的债权人和提供权益资本的股东。这些投资者提供资本的目的自然是希望获得期望的回报,他们期望的回报率就成为企业所负担的资本成本。因此在评估企业的价值时,资本成本也就顺理成章地成为现金流折现的当然折现率。股权资本成本(K_E)与加权平均资本成本(WACC)的计算过程可参见第三章相关内容,在此不再赘述。

二、最优资本结构

在一家企业的全部资本中,债务和权益的相对比例被称为资本结构。

企业的债务资本和权益资本是有差别的。债务资本到期需要偿还且权益资本不用偿还且可永久使用;债务资本需要支付固定的利息费用,而权益资本不需要支付固定费用,即便是分红,分红收益率也是可变和不确定的,而且在企业亏损时权益资本还要承担损失;债权人没有剩余资产追索权,股东则有。

加权平均资本成本(WACC)是企业价值评估的折现率,WACC越低,折现率越低,相同现金流的现值就越大,企业价值就越高。对企业而言,更低的资本成本可以降低企业经营压力;对投资者而言,低资本成本意味着低风险。

所以，降低企业加权平均资本成本是企业与投资者的共同诉求，但在债务资本成本 K_D、权益资本成本 K_E 都确定的情况下，如何降低加权平均资本成本呢？

金融理论认为，权益资本成本要高于债务资本成本，因为权益持有人承担了更大的风险，这主要体现在两个方面，一方面是债务资本有固定的利息收益，风险很小，而权益资本的收益则是不确定的，不确定就是风险；另一方面是当企业破产时，债务持有人将首先得到偿付，权益持有人可能一无所有。收益对应着风险的补偿，更高的风险就需要更高的预期收益来补偿。

理论上，在 WACC 只有两种资本成本构成的情况下，第三章的式（3-14）已经告诉我们降低 WACC 的方法了：只要提高成本更低的那类资本比重就可以实现，即扩大债务规模，或者通过分红、回购等方式降低权益资本的规模。

但是，过高的负债有使公司陷入财务困境的风险。公司在市场竞争中面临着经营压力，竞争对手、客户、宏观经济变化等因素都会给公司经营绩效带来影响，过高的负债下，公司需要即期支付巨大的财务费用，会让公司面临更大的风险和压力。而且，过高的债务比例会让债权人、顾客、员工对公司的债务信用和发展能力产生怀疑，大大提高了公司融资成本，甚至会导致客户流失、员工流失，从而使企业陷入财务困境。单纯提高债务比重会带来诸多问题，实际操作中也受到多种约束。

现实中，企业也是不可能通过承担更多债务来降低加权平均资本成本的，债务比重升高会增加权益投资者承担的风险，权益投资者将要求更高的预期收益，从而抵消了增加债务比重所获得的好处。过高的负债不可取,同样过低的负债也不可取。过低负债下,债务带来的税盾效应不能充分体现,企业加权平均资本成本也将接近权益资本成本。

以上分析可以通过图形直观展示,图4-2、图4-3描述负债率变化所带来的 K_D、K_E、WACC 的变化情况。

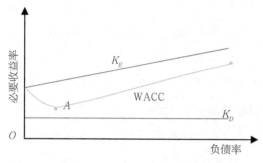

图 4-2 理论上的 WACC

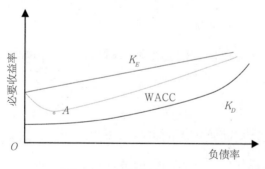

图 4-3 现实中的 WACC

图 4-2 是理论上的情景,显示 K_D 和 K_E 随负债率变动的情况:企业债务资本成本固定不变,而权益资本成本随着负债率的上升逐渐提高。因为负债越高,企业风险越大,一旦破产,权益投资者可能血本无归。但实际上,K_D 和 K_E 都会随着负债率上升而提高,如图 4-3 所示,因为负债率的上升使权益投资者和债务投资者都承担了更高的

风险，因而需要更高的风险补偿。

图 4-2 和图 4-3 还揭示了无论在理论上还是在现实中，WACC 都会随负债率的变化表现出相同的规律，即在企业开始负债时，WACC 从接近 K_E 的位置开始下降，随着负债率提高，WACC 先是逐步下降，到达某一个负债率水平后出现一个最低值（图示中的 A 点），然后随负债率提高而快速提高。金融学上将 WACC 达到最低值时的负债率水平，称为最优资本结构。

最优资本结构下，加权平均资本成本最低，企业既可以充分享受税盾效应的利益，又没有财务困境之忧。

现实中，最优资本结构不太可能确定为某个具体的数值，我们也没有可靠的方法对其进行测算。最优资本结构下的债务和权益比率厘定在一个大致的范围，或许更接近客观现实，因为最优资本结构与市场环境、经济状况，以及投资者的不同诉求等因素直接相关，而这些因素都是时刻变化的。

图 4-2 和图 4-3 还揭示了困境企业可以通过债转股、股权注资及债务重组（减债）等方式给企业价值带来提升的途径，它们都通过负债率下降，使 K_E、K_D、WACC 都随之下降，从而降低估值折现率，提升企业价值。但困境企业是否能真正走出困境还要看主营业务的持续经营与发展。

另外，不同国家和不同行业的最优资本结构是有差异的。不同国家因为所得税税率的差异，会有不同的最优资本结构，因为高税率的税盾效应更大，负债的利益更大。不同行业业务属性不同，企业经营稳定性、现金流量可持续性等是不同的，企业陷入财务困境的风险也是不一样的。

三、投入资本回报率

投入资本回报率（ROIC）是企业经营活动所获得的回报与投入资本的比率，既涵盖了负债贡献，又对利润是否来自经营活动做了区分，充分反映了企业的资金使用绩效。在第三章，我们已经讨论了 ROIC 的计算公式，在此不再赘述，仅讨论其影响因素以及其对企业价值创造的影响。

（一）ROIC 的影响因素

对 ROIC 的计算公式稍做改变，就可以发现影响 ROIC 的一些核心因素，这既有别于传统的财务分析，也从另一个角度为企业管理者改进经营管理提供了思路。

假设公司主营业务总收入为 TR（Total Revenue），企业所得税税率依然用 T 表示，可将第三章中的式（3-4）的 ROIC 算式分解为：

$$\begin{aligned} ROIC &= NOPLAT/IC \\ &= EBIT \times (1-T)/IC \\ &= (EBIT/TR) \times (TR/IC) \times (1-T) \end{aligned} \qquad (4-25)$$

式中，有三个乘项与 ROIC 形成直接的关系，每个乘项数值的提高都可提升 ROIC。

第一项 EBIT/TR，是息税前利润与总收入的比率，称为息税前营业利润率。传统的营业利润率是税前利润除以总收入，以 EBIT 代替了传统的营业利润，既消除了非经常性投资收益的干扰和影响，也将负债的"利益"包含在内。企业应用财务杠杆，可以在相同的资本投入状况下获得更高的 ROIC。

第二项 TR/IC，是总收入与投入资本的比率，是投入资本周转率。与传统的资产周转率不同，这里以投入资本（IC）代替资产。IC已经剔除了超额现金和非经营性资产，企业可以将超额现金分配给投资者，并尽量减少非经营性资产的投入，这样既可以提高投资者的福利，又可以改进公司的资金使用效率，进而提高ROIC，提升公司价值创造能力。

第三项（1-T），说明ROIC扣减了企业所得税。很明显，税率会影响企业投入资本回报率，且ROIC和税率具有负相关关系，税率降低，在其他情况不变时ROIC会相应提升。

（二）ROIC评判企业价值创造

企业资本无论是债务资本，还是权益资本，都是有成本的。加权平均资本成本（WACC）是考虑了权益和债务比重后的企业综合资本成本。

投入资本回报率（ROIC）反映了企业使用资本获取收益的能力，也可用作判断企业价值创造的工具。

很多企业虽然在财务报表上体现了较为可观的利润，但如果将其放在资本使用效率的视角进行分析，可能并没有创造价值。只有在投入资本回报率超过加权平均资本成本时，企业才是给资本提供者创造价值的；如果投入资本回报率低于企业加权平均资本成本，那么说明企业未能创造价值。表4-1是传统财务比率和基于资本使用效率的企业绩效评判。

表4-1 传统财务比率和基于资本使用效率的企业绩效评判

项目	传统财务比率的企业绩效评判	基于资本使用效率的企业绩效评判
盈利能力	毛利率 = 毛利润/营业收入 净利率 = 净利润/营业收入 净资产收益率（ROE）= 净利润/净资产	息税前营业利润率 = EBIT/营业收入 投入资本回报率（ROIC）= NOPLAT/投入资本 动用资本回报率（ROCE）= NOPLAT/动用资本

(续)

项目	传统财务比率的企业绩效评判	基于资本使用效率的企业绩效评判
资产运营能力	净资产周转率＝营业收入／净资产 总资产周转率＝营业收入／总资产	投入资本周转率＝营业收入／投入资本 动用资本周转率＝营业收入／动用资本

因此，提升 ROIC 应是企业管理者的首要目标，这也最符合投资者利益。但是，获得较高的 ROIC 还不足以说明公司一定具有较高的价值，它还需要具有持续发展能力，需要在长时间内维持这样的价值创造能力，否则随着 ROIC 的降低，公司的价值也将走低。

四、自由现金流

在第三章中，我们已经介绍了自由现金流的计算，现在我们将其与传统的经营活动现金流做一下比较，并讨论其对资本效率的影响。

（一）经营活动现金流

净利润反映公司经营成果，但用净利润评估经营绩效存在一些不足。

净利润是在权责发生制原则下，根据收入、成本及费用情况计算出来的"财务数值"，它未考虑现金的流入和流出，而且计算时忽视存货、应收账款、应付账款等科目的变化，并将本期没有支付现金的折旧、摊销等项目也作为成本扣除，因此，净利润并不表示公司实际赚取的现金。

因此，更多的人采用经营活动现金流来评估企业经营绩效。经营活动现金流是指企业经营活动收到的现金扣除营运成本、费用等后，企业可以提供的现金流量。经营活动现金流特别强调"经营活动"和"现金"，可以根据会计报表，从净利润换算出来，具体过程如下。

第一步,将净利润调整为"经营活动净利润",公式如下所示。

$$经营活动净利润 = 净利润 - 非经营活动的净收益 \quad (4-26)$$

式中,非经营活动包括处置固定资产、无形资产、其他长期资产、投资等。

第二步,加回没有现金流出的费用,得到"经营活动应得现金"。

没有现金流出的项目包括固定资产折旧、无形资产摊销、待摊费用摊销、减值准备计提等。这些项目在计算利润时已扣除,但没有在本期支付现金,因此需要将其加回,公式如下所示。

$$经营活动应得现金 = (净利润 - 非经营活动的净收益) +$$
$$(折旧 + 摊销 + 减值准备) \quad (4-27)$$

第三步,扣除营运资本增加,就可得到经营活动现金流。

营运资本主要包括应收账款、存货、应付账款等,这些都是企业正常经营所必需的,是会占用现金的。营运资本会随着企业经营规模的扩大而增加,意味着占用资金的增加。因此本期中增加的部分需要从"经营活动应得现金"中扣除。营运资本增加测算公式如下所示。

$$营运资本 = 经营性流动资产 - 经营性流动负债 \quad (4-28)$$

$$营运资本增加 = 本期营运资本 - 上期营运资本$$
$$= 应收账款增加 + 存货增加 - 应付账款增加 \quad (4-29)$$

因此有:

$$经营活动现金流 = 经营活动应得现金 - 营运资本增加$$
$$= 经营活动应得现金 - (应收账款增加 + 存货增加 -$$
$$应付账款增加)$$
$$= (净利润 - 非经营活动的净收益) + (折旧 + 摊销 +$$
$$减值计提) - (应收账款增加 + 存货增加 -$$
$$应付账款增加) \quad (4-30)$$

以上测算方法是间接法，可以帮助了解企业经营活动现金流的来源和用途。经营活动产生的现金流量净额是经营活动现金流入与经营活动现金流出的差额，也可以用直接法计算，根据企业现金流入和流出的主要类别直接相加减就可得到。当然，现在的会计报表都有完整的现金流量表，不用我们自己去测算。

经营活动现金流以现金为依据，采用收付实现制编制，表示企业赚到的真金白银（利润），虽然在评价企业经营绩效上比净利润有优势，但它仍有两个问题，一是没有考虑企业未来长期发展需要的资本性支出；二是忽视了企业负债结构，企业在高负债和低负债或无负债下获得的经营活动现金流是有差异的，这也不利于企业进行对比分析。

（二）自由现金流

如前文所述，自由现金流是企业创造的、在支付了一切费用及满足了再投资需要之后剩余的现金流量。

自由现金流表示在不影响公司持续发展的前提下，可供分配给企业资本提供者的最大的现金额。它是所有投资回报的根源，无论它是以股息、股票回购的形式出现，还是以提高未来回报的再投资形式出现。

净利润和经营活动现金流量是单纯面向股东的，测算时都扣除了利息费用，不利于资本结构不同公司的业绩比较分析。自由现金流是可以分配给股东和债权人的总现金，将企业所有资本提供者作为一个整体进行考虑。

自由现金流和经营活动现金流的差别主要体现在，自由现金流将债务资本一并考虑在内，因而保留了利息费用，同时考虑了为长期发展投入的资本支出，而经营活动现金流不考虑利息费用。自由现金流考虑了企业再投资包括了为长远发展投资的长期资本支出，和为扩大经营规模而增加的营运资本，而经营活动现金流只考虑了营运资本的增加。

自由现金流是一种财务分析方法，企业会计报表上并不会直接列示，分析时需要根据财务报表进行测算。自由现金流既是企业经营绩效评判的工具，也是企业价值评估的核心依据。在此，我们分析自由现金流公式的一种变形。

$$自由现金流 = NOPLAT - 营运资本增加 - 资本支出 + 折旧和摊销$$
$$= NOPLAT - AWC - CAPEX + D\&A \quad (4-31)$$

式中，NOPLAT 是扣除调整税后的净营业利润；CAPEX 为资本支出；AWC 为营运资本增加；D&A 为折旧和摊销。

严格意义上讲，上述测算的是公司自由现金流（Free Cash Flow for the Firm，FCFF）。FCFF 是以公司整体为基础测算的，是公司支付了所有营运费用、进行了必需的固定资产与营运资产投资后，可以向所有投资者分派的税后现金流量。如果以股权资本为基础测算自由现金流，就是股权自由现金流（Free Cash Flow for the Equity，FCFE）。FCFE 是在公司自由现金流的基础上进一步扣除债务增加值后的数值，现实中并不常用，公式如下所示：

$$FCFE = FCFF - 债务本金偿还 + 新发行债务 \quad (4-32)$$

$$FCFE = NOPLAT + 折旧与摊销 - 资本性支出 - 营运资本增加 -$$
$$债务本金偿还 + 新发行债务 \quad (4-33)$$

(三)自由现金流的意义

自由现金流是企业在扣除了所有经营成本和当年投资之后剩下来的现金利润,可以以真金白银的形式全部分配给企业资本提供者。

(1)自由现金流更客观地反映企业经营绩效。

由于会计上遵循权责发生制、谨慎性原则等,收入不需以收到现金来确认,减值损失可被挂账或以谨慎为由,以减值准备形式产生,给操纵利润留下较大的空间。自由现金流以现金流动为线索,全面考察现金的收付和占用,企业调节利润的手法都对它毫无影响,能更客观地评判企业经营绩效。

自由现金流将非经常性收益剔除在外,认为只有主营业务产生的利润才是企业可持续发展的源泉,自由现金流能真实反映企业盈利状况。

(2)自由现金流揭示了企业持续经营能力。

自由现金流指在不影响公司持续发展的前提下,企业核心收益产生的现金流量可自由地分配给股东和债权人的最大红利,自由现金流是投资者进行股权投资、债务投资更直接的客观衡量依据。

拥有稳定充沛的自由现金流意味着企业的还本付息能力较强、生产经营状况良好,用于再投资、偿债、发放红利的余地就较大,公司未来发展趋势就会较好。

自由现金流也是判断财务健康状况的依据。在资本支出正常的情况下,如果自由现金流出现急剧下降,说明企业销售可能遇到问题,或者收现能力下降,或者存货大幅增加,企业资金运转有潜在风险。

(3)为企业价值评估提供依据。

企业价值来源于企业未来创造的财富。自由现金流是企业创造的、在满足了再投资需求之后剩余的、不影响公司持续发展前提下可供企业资本供应者分配的现金。从资本提供者的角度看，自由现金流最能反映企业财富，是衡量公司的价值创造之源，以自由现金流评估企业价值最有逻辑性。

实践中，以自由现金流折现评估企业价值的方法被称为FCFF法，这也是目前企业价值评估的主流方法。FCFF方法认为公司价值是公司预期自由现金流按公司加权平均资本成本进行折现的现值。FCFF是对整体企业价值进行估价，而不只是对股权进行评估。测算股权价值还要在FCFF计算结果的基础上减去债务价值，通常情况下，债务价值以其账面价值替代。

第四节　未来预测

证券分析的结论都来自对未来的分析判断，其中财务预测是不可或缺的。无论传统的财务分析，还是资本使用效率分析，都是财务预测的基础。

虽然未来尚未发生，但通过对企业历史财务数据进行分析，结合公司现状及环境变化等，根据"经确认的原则"，我们能够获得对公司未来发展的认识，对企业未来经营绩效做出预测。

未来建立在过去和现在的基础之上，如果没有历史财务数据，预测将完全依赖个人的主观性判断，其结果的可信度将是存疑的。对历史财务数据的分析需要众多分析工具及辅助图表，包括企业过去年度或季度财务数据，相关的比率、增长率以及变动趋势等，这些工作将有助于企业对未来进行预测。

证券分析的财务预测通常包括利润表、资产负债表、现金流量表及自由现金流等预测，所有预测都要有相应的预测模型，模型需要包括历史数据分析表、明确财务指标预测关系的预测工作表及预测结果表。

本节将根据不同预测内容，分别对相关的预测过程、预测模型进行介绍。

一、利润表预测

利润表预测有三个关键环节，也是三个步骤：

- 营业收入预测。
- 确定不同指标的驱动因素，构建预测工作表。
- 根据内在变动逻辑预测未来数值，计算预测结果。

（一）预测营业收入

营业收入是公司最重要的财务指标，公司经营的第一目标就是为了获取营业收入，有了收入才可能有其他的一切。营业收入与报表中大部分财务指标都直接或间接相关，它是其他科目预测的基础。

营业收入的预测主要通过自上而下的方法，即在判断市场总需求规模的基础上，根据公司竞争优势、发展规划等评估公司市场份额的变化趋势，预判公司未来收入。预判市场需求需要掌握产业发展知识，并对行业发展现状、未来演变有充分的了解和认知，通过产品渗透率、增长情况、市场扩张、价格变化等进行判断。

如果能充分掌握企业信息，通过企业产能规划、渠道建设、客户状况等情况分析，也可以自下而上预测营业收入。但不管采用哪种方法，由于未来市场环境、技术进步、竞争格局、客户偏好、公司战略等都可能发生变化，并且都是在当下无法预料的，所以长期的预测数据都不能保证是精确的。我们应该持续跟踪，把握发展动态，并根据新的变化情况及时调整预测结果。

营业收入的预测一般用收入增长率表示：根据历史经营情况和对未来的预期，给出下一期的预计增长率，然后用这个增长率测算公司未来的收入。

历史增长趋势在预测中有借鉴意义，但纯粹依靠历史数据的线性外推是不可靠的。对未来预期时需要根据行业发展情况、公司竞争优势、公司产品和服务市场竞争状况等进行判断。

对于多业务或多产品的公司，预测时应该对其进行拆分，根据每个业务或产品的历史销售收入及相应的未来预期，分别给出预计增长率，预测未来各自的收入后，再加总得到公司整体营业收入。

（二）构建预测工作表

构建预测工作表的核心是要确定所预测指标的驱动因素，具体而言，就是要从与指标有关联的其他科目中，根据其变动的内在逻辑，找出驱动该指标变化的核心因素，然后计算两者的历史变化关系，作为我们预判未来的基础。

利润表中的营业收入是核心变量，企业经营活动中的投入、支出都是为了获得营业收入。企业为了获得更大的收入，通常都会加大资本投入及成本费用支出，利润表中各类成本、费用项目都是围绕营业收入而变动的，它们分别在收入中占据一定的比例。

成本、费用等项目和"营业收入"的比例关系，为预测提供了思路：只要确定了营业收入和比例数据，我们就可以预测相应指标的数值。这种方法因此也被称为比例预测法。表 4-2 是明确的驱动关系的利润表预测工作表，表中，A 表示当期已实现，E 表示预测期。

表 4-2　利润表预测工作表　　　　　　　　　　（%）

预测项目	预测关系	A-2	A-1	当期 A	预测期 E	E+1	E+2
营业收入	收入增长率						
营业成本	营业成本/营业收入						
税金及附加	税金及附加/营业收入						
折旧	折旧/固定资产						
摊销	摊销/无形资产						
毛利润	毛利润/营业收入						
管理费用	管理费用/营业收入						
销售费用	销售费用/营业收入						
息税前利润	息税前利润/营业收入						
财务费用	财务费用/营业收入						
财务费用	财务费用/有息负债						
营业利润	营业利润/营业收入						
所得税费用	所得税费用/利润总额						

在这些比例中，营业成本占营业收入的比重刚好等于"1-毛利率"，而税金及附加、所得税费用反映了国家的税收水平，基本是稳定不变的。

实际预测时，需要将折旧和摊销从营业成本中拿出来单独列示，因为这两个科目与营业收入的关联性不如与其相关的固定资产和无形资产的关联性强，而且它们也是资产负债表中本身需要预测的科目。

财务费用来源于有息负债，财务费用预测需要结合资产负债表中负债的情况，建立财务费用和有息负债的比例关系。

投资收益及资产减值损失属于非经营性损益，需要分析其具体来源、具体减值资产，从而给出相应预测。而营业外收入和支出都是非经常性的，预测时可以忽略不计。

(三) 根据内在变动逻辑预测未来数值，计算预测结果

利润表中营业成本、销售费用、管理费用、税金及附加及所得税费用等科目预测采用比例法，即根据它们各自在营业收入中所占比重确定具体数据。

企业这些科目占营业收入的比重一般都是相对稳定的，但也会随着市场环境、公司竞争地位、产品价格及成本等的变化而变化。我们以历史数据为基础，先计算其过去占营业收入的比重，掌握其变动状况及变动的内在原因，再结合业务和市场环境分析，给出未来相应的占比预测，最后根据该占比，测算得到相关科目的预测数据。表 4-3 是利润表基本格式及预测情况。

表 4-3 利润表   （单位：万元）

项目	A-2	A-1	当期 A	预测期 E	E+1	E+2
一、营业收入						
减：营业成本						
二、毛利润						
减：税金及附加						
销售费用						
管理费用						
财务费用						
加：投资收益（损失以"-"号列示）						
三、营业利润（亏损以"-"号列示）						
加：营业外收入						
减：营业外支出						
四、利润总额（亏损总额以"-"号列示）						
减：所得税费用						
五、净利润（净亏损以"-"号列示）						

有了收入、成本、费用科目预测数据，根据"收入－成本费用＝利润"会计等式就可以测算利润项目，具体如下：

- 营业收入减去营业成本，得到毛利润。
- 毛利润减去税金及附加、销售费用、管理费用和财务费用，加上投资收益等得到营业利润。
- 营业利润加上营业外收入，减去营业外支出，得到利润总额。
- 利润总额，减去所得税费用，得到净利润。

当然，现在计算机技术发达，Excel等应用工具早已实现了复杂的制表及计算，历史数据分析、预测工作表及预测结果表都可以在计算机上操作，计算机能帮我们完成各种测算。

二、资产负债表预测

资产负债表是一个时点性质的报表，表中各科目反映的都是期末的存量数据。资产负债表编制遵照"期末值＝期初值＋当期变化"，因此预测就有流量法和存量法之分。

流量法根据"期初值＋增加项－减少项＝期末值"的关系，通过预测"增加项和减少项"，来预测"期末值"。流量法也被称为BASE法，BASE分别是四个英文的首字母，即"Beginning"＋"Addition"－"Substraction"＝"Ending"，分别表示期初值、增加项、减少项和期末值。

具体科目预测时，用该科目上期的期末值（也是当期的期初值），加上当期使该科目增加的项目，再减去当期使该科目减少的项目，得到该科目的期末值。比如，固定资产预测应用BASE法则如表4-4所示。

表 4-4　固定资产预测应用 BASE 法则

	固定资产期初值	B
+	固定资产购建	A
−	折旧	S
=	固定资产期末值	E

资产负债表中会计科目较多，采用流量法时，通常都需要模块化预测，以减少工作量和不必要的错误。比如对固定资产预测时，我们可以简化对"在建工程""工程物资""固定资产清理"等科目预测，而将它们纳入"固定资产增加"模块，以"固定资产购建"统一预测。

存量法直接预测期末值，不区分本期增加项或减少项的变化。比如上述固定资产期末值预测，存量法可以依据固定资产与营业收入的驱动关系，测算并预测固定资产与营业收入的比值，直接给出预测值。

无论预测"流量"，还是预测"存量"，都需要我们找到相关科目的驱动因素，并与其建立比例关系，再根据其历史数据及变动情况，结合对未来变化的分析判断，预测相关科目的未来数据。这与利润表科目预测类似。

比如对存货的预测，存量法将期末存货和营业收入的比例关系作为预测依据；而流量法立足存货变化量，将存货的变化量与营业收入的比例关系作为预测依据。因为存量（期末值）与营业收入的驱动关系，比科目变化量与营业收入的驱动关系更直接，也更稳定，所以实际预测中更多采用存量法。资产负债表中其他的科目与此类似。表 4-5 是存量法资产负债表预测工作表。

表 4-5　存量法资产负债表预测工作表　　　　　　　(%)

预测项目	预测关系	A-2	A-1	当期 A	预测期 E	E+1	E+2
流动资产：							
应收账款	应收账款/营业收入						
预付款项	预付款项/营业成本						
存货	存货/营业收入						
其他流动资产	无，具体分析其构成						
非流动资产：							
长期投资	无，分析现有情况						
固定资产	固定资产/营业收入						
折旧	折旧/固定资产						
固定资产购建	固定资产购建/营业收入						
无形资产	无，分析具体情况						
其他非流动资产	无，分析现有情况						
流动负债：							
应付账款	应付账款/营业成本						
预收款项	预收款项/营业收入						
其他应付款	无，分析现有情况						
其他流动负债	无，分析现有情况						
非流动负债：							
长期应付款	无，分析现有情况						
其他非流动负债	无，分析现有情况						
所有者权益：							
实收资本							
资本公积							
盈余公积							
未分配利润							

资产负债表中与所有者权益相关的实收资本、资本公积科目需要根据公司权益融资情况来预判，通常在没有明确融资计划时都视为不变；盈余公积根据公司法及公司政策来判断，未分配利润则依据利润表预测的净利润、公司分红政策等情况预测。

资产负债表预测时，货币资金及短期借款、长期借款需要特别处理，它们常被用作平衡资产负债表的调节器。其中货币资金主要依赖现金流量表预测的经营活动现金流来预测。表 4-6 是资产负债表（证券分析中重要的科目），根据预测工作表预测的相关数据，可以计算出各科目数据。

表 4-6 资产负债表 （单位：万元）

资产	期末数	期初数	负债及所有者权益	期末数	期初数
流动资产：			流动负债：		
货币资金			短期借款		
应收账款			应付账款		
预付款项			预收款项		
存货			其他应付款		
其他流动资产			其他流动负债		
流动资产合计			流动负债合计		
非流动资产：			非流动负债：		
长期债权投资			长期借款		
长期股权投资			长期应付款		
长期投资合计			其他非流动负债		
固定资产原值			非流动负债合计		
减：折旧			负债合计		
固定资产净值			所有者权益：		
在建工程			实收资本		
工程物资			资本公积		
固定资产清理			盈余公积		
无形资产			未分配利润		
长期待摊费用			所有者权益合计		
其他非流动资产					
非流动资产合计					
资产合计					

三、现金流量表预测

现金流量表体现的是非现金资产、负债和股东权益变化引起的现金流入和流出情况,可以根据利润表利润数据及资产负债表中相关资产、负债和股东权益的变化,来编制现金流量表。现金流量预测表也可以通过此思路进行,称为间接法预测。

因为现金流量表相关项目的数据,在利润表和资产负债表预测时都已经完成预测了,只要进行适当的测算就可以得到。其中经营活动现金流计算过程如下:

首先要从净利润中剔除"非经营性和非经常性损益",加回没有现金流出的项目,包括"固定资产折旧、无形资产摊销、减值准备计提"等,然后扣除"营运资本增加",最后减去"长期经营性负债减少",就可得到经营活动净现金流量。表4-7包含了间接法测算过程。

表 4-7 现金流量预测表　　　　　　(单位:万元)

项目	金额
一、经营活动产生的现金流量:	
净利润	
减:非经常性和非经营性损益	
加:固定资产折旧	
无形资产摊销	
减值准备计提	
减:营运资本增加	
长期经营性负债减少	
经营活动净现金流量	
二、投资活动产生的现金流量:	
(购建固定资产)	
(购建无形资产)	
非经常性和非经营性损益	
非经营性资产减少	
投资活动净现金流量	

（续）

项目	金额
三、筹资活动产生的现金流量：	
短期借款增加	
长期借款增加	
（财务费用）	
（支付股利）	
（偿还期初融资缺口）	
股本及资本公积增加	
筹资活动净现金流量	
四、净现金流量	

营运资本主要包括应收账款、存货、应付账款等，是企业正常经营所必需的，是会占用现金的。因此经营活动现金流需要将增加的部分扣减。营运资本是经营性流动资产和经营性流动负债的差值，其测算关系如下：

$$\begin{aligned}营运资本增加 &= 本期营运资本 - 上期营运资本\\&= 应收账款增加 + 存货增加 - 应付账款增加\end{aligned} \quad (4-34)$$

投资活动和筹资活动净现金流量测算如表 4-7 所示，最后的净现金流量是经营活动净现金流量、投资活动净现金流量、筹资活动净现金流量三者之和。

财报预测的最后工作就是要对资产负债表进行配平。资产负债表的平衡关系是：资产 = 负债 + 所有者权益，一般采用期末货币资金和债务融资相关的科目配平资产负债表。

四、自由现金流预测

自由现金流是企业创造的，在满足了再投资需求之后剩余的、不影响公司持续发展前提下可供企业资本供应者分配的现金。自由现金流需要根据利润表和资产负债表相关科目测算，在完成利润表和资产负债表预测后，我们就可以测算预期自由现金流（见表4-8）。

表4-8　测算预期自由现金流　　（单位：万元）

项目	A-2	A-1	当期A	预测期E	E+1	E+2
息税前利润（EBIT）						
息前税后经营利润（NOPLAT）						
折旧&摊销（D&A）						
营运资本增加（AWC）						
长期资本支出（CAPEX）						
自由现金流（FCFF）						

此前我们已经对自由现金流测算方法做过分析，对于企业自由现金流（FCFF）、NOPLAT、EBIT的计算公式可参见第三章内容。除了这三个指标外，营运资本增加的计算公式可参见式（4-34）。

长期资本支出（CAPEX）包括固定资产和无形资产的购建，可以从资产负债表中直接获取。

一般企业价值评估都需要对企业未来长期的经营业绩进行预测，一般需要7～10年，甚至更长时间，此时利润表、资产负债表及每个细项的预测不仅烦琐，而且精确性大幅下降。此时应用投入资本回报率将可以简化自由现金流预测，并可提高精确度。

自由现金流预测在"价值评估"部分有具体介绍，此处不再赘述。

基于ROIC的自由现金流预测如表4-9所示。

表4-9　基于ROIC的自由现金流预测表　　（单位：万元）

项目	预测关系	A-2	A-1	当期A	预测期E	E+1	E+2
息税前利润（EBIT）	EBIT=净利润+所得税费用+利息费用						

（续）

项目	预测关系	A-2	A-1	当期A	预测期E	E+1	E+2
息前税后经营利润（NOPLAT）	$NOPLAT = EBIT \times (1-T)$						
NOPLAT 增长率（g）	$g = ROIC \times NI/NOPLAT$						
投入回报率（ROIC）	$ROIC = NOPLAT/IC$						
投入资本（IC）	$IC_t = IC_{t-1} + NI_t$						
新增净投资（NI）	$NI = NOPLAT \times g/ROIC$						
自由现金流（FCFF）	$FCFF = IC \times (ROIC - g)$						

应用 ROIC 预测 FCFF，回避了一些不重要项目的预测，可以降低企业对未来预测的复杂性。尤其对远期财务指标的预测，基于 ROIC 的变化趋势，可以提高预测准确度。

五、经济利润预测

经济增加值（Economic Value Added，EVA）是扣除了资本成本后的净营运利润，是对真正"经济"利润的评价，因此也被称为经济利润（Economic Profit，EP）。

经济利润和经济增加值是一个概念的两种称呼，两者是一致的。由于经济增加值比经济利润能更直观地揭示概念的内在含义，后文将主要以经济增加值表达。

（一）经济增加值的内涵和意义

经济增加值（EVA）最早由默顿·米勒和弗兰科·莫迪利亚尼在 1958 年提出，目前已被广泛应用于企业绩效和价值评估。

EVA 的理念来源于公司的价值创造。根据价值的不同来源，企业价值可以界定为四个层次，如图 4-4 所示。

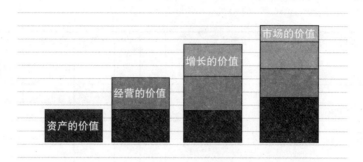

图 4-4　企业价值的四个层次

最初的价值等于资产的账面价值，即公司的初始投入资本（包括权益和债务），这是公司价值的第一层次。公司经营能否创造价值取决于投入资本的回报是否高于资本成本，高于资本成本才有经济增加值（EVA），这是公司价值的第二层次。公司价值的第三层次来自企业持续经营及增长的价值。显然，仅当企业能够获得经济增加值时，公司的增长才是有价值的，否则增长是对价值的毁损。最终市场给予公司的价值（价格），即公司的市场价值（市值），反映了市场对公司盈利与增长前景的预期。

经济增加值可以帮助投资者看清短期会计假象的迷惑，区分企业是否创造价值，以及是如何创造价值的。

对企业而言，EVA是一种评价企业有效使用资本创造价值的能力指标，常用作企业管理者经营目标及绩效考核工具。同时，EVA可以为企业的固定资产投资、项目投资等提供决策依据，用于财务管理和经营决策。

EVA关注企业长期价值创造，与企业经营追求股东价值最大化的目标完全一致，以此作为经营决策基础及约束管理层，将会有效地把管理层的行为纳入股东利益追求轨道。

（二）EVA 计算和预测

任何资本投入都是有成本的，企业的盈利只有高于资本成本时才会创造价值。

根据经济增加值概念，EVA 是在一定的投入资本下，资本回报率超出加权平均资本成本的那部分收益。从企业税后净营业利润中，扣除包括股权和债务的全部投入资本成本后的所得，即可得到该企业经济增加值。

因为投入资本包括了权益资本和债务资本，因而对应的税后净营业利润采用"扣除调整税后的净营业利润"，即息前税后经营利润（NOPLAT）。测算过程公式如下所示：

$$\begin{aligned} EVA &= 息前税后经营利润 - 资本总成本 \\ &= 息前税后经营利润 - 投入资本 \times 加权平均资本成本 \\ &= NOPLAT - IC \times WACC \\ &= IC \times (ROIC - WACC) \end{aligned} \quad (4-35)$$

式中，ROIC 和 WACC 的计算公式可参见第三章的式（3-4）与式（3-14）。

EVA 的计算过程中隐含着两个细节。其一为全要素生产，即公司经营的资本成本不仅仅为债务的利息，亦包括了权益资本的成本。其二是关注核心经营活动，摒弃了非经营性、非经常性盈利。相比于会计中的净利润，EVA 更能精确衡量公司生产经营的"真正"盈利。

有了利润表和资产负债表预测数据，我们只要计算出投入资本和投入资本回报率，并按 WACC 公式估算出加权平均资本成本，就可以获得经济利润预测值，经济利润预测如表 4-10 所示。

表 4-10　经济利润预测表　　　（单位：万元）

项目	A-2	A-1	当期 A	预测期 E	E+1	E+2
息税前利润（EBIT）						
息前税后经营利润（NOPLAT）						
投入资本回报率（ROIC）						
投入资本（IC）						
加权平均资本成本（WACC）						
经济利润（EP）						

显然，只有在 EVA>0 时，投资者才会获得超过平均资本成本的价值增值；如果 EVA<0，企业其实是在毁灭价值，而当 EVA=0 时，公司价值增加值为零，投资者只获得了与社会平均水平相等的回报。

（三）EVA 估值

EVA 应用于价值评估和价值管理有独到的优势。遵循价值来源于未来财富创造的理念，可以得到以下结论：

公司的价值 = 当期投入资本 + 未来经济增加值的现值　　（4-36）

如果以经济利润（EP）表示，则有：

企业价值 = 当期投入资本 + 预期经济利润现值　　（4-37）

企业价值的折现计算公式如下所示：

$$EV = IC_0 + \sum EP_t / (1+WACC)^t \quad (4\text{-}38)$$

式中，t 从 1 至无穷大（企业生命期限），EP_t 表示第 t 年公司的预期经济利润。

将 EP=IC×(ROIC−WACC) 代入，得到下式：

$$EV = IC_0 + \sum IC_{t-1} \times (ROIC - WACC)/(1+WACC)^t \quad (4\text{-}39)$$

EVA 估值和自由现金流估值都是基于企业价值创造，即只有投入资本回报率高于资本成本才能创造价值的思想，两者本质是一致的。但 EVA 估值相对更简便。

自由现金流折现是当前主流的价值评估方法，其含义为：公司的价值是公司未来创造的自由现金流以适当折现率所折现的现值，如表 4-11 所示。

表 4-11　自由现金流折现

企业价值	FCFF 折现：未来自由现金流的现值	未来 EVA 现值
		当前 EVA 现值
		投入资本 IC

下式是自由现金流估值公式：

$$EV = \sum FCFF_t / (1+WACC)^t \quad (4\text{-}40)$$

式中，t 从 1 至无穷大（企业生命周期）；FCFF 是企业自由现金流；$FCFF_t$ 表示第 t 年的自由现金流。

自由现金流折现的核心在于未来自由现金流的预测，但现金流变动的趋势和结构较难把握，任何一年的固定资产投资和流动资金变化都会影响现金流量，比如，现金流的减少可能源于公司绩效不良，也可能是公司对未来投资的结果，预测时较难准确判断。

| 第五章 |

理解公司基本面，全面认识企业

企业是经济中最重要的市场主体，股票投资都围绕企业展开：投资人投入的资金通过一定的机制转变为企业的资本，而企业将这些资本用于生产经营，从而为投资者赚取现金回报。

公司基本面分析是证券投资重要的基础，巴菲特曾说："在投资的时候，我们把自己看成是公司分析师，而不是市场分析师，也不是宏观市场分析师，甚至不是证券分析师。"

了解企业首先要理解企业、市场、产业三者之间的关系。企业从来都不是单独存在的，生产同类产品或具有相同工艺过程的企业构成了行业，而利益相互联系、具有不同分工的各个相关行业组成了产业。行业内、产业内的企业都从各自的利益出发，为取得更好的经济利益、获得更多的市场资源而竞争。

对企业而言，竞争既是为了获得经济利益，也是为了获取行业地位、市场优势；而从产业或经济全局来看，竞争促进了生产要素的优化配置，提高了市场效率并增进了消费者的福利。企业如想在竞争中取得胜利，就必须建立起竞争优势。

公司生意包含了公司业务（产品）和业务模式两个部分，好生意能够带来源源不断的现金流，能为股东创造增量价值。"赚钱"是好生意的前提，可预期的长期"赚钱"才是好生意的核心。因此，拥有好的业务模式和打造竞争优势是实现长期赚钱的关键。

企业经营是处理企业和客户的关系，公司治理是规范企业所有者和管理者的关系，而企业管理包含企业生产经营中计划、组织、指挥、协调和控制等一系列活动。良好的公司治理和管理是保障企业拥有较好的经营绩效的基础，企业经营、公司治理、企业管理都是重要的公司基本面因素，是证券分析中不可或缺的内容。

企业赚取利润后，需要对利润进行分配，是企业留存，还是分配给股东，或者用于其他用途，这就涉及利润分配及股利政策。企业需要结合长期发展需要、现金流情况及投资者即期回报、市场信心等给出具体分配方案。

企业的成长分为内生式成长和外延式成长。企业利用内部资源，如利润、研发、市场影响等，通过扩大再生产或再投资等方式实现企业增长，属于内生式成长。外延式成长是指通过收购和兼并方式实现企业增长。外延式成长可以帮助企业实现快速增长，但企业并购涉及众多相关的法律、经济、程序等问题，以及并购后的整合问题，这些问题都是实践中需要特别注意的。

当今社会对企业的社会责任日益重视。企业社会责任要求企业在生产经营过程中，统筹考虑对经济、社会、环境的责任和影响。在对股东负责，获取经济利益的同时，还要主动承担起对企业利益相关者的责任。实践已证明，企业履行经济、社会、环境的责任，可以为企业树立良好的声誉和形象，提升企业市场竞争力。

公司基本面包含的内容众多，基本分析就是通过公司基本面因素分析，结合公司经营理念、发展战略、财务报表等，判断公司未来发展前景，为投资提供决策依据。

第一节 产业与企业

产业组织理论将产业视为生产相同或相似产品的企业集合，这些企业以分工和协作为基础构成产业内不同的组织形态。产业组织理论界定企业、市场、产业三者的组织形式及相互关系，研究市场和产业的运行特征，分析企业之间的竞争行为及互动行为，包括企业产品定价、产品差异化、研发、一体化经营等行为。

尽管产业内的企业在经营方式、企业形态、产品类别等方面有所差别，但它们的经营对象和经营范围都是围绕着某个共同的产品而展开，并且可以在产业内部完成各自的循环。

行业和产业有时也可以相互替代，但它们所包含的范围是不同的。行业是指生产同类产品或具有相同工艺过程，以及提供同类劳动服务的经济活动类别。然而，产业是由利益相互联系的、具有不同分工的各个相关行业所组成的业态总称。

企业作为产业的行为主体，决定了产业的性质。但产业集合了所有生产相同、相似或相关产品的企业，因而又会呈现出与企业个体不同的特征。

一、周期特征

产业的发展推动宏观经济的发展，宏观经济的发展也影响产业的发展。宏观经济具有周期性特征，在经济周期变动中，有些产业的发展可能会受到影响，有些产业的发展可能不会受到影响。不同产业的发展会呈现与经济周期不同的特征。根据与经济周期性变动不同的特征，产业可分为三大类型：成长型产业、周期型产业和防御型产业。

- 成长型产业的销售收入和利润的增长不受宏观经济周期性波动影响。即使在经济衰退期，产业也能够克服宏观经济的负面影响。产业中的企业依靠技术进步、新产品、更优质的服务及改善经营管理，推动产业实现持续成长。

- 周期型产业与宏观经济周期性波动相关性较强，随宏观经济波动呈现出明显的周期性特征。
- 防御型产业与宏观经济周期性波动关联度较弱，不论宏观经济处在经济周期的哪个阶段，产业的销售收入和利润变化都不大，或呈现缓慢增长态势。

二、规模经济

一般产业和行业都有规模经济特性。规模经济指在一个给定的技术水平上，随着企业规模的扩大，在产出增加的同时，平均成本和单位产出成本逐步下降。

企业边际成本随业务规模扩大而逐步降低，这为企业的经营发展指引了重要的方向。企业可以通过再投资来扩大规模，以获取更多利益。但企业也要防止经营规模过大而导致单位产品成本过高。一般情况下，企业在最初扩大生产规模时，首先进入规模经济阶段，继而转为规模经济不变阶段，此后如继续扩大生产规模，可能会导致规模不经济，表现为规模收益递减。

大部分产业都具有规模经济效应，没有规模经济效应的产业，企业是不能通过扩大规模获取规模经济收益的。如果有规模经济效应的产业出现了企业规模不经济的现象，主要还是管理不经济造成的，管理不好，企业不可能做大做强。

三、生命周期

如同生命体一样，行业和产业也有生命周期。一个产业从萌芽开始，会先后经历导入期、成长期、成熟期（高峰期）和衰退期，如图 5-1 所示。在生命周期的每个不同阶段，产业会呈现不同的发展特征、竞争状态和增长速度。

需要注意的是产业有生命周期，而企业却没有。企业可以转型，并不一定要适配产业的生命周期。企业在产业演变、市场竞争中获取利润、发展成长，在产业进入衰退期时，或企业认为需要的时候，都可以选择转型进入其他产业。

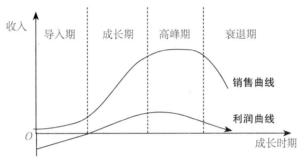

图 5-1　产业生命周期曲线

不同产业有不同的生命周期特征。这主要指不同产业生命周期中的四个发展阶段不同，这一点可以从不同产业的收入与 GDP 的比较中体现。

在以时间为横轴、收入为纵轴的坐标图上，同时描绘出不同产业的收入曲线和 GDP 曲线，如图 5-2 所示（此图并非根据具体数据描绘，为了方便比较，对 GDP 进行了同比缩小处理）。可以看到，有些产业的收入规模与 GDP 长期保持正相关；而有些产业在增长到一定规模后保持基本稳定，不再跟随 GDP 的变化而波动。现实中，更多的产业发展呈现出如黑色虚线的趋势，它们在不同的时间阶段出现，经历一段时间的发展、成熟，然后走向衰退，直至消失。

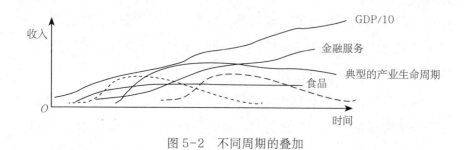

图 5-2　不同周期的叠加

四、产业链

产业包括从原材料、零部件加工，一直到终端产品制造、销售的各个生产经营环节，产业相关业务流转所涉及的环节统称为产业链。

行业是产业内部流转环节的某个或某些节点，也指产业链中的某一个部分。行业也会有行业产业链，因为任何企业、行业都不是孤立的，都有各自的上游供应商和下游客户，以及相关的配套、辅助性伙伴。

预测产业（行业）未来发展趋势及分析公司竞争优势，都需要对企业所处产业进行产业链分析。产业链分析首先要确定产业具体包含哪些环节，明确这些环节的上下游关系，以及每个环节扮演的角色和承担的责任。

产业链各个环节都能创造价值，价值从上游环节向下游环节传递、累加，最终由消费者支付。但各环节涉及的资源要求、技术差异及复杂程度等不同，产业链各环节的价值创造能力不同，导致产业链中利益分配格局不同。厘清产业链价值格局，对投资分析是有积极意义的。

如同产业之间发展不平衡一样，产业链上下游之间也存在着发展不平衡的情况。以产业转移为例，发达国家将产业链中技术含量低的劳动密集型产业转移到发展中国家，自己始终掌握核心高价值环节。这种情况下，发展中国家产业链的发展就是严重不平衡的。发展中国家如果有能力突破技术难题，自主生产经营，掌握核心高价值环节的产业，将可以逐步替代进口，从而使产业链平衡发展。

产业链发展的不平衡还体现为不同环节竞争格局的差异。有些产业链环节或许已通过市场竞争形成了寡头垄断，而有些环节可能尚处于完全竞争阶段。不同竞争状况对上下游企业的影响很大，其演变可能给上下游企业带来重大影响。所以对产业链各环节的参与者进行分析，尤其对直接上下游环节的竞争格局及变化趋势进行分析，也是产业链分析的重要内容。

当然，产业链分析需要对产业链各环节发展趋势进行分析判断，产业链不同环节的技术创新、政策变化、成本结构、市场需求等都要跟踪考察。

市场最终总是朝着优化资源配置的方向发展，优势企业会在长跑中胜出。产业链分析不仅能够完善产业、企业分析，对企业发展及把握投资机会也具有积极意义。

五、产业升级

产业升级一般指产品附加值提高。产业中的企业通过技术创新、生产要素改进和产品结构改变等方式，提高产品的质量、性能，进而提高产品价值，实现产业升级。产业升级往往始于个别或小部分企业，然后逐渐推广，最后实现产业链升级和产业整体升级。

对微观企业而言，如果通过某些模式、工艺的改变，使生产效率提高，或使产品成本降低，虽然还是相同的产品，产品的价值没有变化，但企业可以获取更大的经济利益，此时也可以说企业实现了产业升级。

技术力量往往在产业升级中发挥着关键作用。

从经济学视角看，科技进步给产业和企业带来的好处包括很多方面，其中比较普遍的有降低成本、提高资产利用率及进一步推动专业化分工等。技术进步不断改变着旧产业、催生新产业，其中比较典型的就是半导体产业的发展。半导体产业本身就是在技术不断进步、性能不断提升的同时，生产成本一路走低。而且芯片的广泛应用也使相关产业、企业的生产经营成本降低，产品性能和质量提高，大幅提升了企业的经营绩效。

六、产业优化

产业优化是产业内企业竞争的优化与效率提升的过程。市场竞争通过"优胜劣汰"机制，使资源向优势企业集中，从而提高整个产业的产出效率。

产业中以企业为主导的竞争，要求企业必须通过技术创新、规模经济与效率提升等手段来提高市场竞争力。重复建设、市场集中度低、规模经济性差等，都是产业效率低下的表现，反映到企业经营层面上，就是过度依赖价格竞争。企业缺乏自主创新能力，不能提升经营效率，容易陷入价格竞争的恶性循环。所以产业发展到一定阶段后，需要通过优势企业的整合，促进产业资源集中，提高产业经营效率。

产业优化还体现在企业在产业链和产品价值链上的改进。在产业链上，微观企业实现产品的纵向延伸，将采购或销售的外部市场行为转为企业内部管理行为，提高经营效率；在产品价值链上，具有优势的企业通过产品创新及产品性能改进，实现产品结构的高端延伸，提升产品价值，从而获取更大的经济附加值，提高企业经营绩效。

七、企业成长

企业作为产业、行业的行为主体，它们的努力推动着产业的发展、成长，但作为产业的个体，企业的发展、成长又呈现出不同于产业发展的较多个性。如果以产业为参照，我们可以清晰地看到企业不同的发展思路、策略及在产业中的发展和成长轨迹。

（1）企业跟随产业增长而成长。

如生命周期所描述的，产业从最初的萌芽、导入期开始，逐步提高市场渗透率，并随着地域、人群、场景、应用领域等不断拓展，产业规模逐步扩大，企业享受着自然增长的红利。

（2）企业努力获取更大的市场份额。

不管产业处在什么发展阶段，企业都需要努力通过内生或外延等方式获取更大的市场份额。在产业进入成熟期后，市场份额的增加对企业持续增长尤其重要。

（3）一体化策略拓宽企业发展空间。

纵向一体化，向产业链上下游延伸，以获得更大的产业利益；横向一体化，以技术、管理、业务模式等为支撑点，在产业内进行跨行业拓展，以获取企业更大的发展空间。

（4）不断提升产品附加值，积极推动产业升级。

企业通过提高产品附加值，或者降低产品成本，或者调整产品结构等方式，来赚取更大的经济利益。

（5）聚焦和专注特定领域。

企业聚焦细分市场，发掘潜力细分市场，在细分市场形成独特优势。企业专注产业链的某个环节，充分利用自身优势，构建产业链节点环节的竞争优势。

（6）强化市场地位，争取寡头利益。

企业提升在产业或产业链中的地位，通过产品定价权、供给稳定性、要素支配地位等获得更大的利益。

第二节　市场竞争

市场竞争是指在市场经济条件下，企业为取得较好的经济利益，与其他企业开展竞争市场资源的行为。

市场竞争是全方位的，企业为实现各自的目标，动用所有可支配的资源，采用各种可能的策略，以求压倒竞争对手。竞争实现了生产要素的优化配置，最终实现企业的优胜劣汰。

企业之间竞争的方式多种多样，包括产品竞争、服务竞争、渠道竞争、品牌竞争、价格竞争、融资竞争等。但都需要通过市场这只"无形之手"来具体体现，且最终都由下游客户来评判孰优孰劣。其中，价格竞争主要是指生产经营同种产品的企业，为打垮竞争对手或获得更大利益，利用价格手段进行的竞争。价格竞争的表现方式主要有：降低产品价格，或者在保持价格不变的情况下，通过提高产品的品质、性能来达到降价的效果；也有企业试图通过创造产品的差异性形成竞争优势，如打造品牌、增添新功能等，但这种差异性也会通过性价比体现在价格竞争上。

一、竞争优势与竞争战略

企业之间竞争的直接目的是获取超额利润，更重要的还是希望在市场竞争中获得竞争优势，从而为企业实现长远发展奠定基础。企业竞争优势是指在竞争性市场中，一个企业所具有的能够持续比其他企业更有效地向市场提供产品或服务，并获得盈利和实现自身发展的综合素质。竞争战略则是指企业为获取竞争优势所采取的一系列行动或策略。

竞争优势的概念最早由张伯伦在1939年提出。竞争优势反映企业获得超常经营收益的能力，竞争理论认为，竞争优势来源可以分为四个层次：企业与市场的关系、资源、企业能力和知识。其中企业与市场的关系处于最外层，资源和企业能力在中间层，知识在最里层，知识是构成企业竞争优势的核心来源。这四个层次从另一个角度来看，则体现为竞争战略、竞争策略和企业为实现竞争战略和策略所拥有的知识。

企业与市场的关系主要是指企业与其所处外部市场环境的关系，通过将企业放到整个产业体系中来考察企业的竞争优势。在这一层面上，竞争优势主要体现为企业的竞争战略。迈克尔·波特认为企业获得竞争优势的战略可以概括为低成本战略、差异化战略和目标集聚战略三大类型。

（1）低成本战略从成本入手，企业以降低成本作为主要的竞争手段，力求在成本上比同行其他企业占有优势地位，体现了企业能够在提供相同产品或服务的情况下有效降低成本、获取更多利润的能力。

（2）差异化战略是指企业在客户普遍重视的一些方面，强化自己产品和服务的品质、性能，并赋予其独特的地位以满足客户的要求。差异化战略以建立客户忠诚度来提高竞争壁垒，还可以相应地挖掘更多的消费者剩余。

（3）目标集聚战略是企业将经营重点集中在某一特定的客户群体、某一细分市场领域或者某一特定的地区市场，力争在局部市场中取得竞争优势，避免和其他企业展开正面竞争。

企业与市场的关系反映了企业为获得竞争优势所采取的竞争战略，但没有涉及企业为实现这些战略所必须具有的基础和前提。

资源和企业能力主要从企业内部环境视角分析企业竞争优势的来源。资源表现为企业获得的要素存量，它被企业拥有或控制，是可见但不一定有形、和企业分离、可被交易和估值的资产，如品牌、专利、土地使用权等。企业能力通常是指企业提高资源生产率的能力，嵌入在企业的组织流程中。企业能力包含管理能力、技术能力等多个方面。在资源和企业能力这两个层次中，企业竞争优势体现为企业是否拥有有独特价值的资源和能力，且这种资源和能力是稀缺和不可复制的。

但是，问题显然不只在这里，其核心问题仍是什么样的企业才具有独特的、稀缺有价值和不可复制的资源和能力？这就涉及竞争优势的最里层——知识。大家常说的"企业基因"是"企业知识"的其中一部分。

"企业知识"是企业在社会活动过程中经验积累的总和，具有难以模仿和路径依赖等特性。难以模仿性表现为知识积累的过程性和完整性，如果没有类似的经历，那么只能模仿其中的一部分；路径依赖性则体现在知识只有通过点滴的积累才能形成和发挥作用。企业知识存量和认知结构决定了企业资源配置、运用企业资源的能力，最终在企业产出和市场力量中显示出自己的竞争优势。

二、竞争格局

在市场竞争中，具有竞争优势的企业逐步扩大自己的市场份额，推动产业从不完全竞争、完全竞争向垄断竞争，甚至寡头垄断和完全垄断发展。竞争过程中大量企业因为缺乏竞争优势而被迫退出或被淘汰，最后市场逐渐变成寡头垄断或完全垄断。这个过程就是产业组织秩序的演变过程。

如果市场只是一大群不分层次、大小的企业在竞争，那么竞争是不充分的。只有分出了梯队的竞争才是相对有效率的，其中第一梯队的两三家企业为争夺第一互相比拼，并与第二梯队分出了高下，同时后面的梯队也构成威胁，使领先者有不断向前的压力。

根据企业在市场上的竞争地位不同，企业可以分为三种类型：市场领先者、市场跟随者和差异化竞争者。

（1）市场领先者是同行业中产品市场占有率最高的企业，市场领先者会不断设法通过扩大市场份额来增加收益并保持自身的成长以及市场主导地位。

（2）市场跟随者是指那些在市场上处于第二、第三梯队甚至地位更低的企业。市场跟随者力争在共处状态下求得尽可能多的利益。当然其中也不乏企业采取主动进攻策略，向市场领先者发起挑战，这时市场竞争将异常激烈。

（3）差异化竞争者主要以差异化产品和服务满足某些细分市场或特定客户的要求，尽量避免与其他企业的正面竞争。差异化竞争者往往通过独有的专业化经营来寻找生存与发展空间。

行业中企业呈现的竞争状态被称为行业市场结构，也称竞争格局，竞争格局反映了产业内不同企业的市场地位和市场支配力的差异。

传统的产业竞争理论根据市场竞争从高至低的激烈程度，把竞争格局分为完全竞争、垄断竞争、寡头垄断、完全垄断四种类型。其中完全竞争市场由于厂商众多、产品无差别，竞争最激烈；而完全垄断市场则因为只有唯一的厂商，产品也不可替代，基本没有竞争，如图5-3所示。

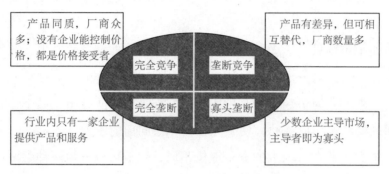

图5-3　企业的市场地位

由于垄断会损害市场公平竞争、降低市场效率及扼杀创新，因此世界各国都通过专门立法来反垄断，以维护消费者和社会公共利益。反垄断尤其强调预防和打击企业的垄断协议、滥用市场支配地位等行为。

三、产业竞争

产业内众多企业从各自的利益出发，为取得更好的经济利益、获得更多的市场资源而竞争。竞争的目的都是"强己抑人"，就是使企业自身实力增强，而抑制或排斥同行其他企业的发展。通过竞争，实现企业的优胜劣汰，进而实现生产要素的优化配置。

市场竞争是市场经济的基本特征，市场中企业既要应对产业内同行企业的竞争，也受到产业外潜在进入者、替代产品的威胁，还需要和供应商、客户之间进行反复博弈。迈克尔·波特将其概括为产业竞争，并将企业之间的产业竞争归纳为五个方面（见图5-4）。这就是迈克尔·波特的五力模型，它提供了产业竞争分析框架。

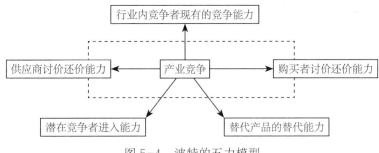

图5-4　波特的五力模型

产业竞争格局不是一成不变的，引发产业竞争格局发生变化的企业既可能来自行业内部，也可能来自行业外部，因此在评估产业竞争格局未来演变时，既要对行业内企业的竞争状况、竞争优势进行比较分析，也要对行业外企业的吸引力、进入和退出壁垒等进行分析。

五力模型给我们分析竞争格局演变提供了思路。只有客观地把握竞争格局的演变趋势，才能为投资提供更为客观的判断依据。

四、市场集中

企业的市场地位一般用市场占有率或市场份额表示，常以企业生产产品的产量、销量、销售额或资产规模等衡量。一般情况下的市场占有率是指行业市场占有率，因为只有在同行企业中进行比较才有意义。

不同竞争格局的差异体现在企业数量及其占有的市场份额分布

上。经过不断的市场竞争，市场份额逐渐向行业内排名靠前的企业集中，这种市场集中可以用行业集中度来衡量。

行业集中度体现了市场的竞争和垄断程度，也称市场集中度，是行业内排名靠前的 N 家企业所占市场份额的总和。行业集中度是行业市场结构集中程度的测量指标，用来衡量行业内主要企业的数量和相对规模的差异。

集中度系数（Concentration Ratio，CR）是最普遍使用的指标，它直观地反映行业内头部企业的市场份额总量。应用时可以根据不同市场状况选择 4 家、5 家或 10 家最大企业，将它们各自市场份额加总后就可得到 CR4、CR5、CR10 的具体数值。CRN 数值越大，则表示行业集中度越高。

集中度系数展示了最大 N 家企业的市场份额总量，但忽视了这 N 家企业市场份额之间存在的差异性。比如：两个 CR5 相同的行业，可能会出现以下两种情形：一种情形是一家独大，最大企业的市场份额可能和其他 4 家企业的市场份额总量相近；另一种情形则是这 5 家企业的市场份额相对均匀，差距不大。这两种情况下的竞争状态是有很大差异的。

经济学上引入了赫芬达尔－赫希曼指数（Herfindahl-Hirschman Index，HHI），用产业内各企业市场份额的平方和来揭示产业的竞争格局。赫希曼指数反映了市场中企业市场份额的离散度，因为赫希曼指数值对高市场份额的反映比较敏感，而对低市场份额反应不灵敏。它兼有绝对集中度和相对集中度的优点。

全球化大背景下，产业竞争是全球性的。由于先天的要素禀赋或后天的学习、创新所处的环境不同，不同国家生产相同的产品会形成各自的相对优势，这些优势将帮助企业走出国门，为本国产业的发展开辟新的市场。

不同国家产业发展阶段也不同，后发展国家在产业发展初期都会大量进口来自先发展国家的产成品、原材料、零部件等。后发展国家可以通过学习、引进、消化、吸收、创新，取得竞争优势，从而替代进口，为企业发展拓展空间。

第三节　公司生意与业务模式

生意，简单讲就是为客户提供合适的产品或服务，并从中获利的行为。

正确理解生意，需要从生意包含的两项内容入手：一是生意如何满足客户的需求，二是生意如何通过满足客户需求而获利。对企业而言，这两项内容可以表述为：公司给客户提供了哪些产品或服务，也就是公司从事何种业务，以及公司是如何组织这些生意（业务）运作的？

客户的需求从衣食住行医、柴米油盐药，到视听文娱旅、交流互动信……多种多样、千变万化。因此，企业可以提供的产品和服务也是形形色色、千姿百态的，这也是"三百六十行"丰富多彩的来源。

公司组织生意运作的方式就是企业的业务模式。业务模式可以理解为业务运作的方式，是以满足客户特定需求为目的，通过业务要素、业务过程形成收入和支出的方式。

业务模式与盈利模式、商业模式的内涵不同。盈利模式指企业通过投入经济要素后获取现金流的方式或获取其他经济利益的方法，其核心是获得现金流入的途径。业务模式包含了盈利模式，相比盈利模式，业务模式增加了从哪里（什么客户）获利的内容。商业模式又涵盖了业务模式，指企业与外部的企业、内部的部门之间，乃至企业与客户、供应商、渠道（市场）之间都存在各种各样的交易关系和连接方式。商业模式、业务模式、盈利模式三者关系如图5-5所示。

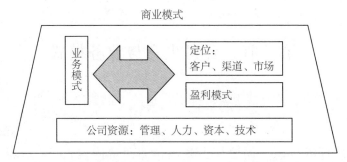

图5-5　商业模式、业务模式与盈利模式

业务模式由业务属性决定，不同的业务往往有不同的业务模式。公司选定提供给客户的产品后，开始组织生产与运作，产品一旦投入运营，企业的业务模式也就确定了。因为行业属性不同，不同行业企业的业务模式差别显著。采掘业、制造业、航空业、服务业……各行各业都有其特有的业务模式，各种模式的核心都是通过满足客户需求，获取高于成本的收益。

制造业企业的业务模式比较典型，它通过采购原料、组织生产、制造产品等一系列业务运作流程，将产品销售给客户，以获取高于成本的收益。在整个业务运作流程中实际还包括产品研发、售后服务等环节，制造业企业的业务过程还是相对较长的。

巴菲特在多种场合谈到投资理念与选股思路时，都一再强调要"先看公司的生意"；价值投资者也口口声声说："生意好的公司才有投资价值。"但巴菲特和价值投资者们并未专门、完整、系统地给出评判生意好坏的标准。下文我们将尝试对此进行分析。

某个生意是不是好生意，毫无疑问先要看这个生意是否赚钱，"赔本赚吆喝"的肯定不是好生意。但是生意赚钱如果只是短期的，这个生意也不会是好生意。是否可以长期持续赚钱、是否可以赚更多的钱，这才是评判好生意的核心。好生意要求企业建立竞争优势，保持及提升行业地位和市场份额。

从业务模式来看，如果某个业务模式不能让企业赚钱，那这个业务模式也不是好模式。好的业务模式应该可以让企业赚钱，而且能帮助企业通过降低业务成本、减少业务环节、提高产品附加值等方式，赚取更多利润。概括而言，好的业务模式有利于企业建立竞争优势，保障企业在长期内赚取利润。巴菲特说："我们想要一个我们认为如果经营良好，将具有竞争优势的企业。"它指的就是好的业务模式。

以上情况说明，公司生意和业务模式虽然所指不同，内涵不同，但在评判两者的优劣时，评判标准实质上并没有太大的差异。尤其从长期视角看，好生意和好的业务模式在一定意义上是一致的。

判断生意是不是好生意有四个评判依据。

- 生意是否有高的资本回报？
- 生意赚钱是靠天吃饭，还是可以建立竞争优势？
- 是否需要股东持续的资本投入？
- 生意是否容易受到外部冲击？

第一，生意是否有高的资本回报？

生意如果不赚钱，那不可能是好生意。但生意赚钱了，也不一定就是好生意。

赚钱只是好生意的前提，但仅从利润表的利润数据来判断企业是否赚钱，是远远不够的。公司利润表显示的利润，其核算是以权责发生制原则编制的。利润极易受到操控，既没有说清楚企业是否赚到真金白银，也没有说清楚赚取的利润是否能够回报股东的资本投入。

无论是债务投资人还是权益投资人，他们把资本投入到企业，都希望获得期望的回报。这个期望回报就成为企业及企业管理者所承担的资本成本。如果企业的生意运作不能赚到比资本成本更多的利润，这个时候即使利润表上有利润，这个生意都不能算好生意。

判断企业是否赚到高于资本成本的钱，只要计算出企业投入资本回报率（ROIC）和加权平均资本成本（WACC），并对ROIC与WACC进行比较就可以。

正如第三章所讨论的，当ROIC大于WACC时，说明企业是真正赚钱的，企业为投资者创造了价值。当ROIC小于WACC时，说明企业并没有创造价值，即使利润表上有利润，企业实际上并没有真正赚钱。ROIC反映企业运营所有资本获取利润的能力，ROIC可全面地评判企业是否真正赚钱。高ROIC说明企业资本回报高，好生意一定要有高的资本回报率。

第二，生意赚钱是靠天吃饭，还是可以建立竞争优势？

公司业务能否赚钱与社会变迁、行业发展、产品升级、公司管理、营销政策等都有关系。公司处于快速发展的行业时，市场需求会不断增加，公司主要任务就是尽可能多地提供产品或服务，公司将很容易赚到钱。由于社会生活习惯的改变，人们的喜好开始转向某类特定的产品，公司如果刚好能提供这类产品，那将是幸运的。或者由于技术进步，使得公司的产品具有升级的潜力；公司营销激励政策运用得当，有效鼓舞了销售人员为公司全力工作等，这些因素都为公司赚钱提供了良好的基础。

但仅有这些是不够的！如果赚钱只是因为外部环境有利，或公司内部某些机制有效，那有可能仅仅是运气使然，而不能保障生意持续赚钱，这是有问题的。从较长时间看，都有可能不赚钱，到"水落石出"时，企业或许还会陷入亏损。只有通过市场竞争建立竞争优势，在抵御住竞争对手的攻击后，赚钱才是真正可靠的、可持续的。

巴菲特曾在谈到"增长和利润"时说："查理和我避开那些我们无法评估其未来的企业，无论它们的产品多么令人兴奋。在过去人们不需要任何才智就能预见汽车（1910 年）、飞机（1930 年）和电视机（1950 年）等行业的惊人增长。但未来还有长期残酷的市场竞争，这将摧毁几乎所有进入这些行业的公司。即使是幸存者也往往流血不止。在伯克希尔，我们将坚持那些未来几十年盈利前景似乎可以合理预测的企业。"

定价权是体现竞争优势最直接的方式，巴菲特对其很看重，"在评估一家企业时，最重要的一个衡量标准就是定价权。如果你有能力在不被竞争对手抢走生意的情况下提高价格，那么你就有了一个非常好的生意。如果你不得不在提价 1/10 美分之前进行祈祷，那么你的生意就糟透了"。

外部环境、内部机制并不能作为生意好坏的判断依据，因为企业在这些因素的作用下赚钱，不代表未来就一定能赚钱。只有通过市场竞争，能够建立竞争优势，且具有定价权，这样的生意才是好生意。

短期竞争优势容易被竞争对手超越，我们这里所说的竞争优势指的是长期竞争优势，就是要有企业护城河。巴菲特说："我喜欢的企业是那种具有持久生存能力和强大竞争优势的企业，就像一个坚固的城堡，四周被宽大的护城河包围，河里还有凶猛的水虎鱼和鳄鱼。"

企业经济护城河包括低成本优势，客户高转换成本，拥有品牌、专利等无形资产，以及网络经济效应等。

长期竞争优势可以保障生意持续赚钱，"一家真正伟大的企业必须拥有一条持久的'护城河'，以保护投资资本的优异回报。资本主义的特性会使得竞争对手总是反复攻击任何获得高回报的商业城堡"。

第三，是否需要股东持续的资本投入？

企业长期发展和经营规模的扩张都需要资本投入，如果企业不是通过自身持续经营获取的现金流进行再投资，而是通过股东持续的资本投入进行再投资，那么这样的生意注定不是好生意。

企业再投资包括了长期资本支出和为扩大规模而增加的营运资本，自由现金流是考虑了企业再投资需求后可供分配给企业资本提供者的最大的现金额。自由现金流的相关运算公式可参见本书第三章的内容。

自由现金流既是评判企业经营绩效的重要工具，也是评判生意好坏的重要依据。自由现金流优先考虑了企业持续发展的再投资需求，如果自由现金流不佳，就说明企业生意有问题。拥有了稳定充沛的自由现金流意味着企业的还本付息能力较强，生产经营状况良好，用于再投资、偿债、发放红利的余地就越大。

巴菲特在不同时期、不同的场合对此有很多一针见血的表述，比如："最好的生意可以在不进行再投资的情况下保持盈利，而最坏的生意，你必须不断地把钱投入亏损中。"巴菲特所说的再投资是指股东增加资本投入。"如果不需要增加投入任何东西，或者增加很少的投入，就能使你每年获得越来越多的收益，那么这项业务就是非常理想的。如果它需要一定的资金投入，但是投资的收益率非常令人满意，那么这项业务也是非常可取的。最糟糕的业务是这样的，它的增长速度很快,迫使你迅速增加投入以免遭淘汰,并且你投资的回报率异常低下。"

第四,生意是否容易受到外部冲击?

好生意有高进入门槛,且较少受技术进步等外部因素的影响。

进入门槛指企业进入某个领域(生意)所需要的资源、技术、法律、资金等方面的要求和限制。不同的行业有不同的门槛,进入门槛高意味着大量企业将无法进入该市场,市场竞争对手数量会相对较少,这对企业保持市场份额、盈利水平是有利的。

高额的投资资本、行业管制、区域垄断、高密度技术等都构成了产业进入壁垒。但在巴菲特看来,最好的壁垒还是无形的,比如品牌、坚固的客户基础等,"真正有吸引力的业务是那些不需要任何投资就可以运作的业务,因为这意味着投资已经不能使任何其他人介入到这项业务中来。这就是最佳的业务"。

好的业务模式也是一种进入壁垒。好的业务模式是竞争对手难以复制的,是业务运营过程中企业独有的一种禀赋,这也是别人没有的,而且学不去又复制不了的,同时也可以避免公司陷入无序竞争。

互联网及移动互联网不仅改变了社会生活,也改变了众多行业,使大量传统产业受到巨大的冲击。在技术变革日新月异的时代,许多产业可能都会受到新技术进步的影响。过去的好生意、现在的好生意,明天可能未必就是好生意,因此较少受技术进步影响的好生意,将是更值得关注的好生意。

赚钱是好生意的前提,可预期的长期赚钱才是好生意的核心。拥有好的业务模式和建立竞争优势是实现长期赚钱的关键。好的业务模式不仅可以在未来带来源源不断的现金流,还可以帮助公司建立竞争优势。"真正重要的是竞争优势的存在。你想要一个拥有一座大城堡和一条护城河的企业，并且你希望护城河能够随着时间的推移而扩大。"

投资需要承担风险，也要获取回报。分析公司业务及业务模式，从中寻找业务风险小、资本效率高的公司。找到好生意，可以帮助投资者提高投资回报率，也是投资分析中不可或缺的重要内容。

第四节　公司治理和管理

一、公司治理

（一）公司治理概念及意义

企业经营主要处理企业和客户的关系，公司治理规范企业所有者和管理者的关系。公司治理问题的产生，源于现代企业中所有权和经营权分离所导致的委托代理问题。公司治理是在委托代理机制下的一种企业制度安排，在企业所有者和管理者之间构建制衡、监督制度及相关组织，并通过管理者对企业进行管理和控制，保障企业管理者能够按照股东利益最大化原则行事。

公司治理（Corporate Governance）也称为公司治理结构。狭义上讲，公司治理是指公司股东、董事会及经理层之间的关系，包括公司股东会的职权、董事会的结构与功能、经理层的权限与职责，以及相应的聘选、决策、激励与监督方面的制度安排等内容。广义上讲，公司治理还包括公司与其他利益相关者（如员工、债权人、客户、供应商和社会公众等）之间的关系，以解决不同利益主体间的利益、决策、监督、激励和风险分配等问题。

对公司而言，公司治理体现了公司长期规划和近期发展、公司内部人与事等的平衡。本质上看，公司治理是利益相关者与公司目标之间的一种平衡，即在确保公司追求股东利益最大化的目标下，平衡包括代理人（管理者）、员工、债权人、客户等利益相关者的利益。对公司治理的主角——管理者而言，公司治理其实是在公司管理和控制上的一种平衡。

公司治理好并不能保证一个公司实现快速成长或获得良好的经济利益，公司治理好与盈利水平高并没有必然的关系。但是，良好的公司治理更符合股东及利益相关者的利益，使公司更有能力面对市场、环境等带来的挑战。对上市公司而言，良好的公司治理还有利于提振投资者信心，提升股票的市场价值。有学者曾做过实证分析，拥有良好治理结构的公司的估值，在行业平均估值水平的基础上存在15%～25%的估值溢价。

作为社会公众公司，上市公司的治理结构尤其受到社会、投资者的高度关注。上市公司良好的治理结构能够对股东的利益进行有效的保护，尤其是对中小股东的利益进行有效的保护；对经营者形成有效的监督、制衡和激励；保障经营者能以股东和利益相关者的最佳利益行事，进而提高上市公司的竞争力，实现公司的经营目标。从更广泛的意义上讲，上市公司良好的治理结构还有利于培育市场信心，吸引投资者，并控制和防范金融风险。

（二）公司治理模式

目前，全球主流的公司治理模式有三种：以英美公司为代表的外部治理模式、以德日公司为代表的内部治理模式以及家族治理模式。

英美公司治理模式的主要特征是通过公司章程限定公司内部相关机构的权力，并规范它们之间的关系。虽然不同公司在权力机构的具体设置和权力分配上都有一定的差别，但公司治理结构都遵循决策、执行、监督三权分立的框架。

英美公司治理模式中，股东大会是公司的最高权力机构，董事会是股东大会的常设机构，董事会的职权由股东大会授予。通常董事会内部会设立不同的委员会，以便协助董事会更好地进行决策。公司董事由内部董事和外部董事组成，其中内部董事在公司任职，而外部董事主要是私人投资者或其他法人股东代表，他们不参与公司具体事务。现实中外部董事比例一直在持续提高，这有利于增强董事会对经营者的监督与控制。英美模式下的董事会将部分经营管理权转交给以首席执行官（CEO）为首的经营者代为执行。CEO是公司政策执行机构的最高负责人。英美模式下的公司中没有监事会，但公司须聘请专门的会计师事务所负责公司财务状况的审计。

德日公司治理模式的主要特征是法人之间相互持股，尤其是银行处于公司治理结构的核心地位。这一特征在日本公司中更为突出。公司股东参与公司控制与监督的方式，主要都是通过聘请中介组织参与，或者在股东中指定相关的人或组织，来代理行使股东权力。现实中德日公司治理模式主要由银行代替股东控制与监督公司管理者的行为。

家族治理模式主要集中在韩国和东南亚地区，这类企业的股权主要由家族成员控制，企业的主要经营管理权都掌握在有血缘或姻缘关系的家族成员手中。家族治理模式下企业决策家长化特色明显，而经营者受到来自家族利益和亲情的双重激励和约束。家族企业受到包括银行在内的外部监督较弱，但政府对企业的发展有较大的影响。

（三）我国上市企业公司治理

我国上市公司治理主要借鉴了英美公司治理模式，在英美公司治理结构的基础上又增设了监事会、独立董事制度，以进一步加强企业监督和保护中小投资者。我国上市公司治理结构可以从以下四个方面进行考察、评估。

首先，企业的股权结构是否合理。股权过于集中在少数股东手中，形成"一股独大"，极易出现大股东侵占企业利益、损害中小投资者利益等问题。而过于分散的股权结构又容易导致"内部人控制"和"搭便车"的问题，面临管理层可以为所欲为的情况。只有相对均衡的股权比例配置，才可以确保管理者能够按照股东利益最大化原则行事，避免出现大股东"一言堂"、管理层"内部人控制"等问题。

其次，企业是否有健全的董事会制度。董事会是公司常设权力机构，公司几乎所有重大事项，包括战略、经营、投资等都由董事会决策。健全的董事会制度是董事会充分、有效发挥作用的关键。董事会制度包括董事成员构成、聘任、职责、履职，以及董事会议制度等内容。

再次，企业是否建立了有效的激励机制。为了保证公司能够更好地发展，确保管理者能够按照股东利益最大化原则行事，需要建立一套完整有效的激励机制，以保证管理者的报酬与经营成果挂钩。同时，在管理者经营不善时，也有相应的惩罚机制。

最后，企业是否具有完善的监控机制。在发挥监事会监督职能，形成企业内部权力制衡体系的基础上，完善和加强企业外部监督，使利益相关者能够参与到对公司的监督之中，包括会计审计、信息披露等。

我国上市公司治理存在一些普遍问题。其中最突出的是由于股权结构不合理引起的内部人控制及关联交易问题。上市公司"一股独大"使中小股东难以在公司的经营管理中发挥作用，又容易使经理人掌握企业实际控制权，形成"内部人控制"。关联交易主要来自股份改制形成的"部分上市"，往往成为企业管理者达成某种目的的工具。

最近几年全社会都充分认识到公司治理的重要性，证券监管部门也相继出台了一系列完善和规范公司治理的政策，如充分信息披露制度、独立董事制度、上市公司内控指引、股权激励等，相信我国上市公司治理水平将可持续地不断提升。

二、企业管理

公司治理是指处理企业所有者和经营者之间的关系，主要涉及所有者向经营者授权与监控；企业管理是经营者在接受授权后，为实现经营战略目标，在企业内部采取一系列有效的经营手段的行为。社会化大生产促进了共同劳动，组织内如何协调个人活动，使个人劳动服从生产总体要求，以保证整体劳动过程按企业目标正常进行，这就有了企业管理。企业管理（Corporate Management）是对企业生产经营活动进行计划、组织、指挥、协调和控制等一系列活动的总称。

根据管理对象的不同，企业管理可以分为业务管理和行为管理。业务管理指对公司经营过程中的原材料、生产、产品、销售、财务、管理等业务活动实行规范、控制和调整。行为管理侧重于对企业员工的行为进行管理，由此而产生了对组织的设计、机制的变革、激励、工作计划、个人与团队的协作、文化等方面的管理。业务管理是企业经营的核心，经营决策要通过业务管理落地实施，企业业绩也由此产生。

企业运用各类策略与方法，对企业中的人、机器、原材料、资产、工艺流程、信息、品牌、销售渠道等进行科学管理，以实现企业目标。由此衍生出了不同的管理分支：研发管理、生产管理、采购管理、人力资源管理、行政管理、财务管理、营销管理等，公司也会根据实际情况设置相应职能部门。

企业各个职能分支尽管都是围绕企业的共同目标开展工作，但各职能分支的任务、目标、要求是不同的。因为这些职能分支目标相对单一，进行单项职能管理评价也相对简单。具体而言，从生产的角度，表现为完工率、制成率、产能利用率；从质量的角度，表现为合格品率、废品率、产品等级系数；从营销的角度，表现为市场占有率、产销率；从人力资源管理的角度，表现为劳动生产率、出勤率、缺勤率；从成本的角度，表现为原材料利用率、材料损耗率、毛利率；从财务管理的角度，表现为流动资金周转率、流动资金利用率、销售利润率、净资产收益率、增长率；从企业目标的角度，它表现为计划综合完成率、产销完成率和营业收入及利润完成率等。

职能分支评判只是代表了对相关职能部门的评价，将企业作为一个整体来考察企业管理水平时，这些指标都无法充分体现整体性。即使从企业目标的角度给出的收入、利润完成率等指标来看，也不能揭示企业的管理水平，因为这类指标会忽视资本、人力等资源的投入，以及生产经营过程中可能出现的低效、浪费等问题，都是片面或局部的评价。

因此，企业管理评价中引入了"企业效率"的概念。效率通常指工作所获得的成果与完成这一工作所花时间和人力的比值。企业效率指一定的经济条件下，企业在生产经营过程中通过合理配置企业资源，最大限度地提供满足市场需求的产品，并获取利润，推动企业目标达成的能力。"企业效率"的基本特征在于，它既有投入产出的物质性质，也有组织的抽象行为性质。

在管理学理论和现实管理中，都提倡以人为本的理念，推崇以人为本的企业文化建设，推崇将企业的价值观、信念、处事方式等组成企业特有的文化形象，通过人本管理来实现企业的经营目标。

企业管理的人本原理，即在一切管理工作中，始终把人的因素放在首位，并以人的积极性、主动性和创造性作为管理的核心和动力。同时，也有观点认为"所谓管理不是强调要特别努力工作，而是消除无益的努力和浪费"。不管如何，管理都体现为企业效率在外部条件不变的情况下能得到多大程度的有效提升。

人本管理思想认为，做好人的工作是管理的根本，并要把尊重人、依靠人、发展人、为了人的观点贯穿于管理工作的始终。由此，提升在有人力因素参与下的要素利用率、人力资源贡献度，既可以作为企业管理的目标，又提供了对企业管理能力进行评判的途径和方法。

遵循这种思想，我们可以着重考察人均指标：从"提高积极性、主动性"的角度，可以考察的指标有人均劳动生产率（产量或产值）、人均销售收入、人均净利润等，这些指标越高，表示企业的管理水平越好；从"消除无益的浪费"的角度，可以考察的指标有人均期间费用（管理费用）、人均生产成本等，这些指标越低，说明企业费用控制能力越好，也体现了企业管理能力较强。

在实践中，管理过程的差异会导致不同的投入产出比，不同的管理方式、管理手段产生不同的管理效率，就算同一种管理方式在不同的社会历史条件下所产生的管理效率也不尽相同。因此"管理效率"

实质上是一个比较的概念,既需要和企业过去进行对比分析,也需要与同行业其他企业进行对比分析。一般而言,比较基准大致有以下四类:

- 实际平均水准,指企业过去实际的平均值。
- 历史最好水准,指企业过去最先进的数值。
- 理想水准,指企业在没有任何不利因素下所能达到的水准。
- 平均先进水准,指处于同一行业中的领先公司过去实际平均水准。

基于人本原理的管理效率体系可以通过坐标图展示,而且采用坐标图比较不同企业的管理水平,既客观又直观,如图 5-6 所示。

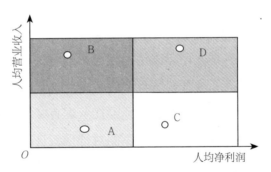

图 5-6 人本原理的管理效率体系

图中 A、B、C、D 四个公司,其人均营业收入和人均净利润都标示在坐标图上。D 公司有最高的人均营业收入和人均净利润,其管理水平自然要高于其他三个公司;而 B 公司与 D 公司有相近的人均营业收入,但其人均净利润却最低,显示了 B 公司在费用、成本的控制上存在较多问题;相应地,C 公司的人均净利润与 D 公司相近,但人均营业收入却要低很多,说明 C 公司费用管理水平较高,但在

"消除无益的浪费"方面差距较大。

企业自身管理水平往往也是管理者关注的重点,这时候就需要对不同时期的管理绩效进行对比分析。尽管不同时期企业的外部环境、经营条件等可能已发生变化,但当所有评价指标都在向好的方向提升的时候,我们可以认为企业管理能力是有所改善的。企业为了取得较高的管理效率,会不断地调整管理方式和手段。如果企业管理评价指标都处于行业领先地位,我们可以说该企业的管理水平高。

三、股权激励

股权激励是通过给予企业经营者部分股权,使经营者与企业形成利益共同体,经营者能够以股东的身份参与企业决策、分享利润、承担风险,从而勤勉尽责地为公司的长期发展服务的一种激励方法。

企业的治理和管理之所以采用股权激励的方法,是因为现代企业存在委托代理问题。在现代经济社会中,企业规模日益扩大,企业所有者不再是企业管理者,所有者必须委托管理者经营和管理企业。但由于信息不对称的问题,所有者并不能对管理者进行有效的监督和控制。管理者可能会刻意掩盖某些信息,也可能为了谋求自身利益进而损害公司利益;某些时候,管理者的道德风险甚至可能使公司陷于巨大的风险之中。让管理者持有公司股票参与企业的经营,可以使他们的利益与所有者的利益趋于一致,从而降低委托代理风险。

管理者作为股权激励的对象,在"趋利避害"的本能下,将更有动力对公司勤勉尽责,积极努力提升公司的经营绩效,从而提升股权价值。股权激励有利于降低代理成本和管理者道德风险,实现股东利益最大化。

股权激励对象如今已不只是企业管理者，已扩大至管理层外的核心员工，尤其是骨干技术人才。股权激励既成为防止人才流失、吸引优秀人才的重要工具，也成为激发员工尽职尽责、积极工作的动力。

股权激励授予管理者、核心员工的股票，与二级市场交易的股票有所不同。股权激励的股票是一种期权，且事先设定了一定的企业经营目标作为行权条件，只有在经营目标达成后，激励对象才可以通过行权拥有该股票。而且，法律法规及公司章程一般都会规定：股权激励的股票有禁售约束，即转让时间和数量上的限制。股权激励股票的这些限定，是希望通过将激励对象与公司经营业绩捆绑在一起，从而达到风雨同舟的效果。股权激励的目的就是要激励对象树立主人翁意识，主动承担起企业长期发展的职责，进而促进企业与员工共同成长，帮助企业实现稳定发展的长期目标。

股权激励的形式有多种，主要包括股票期权、限制性股票、虚拟股票、股票增值权、业绩股票等，其中应用最为广泛的是股票期权和限制性股票。

（1）股票期权。

股票期权是指公司赋予激励对象在一定期限内，按约定价格购买一定数量公司股票的权利。股票期权往往和企业经营目标挂钩，只有在经营目标达成后，激励对象才可以行权。行权后，激励对象所获得的收益为行权日市场价和行权价的差额。

（2）限制性股票。

限制性股票是指公司允许激励对象以预先确定的条件、以较低的价格或无偿获得公司一定数量的股票。限制性股票激励计划一般先让激励对象购买激励股票，在激励计划的预定条件——一般是业绩条件达成后，公司对授予激励对象的股票予以解锁。如果未能达成预定条件，则限制性股票激励计划终止，公司回购其股票并注销。限制性股票激励计划对激励对象出售股票一般也有严格的时间限制和条件限制。

股票期权和限制性股票有两个重要差别。第一个差别是，股票期权只有在达到一定的条件时才可以行权，激励对象以分享公司未来收益为主；而限制性股票是公司在预设一定的条件下先授予激励对象一定数量的股票，激励对象能享受当下的利益，但只有达到所规定的业绩、工作年限等限制性条件时，股票持有者才能将其卖出获利。第二个差别是，股票期权持有者可以选择行权，也可以选择不行权，但过了规定的行权期，期权就会失效；限制性股票则是先以低于现时市场价格授予激励对象购买公司的股票，如果未来股票市场价格低于激励对象的购买价格，则股票持有者无法从中获利。

（3）虚拟股票。

虚拟股票是指公司授予激励对象的股票并不是可以在市场真正流通交易的股票，而是只有收益权的"虚拟"股票。激励对象可以据此享受一定数量的分红权和股价升值收益，但没有所有权，没有表决权，不能转让和出售，在离开企业时还会自动失效。

（4）股票增值权。

股票增值权是指公司授予激励对象的一种股票增值收益权利，如果公司股价上升，激励对象可获得相应数量的股价升值收益。激励对象不用为行权付出现金，但行权后可以获得股票升值的等值现金，也可以获得等值的公司股票。股票增值权与虚拟股票类似，但没有分红权。

（5）业绩股票。

业绩股票是指公司针对激励对象确定一个业绩目标，如果年末达到预期的目标，则公司授予激励对象一定数量的股票，或提取一定的奖励基金购买公司股票给激励对象。业绩股票的流通变现通常有时间和数量上的限制，在操作上也有以现金取代业绩股票的情况。

股权激励有两种支付方式：股份支付和现金支付。股票期权、限制性股票、业绩股票以权益（股份）支付激励；虚拟股票和股票增值权则以现金支付激励。

虽然股权激励实施时企业并不真正支出现金，而且在激励对象行权后还有现金流入，但公司以较低价格发行股份，实际上是向激励对象让渡利益，对公司而言，股权激励是一种实实在在的费用。除股票期权外，股权激励费用都是以实际市场价格和行权价格的价差计算，计入当期费用。股票期权需用B-S模型测算出期权价值，在利润表中扣减同等数值费用，同时在资产负债表中增加同等数值的资本公积。

股权激励所得作为一种报酬，激励对象也需要按照相关规定缴纳个人所得税。股权激励个人所得税以市场价和行权价之间的价差为依据，在行权时缴纳。

一方面，实践已经证明，股权激励作为一种公司治理的手段，对提升公司经营绩效和长期发展能力，具有较大的积极作用。许多的国家和地区，都允许公司通过发行股票期权、限制性股票、虚拟股票等方式进行股权激励，不少国家和地区还允许公司回购发行在外的一定比例股份用于股权激励计划。

另一方面，股权激励也容易引发一些问题。比如，管理层可能将短期业绩作为经营目标，而忽视长期的战略投资及资本支出，因为长期投资会影响短期盈利。并且，激励股票禁售期届满后，激励对象可能会立即行权卖出股票，从而使股权激励失去作用。更严重的是，管理层可能会为配合股票套现等目的，而刻意操纵会计报表。美国"安然事件"曾经使股权激励一度遭人质疑，我国也曾出现股权激励导致管理层天价薪酬等事件。

尽管如此，股权激励在降低代理成本和道德风险、吸引和留住人才、解决内部人控制，以及促进公司经营发展和股东利益等方面始终有着积极作用。

第五节　资本来源与利润分配

一、资本来源

企业成立最初的资本来源于创业者或发起人、股东投入的资金，在持续经营发展中，企业通过内部自我积累还不足以使企业快速发展，为扩大经营规模及实现长远发展，企业需要外部融资支持。

二、融资方式

（1）企业融资方式按资金来源可分为直接融资和间接融资。

通过证券市场公开发行股票、债券等方式募集的资金来源于企业、居民，因此称为直接融资。通过银行借款获得的资金，实际上是企业、居民存储在银行的资金，但企业、居民并不与借款人发生直接的债权债务关系，而是由银行分别与借款人和出资人（储户）形成各自独立的债权债务关系，因此称为间接融资。

（2）企业融资方式按资金性质又可分为股权融资和债务融资。

股权融资指企业通过扩大所有者权益来筹集资金，典型的方式就是发行新股票，如增发、配股等。债务融资指企业通过增加债务的方式来筹集资金，如银行贷款、发行债券等。

股权融资和债务融资所获得资金的占有时间是有明显差异的，其中股权融资所筹集的资金不用偿还，可以在企业存续期内永久使用。债务融资则有一定的期限，其中短期融资券须在较短时间内予以归还，时间一般不会超过1年；而企业债的期限可以从1年到10年不等，但一般不会超过10年。如果是银行借贷，基本都以中短期流动资金借款为主，大部分在1～5年的时间内。

（3）还有一些兼具权益和债务特性的融资方式，如优先股、可转换债券等。

优先股是一种享有优先权的股票。优先股对公司资产、利润分配等享有优先权，但是优先股股东没有选举权和被选举权，也无权参与公司经营和公司事务的表决。优先股的优先权体现在优先股股东在企业利润分配前，优先按照规定的票面股息率收取股息，并在公司解散、破产时可在普通股股东前分配企业剩余财产。优先股股东和普通股股东一样不能退股，但可以通过优先股的赎回条款由公司赎回。

可转换债券简称可转债，是债券持有人按照发行时约定的价格，将债券转换成公司普通股票的债券。如果债券持有人不想转换股票，则可以继续持有债券，或者在流通市场出售变现，或者到期满时收取本金和利息。如果债券持有人将可转债转成公司股份，意味着债务资本变成权益资本，企业不用再还本付息。可转债利率一般低于普通的债券利率。

三、融资成本

企业融资取得资金使用权同样需要支付相应的成本。在成本结构上，企业融资成本包括经济成本、发行和维持成本以及隐性成本。

（1）经济成本。经济成本是企业因使用资金而向其提供者支付的补偿，是企业的资金使用费，也是资本提供者的预期报酬。如股票融资需向股东支付股息、红利，发行债券和借款需向债权人支付利息等。

债务融资时的债券票面利率、银行约定的利率构成了债券与贷款的经济成本，债务成本是明确的，但股权融资的经济成本并不能以股息或红利来测算。

传统金融理论都从投资者的预期收益角度进行衡量，预期收益率包含无风险收益率和风险补偿两部分，具体计算可参见第三章式（3-15）。债务融资成本也可用"无风险收益率＋风险补偿"衡量，只是风险补偿表示为企业的信用风险溢价。企业在破产时需优先偿还债务，且债务有明确的利息收益，因此股权成本一般都高于债务成本。

（2）发行和维持成本。发行和维持成本是企业在资金筹集过程中及后续维持与资本提供者的关系而发生的各种费用。如发行债券时发生的信用评级费，发行股票、企业债券时支付给保荐机构及其他中介机构的服务费，以及发行过程及发行后持续的信息披露成本等。

（3）隐性成本。除上述两类显性成本外，不同的融资方式还可能有一些间接、隐性的成本。如发行股票稀释股权导致的控制权分散及企业经营信息公开，向银行借款需在银行的监督下按约定用途使用借款，从而减少了企业经营决策的自主性等。

四、融资选择

企业融资既要考虑融资成本，也需权衡不同融资方式本身存在的利弊因素。

（1）银行贷款是目前债务融资的主要方式。优点在于程序比较简单，融资成本相对较低，灵活性较强，只要企业效益良好，融资就比较容易。缺点是需要提供抵押或者担保，筹资数额有限，还款付息压力较大，财务风险较高，且受银行信贷政策影响较大。

（2）发行公司债（企业债）也属于债务融资，相对于股权融资，公司债的成本较低，可以发挥财务杠杆的作用，同时不会改变股权结构，可以保证股东对公司的控制权。但它与银行贷款有着类似的缺点，即财务风险较高、限制条款多，且融资规模有限。

（3）股权融资，相对于债务融资而言，权益资本属于公司的永久性资本，不需要偿还，也不必负担固定的利息费用，从而大大降低了公司的财务风险；并且由于预期收益高，流动性高，因而容易吸收社会资本等。但股权融资也存在着发行费用较高、易分散股权，以及需与新的股票持有人分享利润等缺点。

（4）可转换债券，对上市公司而言，具有融资成本低、便于筹集资金、减少债权人与股权人的利益冲突等优点，但也存在股价上扬风险、财务风险等。

理论上，企业采取何种方式融资还受到资本结构的约束。最优资本结构下有最低的加权平均资本成本，企业应合理调配负债和权益的比例关系。

边际效益理论是企业融资的理论基础。边际效益是指公司增加投入所带来的边际利润。边际利润是边际收入和边际成本的差值。通常在边际利润为正时，企业都有增加投入、扩大经营规模的动力；如果边际利润为负，那么企业就不应该再增加投入。

五、利润分配

企业在一定时期内实现的利润总额，按照规定缴纳所得税后，就可以对净利润进行分配了。利润分配指税后净利润在企业和股东之间的分配。

向股东分配利润实际是给股东回报。企业每年赚取利润后，需要对利润进行分配，是企业留存，还是分配给股东，以及如何分配，这些都要明确。

利润分配涉及三个方面的问题，厘清这三个问题就可以确定股利政策。

- 公司利润是留存还是分配给股东？
- 公司以什么标准派发股利？
- 公司以何种方式将红利分配给投资者？

（一）公司利润是留存还是分配给股东

企业赚到利润后是否要给股东分红，主要考虑两个方面。

（1）公司是否有现金支付分红？

分红以企业净利润为基础，但公司是否能拿得出现金给股东分红，则要看现金流状况。如果财务账上没有超额现金，或者自由现金流状况不好，公司虽有利润，也是没有能力分红的。

（2）公司是否有好的业务机会或投资项目？

企业如果有能产生更多自由现金流的投资机会时，应该留存利润进行再投资。管理者的任务就是要通过企业持续经营，为股东创造价值，寻找能带来更多现金流的投资机会是当然之责。

投资项目的优劣评价通常用净现值衡量：将投入资本（按实际投入时间和相应规模）作为现金流出，将项目创造的现金作为现金流入，将全部现金净流量（现金流入－现金流出）折现成现值，该现值就是净现值。当净现值大于零时，表示未来创造的现金流大于资本支出，该项目值得投资。

成长阶段的公司多采取低股利政策，而稳定发展阶段的公司多采取高股利政策。因为成长阶段的公司有良好的投资机会，需要强大的资金支持，企业将大部分盈余用于再投资。稳定发展阶段的公司缺乏好的投资机会，保留大量现金会造成资金的闲置，支付较高的股利是合适的。

（二）公司以什么标准派发股利

现实中企业一般都只是将部分利润用于再投资，因为还需要给投资者分红，需要平衡投资者的短期回报和长期收益。但具体如何分配，仍然要从两个方面考虑。

企业资本投资有两类：一类是为未来长远发展做投资，如长期的新项目、固定资产投资及研发支出等，这些投资在短期内是不能带来收益的；另一类是为维持业绩增长，为股东创造更多价值，需要对现有业务增加运营资本和必要的资本支出。

根据第三章式（3-6）至式（3-8）的运算得到式（3-9），即 $NI=g \times NOPLAT/ROIC$。就是说在预定盈利增长目标 g 时，企业需要留存（$g \times NOPLAT/ROIC$）规模的利润用于再投资，剩余的现金流就可以分给股东。

剩余的利润虽然可全部分给股东，但实际分配时一般不会都分掉，因为企业既要为长期发展做准备，也要预备不时之需，或结合未来的"以丰补歉"给投资者稳定的分红预期。具体的股利政策有以下三种方案。

- 固定股利。
- 固定股利支付率。
- 低股利加特殊股利。

固定股利政策，将每年发放的股利固定在某一相对稳定的水平，并在较长的时期内保持不变。固定股利政策下，如果企业发展良好，并判断未来盈利会稳定增长时，也可提高股利发放额。

固定股利支付率政策，公司确定一个股利占净利润的比率，长期按此比率支付股利。固定股利支付率政策下，每年发放的股利会随公司经营业绩的好坏而上下波动，盈利较多年份的股利额高，盈利较少年份的股利额就低。

正常低股利加特殊股利政策，公司一般情况下每年只支付固定的、数额较低的股利，在盈余多的年份，再根据实际情况向股东发放特殊股利。

（三）公司以何种方式将红利分配给投资者

股利分配有现金股利和股份回购两种方式，两者孰优孰劣，可以分别从投资者和企业及管理者两个角度分析。

（1）投资者角度。

现金股利把现金直接发放给投资者，但投资者需要缴纳红利税。

股份回购是企业将本可发放给投资者的红利，用于自己公司股票的回购。公司回购股票后注销，将减少公司股本数量，这会推动股票价格上涨。投资者选择在更高的价格卖出股票，可以收获资本利得，相当于间接获得红利。资本利得正常情况下需要缴纳资本利得税。

假设直接派发红利和间接卖出股票获得红利一样多，税率高低就成为孰优孰劣的依据，如果资本利得税率低于红利税率，则股份回购就对投资者更有利。我国目前暂未征收资本利得税，股份回购对投资者更有利。

（2）企业及管理者角度。

现金红利和股份回购都是从企业支出现金流，对企业本身并没有差异，但给市场提供的信息不一样。因为有委托代理和信息不对称问题的存在，现金红利分配带给市场的信息可能是，公司管理层或许并没有好的项目机会，公司股价也正常。而股份回购却给市场一个股价低估的信号，这个信号是信息掌握最全面、可靠的管理层给出的，一般市场都会有积极回应。股份回购后注销，向市场传递了维护投资者利益的良好形象，而且股份数量的减少，意味着公司每股盈利将提升，将增加投资者的信心。

委托代理机制下，企业分红是对管理者的一种约束，有助于提高企业运营效率，还可以在一定程度上避免管理者肆意使用现金进行投资，而忽视了对投资者的长期投资回报。在现金冗余达到一定程度时，企业应及时对现金冗余进行科学管理，可以通过特别股息的方式，将现金分配给投资者。

关于股利分配，有一种"二鸟在林，不如一鸟在手"的观点，认为企业赚了利润就应该全部分配给股东。这种观点的背后包含了两层不信任：一层是因为委托代理问题，公司管理层不值得信任，与其将利润交给管理层，不如落袋为安；另一层是因为信息不对称问题，公司管理层拟定的发展规划和预期收益，无论有多好都难以提振投资者信心，投资者觉得把握即时可得利益或许更好。

"一鸟在手论"的观点可能过于绝对，投资股票本来就是希望企业发展壮大，通过企业创造更大价值而获取投资收益。所以问题的根本还是在企业是否具有价值创造的能力。巴菲特的伯克希尔－哈撒韦公司虽然从不支付股利，但一直无人提出任何非议，就是因为很少有比巴菲特的企业更能赚钱的企业。

实践中，很多上市公司以股票股利方式发放，即以股票代替现金作为股利支付的方式，俗称送红股。送红股一样需要缴纳资本利得税，投资者除了股票数量增加（但权益占比不变）外，其实什么也没有得到。另外，有些公司以拥有的其他公司的有价证券，如债券、股票作为股利支付给股东，这种属于财产股利。

利润分配是对企业盈利的分配，公司不能用资本（包括股本资本和资本公积）发放股利，股利的支付不能减少法定资本。A股市场常见的资本公积金转增股本并不属于股利分配。当然，利润分配还要受到包括公司法在内的法律法规的约束。比如，规定净利润先要弥补以前年度亏损，在足额弥补以前年度亏损后，使公司年度累计净利润为正数时，才可发放股利；规定净利润分配前需每年按净利润的一定比例（10%）计提法定盈余公积金、公益金及任意公积金，只有当法定盈余公积金达到注册资本的50%时才可以不再计提。公司法规定利润分配的顺序为：先计算可供分配的净利润，然后依次计提法定盈余公积金、计提公益金、计提任意盈余公积金，最后才向股东和投资者支付股利。

第六节　企业并购

企业成长有内生式成长和外延式成长两种路径。内生式成长指企业利用公司内部资源，如利润、研发、市场影响等，通过增加产量和提高销售收入等方式实现规模扩张和增长。外延式成长指企业通过收购和兼并的方式，实现企业规模和业绩的增长。

企业收购与兼并，是企业在平等自愿、等价有偿的基础上，以一定的经济方式取得其他企业产权的行为。收购和兼并是两种方式，包括了两层含义，但国际上习惯将其统称为企业并购（Mergers and Acquisitions，M&A）。企业并购主要包括公司合并、资产收购、股权收购三种类型。

外延式增长以企业并购方式购买其他企业既有的资产，可以避免冗长的产品开发、市场开发过程，从而迅速实现资产规模和业务规模的增长。相比内生式增长，外延式增长的企业并购在企业增长速度上有明显的优势，而且，由于内部自行研发、建造可能面临失败的风险，企业并购的资产已经建成，其经验曲线可以为我所用，收购资产比自建扩张更加安全。企业并购的好处显而易见，但现实中企业并购比较复杂，企业并购失败的案例也屡见不鲜。

企业进行并购首先要算经济账，只有真正的有利可图才值得并购，单纯盲目扩大规模的并购没有任何价值。经济账的并购原则就是要保证并购项目或资产的净现值（NPV）大于零。净现值是将并购资本投入作为现金流出，将标的资产未来创造的现金流作为现金流入，将全部现金净流量折现成现值，该现值就是净现值。净现值大于零，表示未来创造的现金流量现值大于并购成本，该资产值得并购；如果净现值小于零，则表示该资产对并购者而言是有价值损失的，不应该并购。

企业并购资本投入是指向资产转让方支付资金，一般都在协议达成后转给对方，且时间、金额都是确定的；而标的资产创造的现金流则需要在未来较长时间内逐步体现，时间、金额都是不确定的，这不仅给价值评估和算经济账带来挑战，也使并购本身具有了较大的风险。并购风险来源于以下几个方面。

（一）信息不对称

并购标的资产时，卖方拥有标的资产巨大的信息优势，买方只能通过自身经验、并购标的资产的零星披露或卖方提供的信息来确定标的资产的价值。为了卖个好价钱，卖方可能会在很多地方有意无意地制造陷阱，比如提前确认收入或延迟确认成本与费用，让标的资产的盈利更加诱人；或者少计提存货跌价准备、应收账款坏账准备，既增大资产规模，又虚增利润；或者掩盖与第三方的法律争议等。

（二）高估协同效应

协同效应是指并购完成后，预计两个公司整合成一个整体，其价值将大于两家公司独立运作时的价值，即"1+1＞2"。理论上，协同效应来源于公司整合，既可以对人员、业务流程、业务组织等进行优化，从而节省成本；也可以通过市场、产品上的互补，及在市场上控制更多资源，从而提升竞争力，扩大盈利规模。但评估过程中可能过于乐观，高估了协同效应。既可能高估节省的成本，也可能高估双方产品、市场的互补性，还可能高估控制资源和定价权。

（三）低估整合成本

并购并不只是协议达成、资产过户，并购后对双方资产进行整合才能体现并购效益。由于不同的企业文化、业务运作、管理风格、员工构成等因素的差异，整合工作和整合过程较为复杂，整合成本可能会大幅增加，超出了预期。整合中诸如核心人员流失、沟通理解偏差等意外问题，还会影响整合进程，整合的时间可能会延长，使协同效应发挥作用的时间延后，同时降低协同效应带来的好处。

（四）对标的资产后续发展的资本投入估计不足

这是企业并购中容易忽视的问题。标的资产业务可能与企业自身业务不完全相同，对标的资产业务的理解不到位，导致在标的资产未来增长需要的资本支出上估计不足。还有并购方看到的标的资产的财务报告，可能都是经过粉饰的，以此预测未来现金流就容易出现高估的情形，导致对标的资产净现值的计算结果过高。

计算净现值最大的意义在于评估并购价格，避免出价过高给未来的生产经营带来压力和风险。现实中，企业并购还有经济收益之外的很多其他利益，这些其他利益不一定或不完全能体现在市场经济上，它们也成为企业并购的动机、动力，推动着企业并购。

（1）提升市场竞争力。

通过并购提升市场竞争力，主要有两层含义：一是消除竞争对手，并购的动机根源于竞争的压力，并购方在竞争中通过消除或控制对方来提高自身的竞争实力；二是扩大经营规模，降低成本费用。通过并购形成规模效应，降低原材料供应、生产、管理等环节的成本和费用。

（2）扩大业务价值链。

扩大业务价值链主要指纵向并购，企业通过并购产业内处于产业链上下游位置的企业，可以使企业的业务在产业链上得以延伸，获取更大的产业链价值。同时以"企业代替市场",使企业采购或销售的市场行为,转为企业内部的管理行为,进一步降低了企业的经营成本。

(3)业务转型和多元经营。

业务转型和多元经营主要指企业的跨行业并购。如果企业自身所处行业缺乏增长潜力,或者没有投资机会,企业认为新的产业领域要优于现有产业领域,但由于缺少必要的资源,就会选择采用跨行业并购模式,借此跨过新领域的行业门槛。随着老行业之间竞争的加剧,行业中企业增长的机会"微乎其微"。企业通过并购的方式,从无前景的行业转向新的领域,可以有效扩展企业的发展空间,降低老行业的经营风险。并购后,企业可以跨领域多元化经营,或者将重心转向新的领域。

(4)通过并购弥补自身短板,突破某些壁垒。

通过并购可以取得对方先进的生产技术、管理经验、市场渠道、专业人才等各类资源,为企业发展增添动力。尤其某些标的资产拥有关键原材料和技术等,收购这类标的资产具有极高的战略价值,将大大增强企业竞争力。另外,由于政策准入、自然垄断等约束条件,企业可能无法直接进入某些市场、领域,并购却可以帮助企业跨越这些壁垒,从而提升企业的行业地位。

上市公司可以通过股份支付方式代替现金支付,因而参与并购相对活跃。同时,因为股份流动性高、信息披露公开透明,上市公司也容易成为被并购的对象。

证券市场各类主体都颇具规模,其中私募股权投资基金(PE基金)较为活跃,它们常常在并购市场上扮演重要角色。PE作为金融资本,PE基金管理者并不会在产业中长期经营,它们并购的目的主要是获取资本利得收益，因此只有在 PE 认为标的公司的价值被低估时，它们才有可能参与。PE 参与并购，主要是希望通过对标的公司进行调整、改造、重组，进而提升企业的市场价值，并在适当的时候将标的公司的股权转让，从而实现盈利。PE 选择标的公司一般不考虑具体的产业，而更看重其被低估的价值，且该标的公司具有改进的价值及发展空间。

实务中，企业并购还有一个需要所有人重视的现象，就是并购各方当事人都需要有希望并购达成的意向，因为只有在并购达成后他们才能得到相应的利益。买方参与者只有并购达成才能体现其工作业绩，不然会被管理层认为其工作毫无成效；并购顾问只有并购达成后才能收取顾问费；并购资金提供者或股份发行中间人，同样也只有在并购落地后才有利益和收入；即便出让方，也只有在完成转让后才能收取并购款项。这些参与者都是基于自身的利益诉求，往往会尽量推动并购达成，而把潜在的风险留给了并购企业。

另外，在测算并购标的资产的净现值时，人们往往把协同效应、整合利益计算在内，把它们当成收购价格的一部分。但从利益的归属来看，这是不合理的，因为这些利益是收购方在收购后通过自身努力而达成的，与出卖方并没有任何关系，如果将其作为并购价格的一部分，显然是收购方给卖方无偿支付了未来成果。

第七节　企业社会责任

企业社会责任（Corporate Social Responsibility, CSR），指企业在生产经营的过程中，应统筹考虑对经济、社会、环境等的责任和影响，在对股东负责，获取经济利益的同时，还应积极关注环境、社会及企业利益相关者，并主动承担起应有的社会责任。

企业社会责任要求企业超越"利润唯一"的传统理念，主动承担起包括员工、债权人、供应商、零售商、消费者和竞争者以及政府、社区、公益组织、媒体、社会公众等在内的利益相关者的责任。

尽管有观点认为企业社会责任是"企业以经济、社会和环境可持续的方式运营而开展的超出法律要求的自愿活动，是在法律责任之上的一种自觉"，但是，企业既是社会财富的创造者，也是社会资源的消耗者，企业与社会具有共性关系，所以企业需要履行相应的社会责任，为社会发展做出贡献。

企业社会责任理念的兴起和发展大致可以分为三个阶段。

- 18世纪工业革命后，现代企业取得了长足的发展。那个时代人们深受亚当·斯密"看不见的手"的思想影响，尚未形成企业社会责任观念。亚当·斯密认为个体追求自身利益最大化就可以实现资源高效的利用；企业在"看不见的手"引导下给社会提供产品和服务就尽到了自己的社会责任。该阶段，企业单纯追求利润最大化，对员工、客户等极力盘剥。

- 19世纪中后期，企业制度逐渐完善，劳动阶层维护自身权益的要求不断高涨，社会对企业履行社会责任提出了新的要求。而美国政府出台的《反托拉斯法》和《消费者保护法》，对企业歧视、欺诈、损害消费者及社会福利等不良行为予以打击，促进了企业社会责任观念的推广和发展。

- 20世纪70年代之后，随着经济和社会的发展，环境破坏、环境污染、资源枯竭日趋严重，环境和资源问题日益成为人们的关注重点。人们认识到企业不仅要对盈利负责，还要对环境负责。到 90 年代初期，美国劳工及人权组织发动"反血汗工厂运动"，进一步促使企业履行自己的社会责任。之后国际社会各个劳工组织、人权组织、环保团体、媒体及社会公众等积极参与改善工作环境、提高环保水平、保护消费者利益等多方面活动，推动企业履行社会责任。

企业需要履行的社会责任的具体内容。

阿尔奇·卡罗尔（Archie Carroll）对企业社会责任进行了系统的阐述，于 1979 年提出了企业社会责任金字塔结构。卡罗尔按照先后次序及重要性将企业社会责任从低到高分成四个方面：经济责任（Economic Responsibility）、法律责任（Legal Responsibility）、伦理责任（Ethical Responsibility）和慈善责任（Philanthropic Responsibility），如图 5-7 所示。

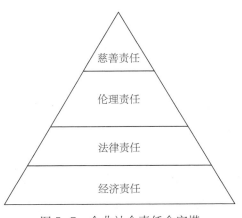

图 5-7　企业社会责任金字塔

（1）经济责任是企业的基础责任，也是占比最大的责任，它要求企业在为客户、消费者提供产品或服务时，需要以盈利为目标，追求股东利益最大化，为股东、社会创造财富。但经济责任不是唯一的责任。

（2）法律责任包括两个含义：一是企业经营要遵纪守法，在国家法律法规范畴内依法合规经营；二是要承担起对股东、员工、债权人等利益相关者的责任，维护利益相关者的合法权益。

（3）伦理责任指企业应遵守商业伦理。商业伦理是在政治、经济、法律互动过程中形成的一套使个体、组织在从事商业活动时与道德规范相匹配的行为标准和规则。尽管经济责任和法律责任中都隐含着一定的伦理规范，但社会仍期望企业遵循那些尚未成为法律的伦理规范。

伦理责任要求企业妥善处理三个方面的关系：第一方面是微观层面的员工、供应商、消费者等；第二方面是中观层面的竞争者、社会团体、媒体等；第三方面是宏观层面的社会、环境及全人类等，要求企业支持社会可持续发展。

对企业而言，商业伦理作为一种内在约束力，是企业和社会关系的基础，在政治、社会、市场、企业管理等方面发挥着调节和促进的作用。相比于法律的硬约束，伦理责任是一种软约束，企业将伦理责任内化于心，讲良知、良心，诚信守义，履行社会责任。只有有责任、有追求的企业才有更高层次的自我约束，即企业理念，通常称之为企业愿景和使命。

（4）慈善责任指企业应积极关注和参与消除贫困、改进不平等及环境保护等社会活动，主动捐助、捐赠、救灾及支持社会公益事业等。

概括而言，经济责任指企业需要为社会提供产品和服务，获取利润；法律责任要求企业遵纪守法，"不做坏事"；伦理责任期望企业遵从伦理道德，"做好事"；而慈善责任希望企业在做好事的基础上对社会"做贡献"。

今天，做好事与企业效益无关的观点已经彻底改变了，做好事与企业效益切实相关。企业履行社会责任对企业有重大意义，迈克尔·波特认为CSR既是企业合法生存的基础，也为企业发展提供了更多机会，而且在一定意义上，CSR可以成为企业的社会资本。CSR有利于企业构建竞争优势，可以帮助企业获得更大的经济利益，并为社会创造共享价值。

社会实践也已证明，企业落实和履行社会责任，可以提升企业的市场竞争力，为企业树立良好的声誉和形象，并在增强投资者信心，吸引和留住企业所需要的优秀人才等方面具有积极作用。

企业履行社会责任有助于解决就业、消除贫富差距、保护资源和环境，实现可持续发展。现在社会对此基本形成共识，企业自觉承担社会责任的情况也日益普遍。很多企业还主动编制《企业社会责任报告》向社会公开披露。企业在《企业社会责任报告》中除了披露参与社会责任的行动情况、具体工作内容、履责的方式和效果等之外，也会公布企业愿景和使命，阐述企业社会责任理念、商业伦理意识和价值观等。

| 第六章 |

了解市场先生，防范市场风险

证券市场既为企业筹集资本提供渠道，也为包括股票在内的各种证券提供交易场所，为投资者参与证券投资提供服务。

股票价格指数是为度量和反映股票市场总体或某类股票价格水平及其变动趋势而编制的股价相对统计数。股票价格指数是投资者投资分析、预判市场的重要工具。

市场中，参与股票投资的各类投资者通过买卖双方的竞争、博弈，共同参与股票定价。股票价格长期趋向内在价值，但短期主要受供需影响。做空机制使买卖双方竞价更加充分，有利于市场形成更加合理的定价。尤其在市场极端情况下，使市场有能力自我恢复正常。但市场有时也会超负荷，有可能出现市场自身难以克服的困难或问题，这时候就需要政府的帮助，"有形之手"总是会不定期出现。

经济全球化背景下，资金流动更加便捷，投资可以在全球范围进行，国际定价比较如今已成为证券分析的重要内容。国家政治及公司治理风险、流动性、汇率等因素是国际定价比较时首先需要关注的问题，与估值比较一样，这些因素都是国际定价比较中不可或缺的内容。在估值比较中，有许多细节问题尤其值得重视，因为它们往往决定着比较结果的实际成效。

风险是意外发生的可能性，风险事件发生后必然会产生某种影响或后果。股票投资风险是投入资金后发生本金损失的可能性。股票投资时刻都面临着风险，如果投资者只顾片面追求收益，而忽视了风险，不了解风险，不管控风险，本金损失的概率将是非常大的。

风险收益补偿机制，揭示了股票投资风险和预期收益之间的关系。金融学上将其在二维坐标上描述为一条直线，称之为"资本市场线"。

投资风险可以用标准差度量。标准差是方差的算术平方根，表示股票价格波动与预期收益率的偏离程度,用以预判风险的大小。现代投资组合理论用贝塔系数(β系数)来评估金融资产价格波动和市场波动的关系,并以此测算该金融资产的市场风险。β系数由资本资产定价模型测算,坐标图上显示为证券市场线。

第一节 资本市场参与者

资本市场是企业筹集资本的场所,企业通过借贷、发行债券或股票进行资金融通,为企业的经营发展提供物质基础。

企业内部资本积累速度较慢,单纯依靠内部盈利再投资不仅发展速度慢,也无法满足重大投资需求,所以需要从外部补充资本。早期的外部资本筹措都是在企业和投资者之间直接完成的,投资者将资本直接投入企业,企业将相应的资本收益(报酬)支付给投资者,如图 6-1 所示。

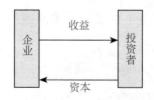

图 6-1 早期的外部资本筹措

投资者投入企业的资本可以作为股东的股权资本和债权人的债务资本。早期经济发展水平较低,这种直接融资方式基本可以满足企业的资本需求。但随着社会需求不断扩张,小额的资本补充已无法满足企业社会化大生产和大规模扩张的需求,市场出现了银行和证券公司等资金融通中介机构,如图 6-2 所示。

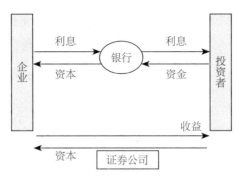

图 6-2 通过金融中介机构的融资

由银行作为中介参与的资本融通，是一种债务融资。银行将投资者（储户）的闲散资金集中起来，然后将资金贷给企业。这种模式下，企业和投资者之间不形成直接的债权债务关系，而是由银行分别与投资者和企业形成各自独立的债权债务关系，所以这种模式被称为间接融资。间接融资模式下，银行承担了所有投资风险。

由证券公司作为中介参与的资本融通，既有股权融资，也有债务融资。在这种模式下，资本融通是在企业和投资者之间直接进行的，也就是投资者直接将资金投入企业，证券公司只是作为投资者和企业之间的桥梁，本身并不进行资本交换，所以被称为直接融资。

直接融资中，投资者和企业通过证券公司，以债权、股权方式直接实现资金融通。股权和债权都是有价证券，其中债权也称企业债或公司债，有按约定收取利息及到期收回本金的权利；股权称为股票，有分享企业经营成果、参与企业决策的权利及剩余财产追索权。

企业通过资本市场筹集到资本后，就可以将其用于扩大生产及相关经营活动，而投资者对获得的企业股票和企业债也有变现的需求，这就进一步形成了证券交易市场。

资金融通、交换市场有时被称为证券市场，有时又称为资本市场，两者在大多数时候其实是重合的，资本市场主要从企业融资（资本形成）角度定义，证券市场则从投资者投资视角定义，即有价证券发行、交易的市场。当然，资本市场范畴更大，它还包括了资金借贷市场。

今天，我们把企业和投资者之间的资本融通称为"发行"，俗称一级市场；把投资者买卖或变现、交换股票与债券的行为称为"交易"，俗称二级市场。二级市场为投资者变现、交换提供了集中交易场所。一级市场和二级市场都是证券市场的组成部分，在政府的统一组织、监管下有序发展。

股票吸引了最广泛的参与者，下文以股票作为有价证券主体，介绍分析证券市场的各种参与者。

企业通过证券公司发行股票融资并在二级市场挂牌交易，现在有个通用名称——IPO上市，即首次公开募股（Initial Public Offering）上市。企业IPO必须具备一定的资质和符合一定的要求，因为直接参与资本融通的投资者不能完全识别企业业务特性及相关风险，因此要求企业IPO时必须达到某些条件，以降低市场风险。

我国现在已全面实施发行注册制，对企业IPO的要求较之前审核制有较大的放松，但仍有较多硬性要求。企业IPO上市后就成为上市公司，可以通过上市进一步夯实优势地位并持续进行直接融资。

证券交易所作为企业股票挂牌交易场所，在证券市场中处于核心地位。交易所既是证券市场前线监管者，也是市场组织者。交易所不仅负责规范股份发行（企业IPO及上市公司增发新股）的条件、行为、程序等，还为证券集中交易提供场所和设施，组织和监督证券交易的同时还为投资者的证券交易提供结算、登记服务。交易所需要及时向投资者公布证券交易个股实时行情，也会编制相关股票价格指数，随股票行情即时公布。

有些国家和地区在交易所之外还单独设立登记结算公司，由该机构专门提供证券结算、登记服务。也有独立于交易所的第三方专业指数公司，这些指数公司专业编制各种股票价格指数。道琼斯指数、MSCI指数、恒生指数等都是第三方机构编制的股票指数，中国中证指数公司也编制了包括中证系列指数在内的众多指数。

证券市场的发展催生了投资者的风险防范要求，各种金融衍生品应运而生。金融期货交易所承担了衍生产品的组织和提供集中交易场所的职责。金融期货交易所负责设计相关合约，在市场上供参与者集中交易。在一些成熟的市场，证券公司也会提供一些金融衍生产品。

证券市场早期的投资者基本以个人为主，但现在个人投资者所占比重持续下降，机构投资者比重大幅度提高。境外成熟市场中，机构投资者的交易占比甚至已达到70%～80%。同时，机构投资者呈现丰富的多元化趋势：从资金性质来看，有自有资金的法人专业投资机构，如保险公司、社保基金、证券公司等；也有提供投资管理服务的资产管理机构，如基金管理公司；从资金渠道来源看，有共同基金（公募基金）、私募基金；从投资方式来看，有长期投资基金、对冲基金、量化交易基金等；从参与目的来看，有财务投资机构、产业投资机构等。

自有资金机构以自己拥有的资金参与市场投资。资产管理机构则需要从其他资金所有人的手中募集资金，其中资金主要来源于社会个人。资产管理机构通过银行、证券公司、第三方代销机构募集资金，这些机构是资产管理机构的募资渠道。目前个人参与股票投资逐渐从直接参与，转为通过专业机构投资者间接参与。另外，社保基金、企业年金、社会公益组织等机构也给机构投资者提供了大量资金。

投资者广泛而众多，如果全部直接参与交易所股票交易，可能会导致交易混乱、交易系统无法承受等问题。证券公司作为投资者买卖交易的联系人，负责接受投资者交易指令并向交易所报送，同时实时接收交易信息并及时向投资者传送，有序组织投资者交易。证券公司既在一级市场、二级市场充当中间联系人的角色，也是机构投资者，有时候还充当做市商及证券产品提供者（金融衍生品）。证券公司是资本市场的核心参与者之一。

为完善市场定价机制，我国还专门设立了证券金融股份公司（证金公司），专门为证券公司融资融券业务提供配套服务。

企业IPO上市前需要补充资本时，可以私募方式向私募股权投资机构发行股份募集资金。企业早期发展阶段由于风险较大，此时投资一般被称为风险投资（Venture Capital，VC）。风险投资机构较个人投资者专业、理性，是风险投资市场的主要玩家。

私募股权投资机构常被称为PE基金（Private Equity Fund），主要投资非上市企业，尤其是具有一定规模和实力的IPO上市前企业，并在企业上市后，通过二级市场卖出股份退出，实现变现。因为IPO上市有资质、程序等要求，还有时间约束，因此IPO上市前企业普遍有资本补充需求，PE基金也因此得以快速发展。

多元化的投资者群体和交易所、证券公司、上市企业构成了证券市场的主体，有效地涵盖了企业从初创到上市及再融资各个发展阶段的资本融通需求。而丰富的投资者队伍在为企业贡献资本的同时，也通过证券市场实现了投资、交换、变现等需求。但证券市场固有的两个深层次问题始终困扰着市场，市场需要相应的制度安排来消减这两个问题的影响，由此参与者中又增加了会计师、律师、资产评估、信息披露媒体等市场服务机构。

第一个深层次问题是委托代理问题，是企业所有权和管理权分离带来的问题。企业所有者不直接参与企业经营管理，而是以一定的成本代价（代理成本），将经营管理委托给企业管理者，从而使经营权和所有权分离。

为确保管理者按照所有者利益行事，保证管理者在股权价值最大化的导向下经营管理企业，需要对管理者实施有效的监督：上市公司都有明确的公司治理要求（内部监督），IPO 企业和上市公司都须聘请独立的会计师事务所进行严格的审计（外部监督），其中 IPO 企业还要聘请独立的律师事务所进行法律审查，确保企业资产、业务合法合规。另外，为了降低代理成本，股权激励被上市公司广泛采用，使管理者和所有者的利益趋向一致。

第二个深层次问题是信息不对称问题，指投资者和企业管理者在对企业信息的掌握上存在差异，投资者相比管理者所了解的企业信息是有限和不足的。

在信息不对称下，信息优势一方可能会"欺负"信息劣势一方，企业管理者可能会出现欺骗、敲竹杠、逆向选择等行为问题，从而使投资者的信任度、信心受到影响，更使投资面临风险。因此证券市场要求上市公司及时、完整、全面披露企业信息，严谨而完善的信息披露制度是证券市场的重要基石。信息披露有通过交易所平台发布的，也有通过第三方独立媒体平台发布的。

同时，作为证券市场基石之一的证券公司，在降低市场信息不对称问题上也发挥着重要作用，一方面，以证券投资咨询角色组建分析师队伍，对上市公司保持跟踪研究，为投资者提供投资研究服务；另一方面，作为企业资本融通中介，以保荐机构名义，背负连带责任。另外，证券市场还提供了做空机制和并购机制，对上市公司及管理者形成约束，在企业出现诚信、欺诈、经营不善等问题时，做空机制和并购机制将会给予惩罚，并购机制甚至可以让管理者失去工作。

证券市场的每一类参与者都要受到严格监管，证监会是证券市场法定监管机构。监管的主要原则是公开原则、公平原则、公正原则，简称三公原则。证券市场禁止欺诈、内幕交易和操纵证券市场的行为，并要求参与主体诚实守信，以保护投资者利益。

现实中，自律管理也是市场监管的重要组成部分。自律管理主要通过行业协会开展，如发行人组建上市公司协会，证券经营机构组建证券业协会、基金业协会等。相关机构在协会的统一协调、组织下，规范行业及从业人员的行为，以保护投资者的合法权益。

证券市场众多参与主体可以分成六类，总结如下。

- 监管与自律。证监会、证券交易所、证券业协会、基金业协会、上市公司协会。
- 证券市场组织者。证券交易所、金融期货交易所。
- 证券发行人。企业与上市公司。
- 投资者。个人投资者，公募基金、私募基金、对冲基金、量化基金、PE股权基金、风险投资及保险、证券公司等机构投资者。
- 证券经营及服务机构。证券公司、投资咨询公司、指数公司、银行及第三方基金销售公司、证金公司、登记结算公司。
- 其他服务机构。会计师事务所、律师事务所、资产评估机构、信息披露媒体。

第二节 股票指数

一、指数的概念

股票价格指数简称股票指数、指数,是为度量和反映股票市场总体或某类股票价格水平及其变动趋势而编制的股价相对统计数。包含在指数范围中的股票称为成分股或样本股。在采样样本股票时,可以根据实际需要选择不同的股票组合。比如,当样本股票包含所有上市的股票时,该指数就是综合股票指数;当选取的样本股票只是其中一部分上市的股票时,该指数称为成分股指数。如果成分股指数中所选股票具有较高的市场代表性,该指数也可替代综合股票指数,用于表示整体市场状况。现实中,我们也常见一些行业指数、地区指数,以及各类所谓的风格指数,比如价值股指数和成长股指数、大市值股票指数和小市值股票指数、红利指数和回购指数等。投资者还可以根据自己的需要,编制专属于自己的指数。

指数包含多个样本股票,而不同股票的发行量是不同的,单纯采用股票价格计算出来的指数将不够准确,因此需要加入权数"股票发行数量"。现实中多以股票市值代替股票价格(市值是股票发行量乘以价格)。另外,编制股票指数需要先设定基期价格数值,通常选定某天为基期,基期的价格指数为某一常数,比如100或1000,用以后各时期的加权价格和基期加权价格进行比较,计算出股价升降的百分比,最后乘以基期常数,就可得到该时期的股票指数。

大家熟悉的道琼斯指数,由美国报业集团——道琼斯公司负责编制和发布,它以在纽约证券交易所挂牌上市的一部分有代表性的公司股票作为编制对象,自1884年首次发布以来已有130多年的历史。

道琼斯指数实际由四种股价平均指数构成。

- 以 30 家著名的工业公司股票为编制对象的道琼斯工业股价平均指数。
- 以 20 家著名的交通运输业公司股票为编制对象的道琼斯运输业股价平均指数。
- 以 15 家著名的公用事业公司股票为编制对象的道琼斯公用事业股价平均指数。
- 以上述三种指数所涉及的 65 家公司股票为编制对象的道琼斯股价综合平均指数。

四种道琼斯股价指数中，以道琼斯工业股价平均指数最为著名，它被市场广泛认同，被大众传媒广泛报道，也用于代表纽约交易所股票市场的整体表现。

二、指数的作用

股票指数综合反映证券市场整体股票价格变动方向及变动状况。当股票指数上升时，表明股票的平均价格水平上涨；当股票指数下降时，表明股票的平均价格水平下降。因为证券市场综合反映国民经济运行的发展态势，被称为国民经济的"晴雨表"，股票指数客观上为观察和监控经济运行的发展态势提供了直观的工具和指标。

成分股指数选择了部分具有市场代表性的公司作为成分股，具有较好的稳定性、市场代表性，可以作为投资工具，有助于指数化投资。具有投资功能的成分股指数也可以作为指数衍生品和其他金融创新的基础，丰富市场投资产品。

股票指数还是投资者投资分析、预判市场的重要工具。股票指数可以作为比较基准，评判投资绩效。股票指数是基金和基金经理投资水平评判的基准。投资者也可将股票指数与自己的投资收益率、未实现的浮动收益率做比较，判断自己的投资绩效。

股票指数可以帮助投资者构建投资组合，分散投资风险。投资者既可以根据个股和股票指数波动的关联度构建投资组合，以降低系统性风险；也可以通过购买跟踪某一股票指数的基金，获得指数所代表的市场平均回报。

股票指数可以衡量市场表现，预判未来走势。股票指数是证券价格的计算结果，用于衡量市场或特定行业、特定风格股票的表现，投资者可以在分析市场既往表现的基础上，进一步分析判断市场未来的走势，从而做出相应的投资决策。

三、指数分类与编制

中国目前有上海、深圳、北京三个证券交易所，它们分别以各自上市证券为基础编制相关指数，主要有三类。

第一类是综合指数。

交易所综合指数的样本股是交易所上市的全部股票，包括了A股和B股。国内这类指数有上证指数、深证综指等。综合指数的编制都采用综合法，以报告期内股票发行量为权数进行编制，公式如下所示：

$$报告期股价指数 = (报告期市价总值 / 基日市价总值) \times 基期常数（100 或 1000） \tag{6-1}$$

$$市价总值 = \sum(股票市场价格 \times 股票发行数量) \quad (6\text{-}2)$$

沪深交易所行业分类指数也是根据综合指数的编制方法编制，各行业指数包含了同一行业在该交易所上市的所有公司，反映该行业所有上市公司平均股票价格水平及变动情况。

第二类是成分指数。

成分指数通过科学、客观的方法挑选出最具代表性的样本股票，能反映整个证券市场的概貌和运行状况。成分指数属于投资类指数，是能够作为投资评价尺度及金融衍生产品基础的基准指数。

国内已有的上证180指数、上证50指数、深证成分指数、深证100指数、沪深300指数、上证红利指数、创业板指数、科创50等都属于成分指数。

成分指数选择的样本股票必须具有典型性、普遍性。选择样本股票需综合考虑行业分布、市场影响力、股票等级、适当数量等因素。成分指数一般采用派许加权指数公式计算，以样本股的调整股本数为权数，公式如下所示。

$$报告期指数 = (报告期成分股的调整市值 / 基日成分股的调整市值) \times 基日指数 \quad (6\text{-}3)$$

式中，调整市值 $= \sum(市价 \times 调整股本数)$。

调整股本数指依据实际可流通股份或控股股东股份不流通的情况，在计算指数时对成分股的股本数量进行调整。调整股本数一般采用"分级靠档"的方法，比如：某个成分股的流通股比例为8%，它属于小于10%一档，此时以实际流通股数量计算；如果其流通股比例为45%，它落在40%～50%这档，那就需要调整为50%的股本数计算。具体"分级靠档"标准由指数编制方事先约定。

第三类指数主要包括在交易所上市的非股票证券指数。

非股票证券指数包括基金指数、国债指数、债券指数等。基金指数是反映在上海证券交易所和深圳证券交易所上市的封闭式基金价格整体变动情况的指数。国债指数是以在交易所上市的所有固定利率国债为样本，按照国债发行量加权而成。债券指数反映交易所上市的债券价格总体走势，其数值反映了当前市场的平均价格相对于基期市场平均价格的位置。这些指数由交易所采用派许加权综合价格指数公式计算，在交易时间实时对外发布，公式如下所示。

$$报告期的指数 = [（报告期债券或基金成份总市值 + 报告期债券或基金利息及再投资收益）/ 基期] \times 基期指数 \qquad (6\text{-}4)$$

除交易所编制的各类指数外，境内还有一个专业的中证指数公司，它以境内多个交易所全部上市公司作为采样范围，编制了一系列成分指数，比如沪深300、中证500、中证1000等，都是中证指数公司编制的跨交易所股票指数。

有些成熟市场还会编制市场波动指数（Volatility Index，VIX）。波动指数根据相应指数期权的隐含波动率计算得到，反映市场对未来30天相应指数市场波动性的预期。波动指数广泛用于反映投资者对后市的恐慌程度，又称"恐慌指数"。指数越高，说明投资者对股市状况感到不安；指数越低，表示股票指数变动将趋缓。

美国主要股票指数都有相应的波动率指数：跟踪标准普尔500的VIX、跟踪纳斯达克100的VXN及跟踪道琼斯工业指数的VXD。中国香港市场也编有恒指波幅指数（VHSI），衡量恒生指数预期波动程度。

由于很多公司同时在内地（A股）和香港上市（H股），香港市场因此编制了恒生 AH 股溢价指数，反映在内地和香港同时上市的股票的价格差异。恒生 AH 股溢价指数根据纳入指数计算的成分股的 A 股及 H 股的流通市值，计算出 A 股相对 H 股的加权平均溢价（或折让）。恒生 AH 股溢价指数基准为 100，当指数超过 100 时，表示 A 股相对 H 股有所溢价，指数越高，则溢价越高。

四、指数修正

综合指数是以所有的上市股票为样本股票计算出的股价指数，理论上最能全面反映证券市场的状况和走势，但是，因为需要将所有股票都纳入样本股票中，而其中的新股票上市及退市会对股价指数的内部稳定性和前后的连贯性产生影响。且综合指数以股票的总发行量为权重，不能有效反映流通市场的价格变动情况，所以现实中更多采用成分股指数。

成分股指数同样也要面对新公司 IPO 上市、老企业退市的问题。同时，随着经济的不断发展，成分股中不少股票的市场代表性逐渐降低，而其他代表着新经济特征或新产业结构的公司股票的市场代表性逐渐增强，样本股会不断被调整、更换。

公司的股票还存在分割、回购、增发新股、配股、发放股利等因素造成股价或权数的变化，需要采取适当的方法保持股票指数的连续性和可比性，这时，就需要对相关股票的价格做适当修正。股价修正就是将变动后的股价还原为变动前的股价，公式如下所示：

$$\text{修正股价（复权后价格）} = [（\text{复权前价格} - \text{现金红利}) + \text{配（新）股价格} \times \text{流通股份变动比例}]/(1+\text{流通股份变动比例}) \quad (6\text{-}5)$$

实际操作中，成分股出现变更，成分股股本结构发生变化或成分股的调整市值出现非交易因素的变动时，采用"除数修正法"修正原固定除数，以保证指数的连续性。修正公式为：

$$\text{修正前的调整市值} / \text{原除数} = \text{修正后的调整市值} / \text{新除数} \quad (6\text{-}6)$$

式中，修正后的调整市值 = 修正前的调整市值 + 新增（减）调整市值。

由此公式得出新除数(即修正后的除数，又称新基期)，并据此计算以后的指数。

成分股除息时，指数一般不予修正，任其自然回落。但出现下述情况时，需及时采用除数修正法对指数进行修正。

（1）除权：成分股送股或配股，在成分股的除权基准日前修正指数，公式如下所示。

$$\text{修正后的调整市值} = (\text{除权股票})\text{除权报价} \times \text{除权后的股本数} + \text{修正前调整市值（不含除权股票）} \quad (6\text{-}7)$$

（2）停牌：当某一成分股停牌，取其最后成交价计算指数，直至复牌。

（3）摘牌：成分股摘牌(终止交易)，在其摘牌日前进行指数修正。

（4）股本变动：成分股发生其他股本变动，如增发新股、配股上市及分割、回购等引起流通股本变化，在成分股的股本变动日前修正指数。

道琼斯指数由于采用股价简单的算术平均法，不同于国内的"调整市值"加权指数，其股价修正相对复杂一些。道琼斯指数的"除数修正法"与国内调整市值的除数调整法有所不同，其除数修正法又称道氏修正法。道琼斯指数计算公式为：

股票价格平均数 = 成分股票的价格之和 / 入选股票的数量　　（6-8）

如果出现股票分割、新股发行等造成某些成分股价格变化，此时需要分两步测算新的"除数"：

第一步，计算旧的股价平均数，即以股价变化前的价格之和除以成分股数量；

第二步，计算新的（即变化后股价）股价总额，并将其除以旧的股价平均数，得到"新除数"。

之后计算指数时就以即时的股价总额除以该"新除数"，就可得到修正的股价平均数，使修正平均股价指数保持了较好的连续性和可比性。

第三节　股票定价机制

一、股票的定价机制

有效市场假说认为在法律健全、功能完善、透明度高、竞争充分的股票市场中，一切有价值的信息已经及时、准确、充分地反映在股价走势当中。因此有效市场中，投资者不可能获得高于市场平均水平的超额收益。这与现实世界显然不符。有效市场假说的前提是理想、完美的，现实世界中不可能达到。现实世界中总是存在信息不对称，不同投资人群接收、掌握的信息是不可能完全一样的；而且不同的投资者由于存在知识及认知差异，他们对信息的理解、反应也是不一样的。加上投资者不完全理性、市场功能不完善等其他因素，股票价格及走势将不能充分反映市场上某些重要信息，这也给投资获取超额收益带来机会。

股票定价有其内在逻辑，定价机制是股票市场的核心问题。虚拟经济中股票与有形的商品不同：商品既可以满足生活的需要，也可以成为我们工作、生活的工具，商品的价值通过使用价值体现；而股票本身不具备使用价值，股票只是上市企业股权的凭证，它仅代表着持有者对某个上市公司的部分所有权，股票定价比商品定价要复杂很多。

股票市场早期发展不规范，市场操纵盛行，因此很多人认为股票价格是由"庄家"决定的；更多的人在感知自身力量渺小的同时，会认为股价是由交易所或上市公司管理层确定的。这些认识显然都是不对的。表观上，就如商品那样，股价由股票供需关系决定，但股票定价背后的机制和商品却不一样。股票的定价机制包含了三个必不可少的环节：

- 定价的基础。
- 定价参与主体。
- 定价的形成方式。

（一）定价的基础

"价值是价格的基础，价格是价值的表现形式"。商品的"价格由其价值决定，价格围绕着价值波动"。同样，股票的价格也由股票的内在价值决定。商品的"价值由商品的使用价值和剩余价值构成"，而股票仅是一种权益凭证，代表着投资者在具体上市企业中拥有的权益，股票的价值主要由股票所代表的企业在未来创造的财富决定。一方面，股票没有使用价值，不能从使用效用去评估价值；另一方面股票价值的"未来性"又决定了对股票价值判断的复杂性，所以股票定价的不确定性远远大于商品定价的不确定性，从而导致现实交易中股价的波动比较大。

(二) 定价参与主体

市场中，参与股票投资的各类投资者通过买卖双方的竞争、博弈，共同参与股票价格的确定。这些投资者既有以获得资本红利和资本利得为目的的财务资本投资者，也有基于产业和企业发展获取长期利益的产业资本投资者，还有形形色色的投机者。各类参与者之间存在投资理念、价值理解和判断等方面的差异，他们在证券市场上相互博弈，最终形成了均衡的股票价格。

参与股票定价的市场主体应该是丰富多样的，既需要个人投资者，也需要机构投资者，尤其需要多元化的机构投资者。机构投资者中既要有包括公募、私募在内的各类财务投资者，也要有产业资本投资者；既要有长期投资的价值投资者，也要有以投机或对冲交易为主的短期投资者……参与主体的多元化使股票的定价趋于完善、合理，更能使股票价格趋近其内在的价值。在成熟市场上，上市公司本身也会积极参与股票定价，作为最充分地掌握自我信息的"主体"，它们可以通过股票回购、分红派息、增发融资等方式直接参与市场定价博弈，或者向市场发出股价高估或低估的信号，引导股价向其价值回归。

(三) 定价的形成方式

市场的"无形之手"会根据供需关系，调整价格；而价格变动又会调节供需关系，最终使价格动态平衡在供需双方都认可的"合理位置"。这就是市场规律，商品价格由此确定，证券市场股票的市场价格形成也与此相似。对股票价格而言，这个"合理位置"就是大家预期的内在价值，股票价格影响股票的供需变化，股票的供需变化又推动股票价格的变化，最终股票价格逐步趋向股票的内在价值。

当某种商品价格上涨并有利可图时，会吸引大量企业争相进入该领域。同样，当一个证券市场的价格水平长期高于其内在价值时，就会有大量的企业IPO、大量的上市公司发行新股，使股票供给大量增加；而当一个证券市场的价格水平长期低于其内在价值时，企业发行新股的意愿减弱，使股票供给出现大幅度萎缩。

从股票需求的角度看，在短期内对股票的较大需求会推高股票的价格，牛市中这种情况比较常见；而当对股票的需求下降时，股票价格往往呈现下跌趋势，熊市就是如此。具体到个股交易时，如果投资者普遍认为某个价格被"低估"了，那么投资者的买入量将超过卖出量（需求大于供给），从而导致股票价格上涨。股价上涨到一定幅度后，如果投资者仍普遍认为价格被低估，那么股票价格将会持续上涨，一直上涨到买卖双方都感到处于均衡的位置，股价也将基本稳定在该均衡位置。反之，则股票价格会下跌。

市场大量扩容、IPO发起人股份由非流通转为流通，都增加了市场流通股票供给，给市场及相关个股带来压力。监管层"有形之手"就是利用这点，在市场需要时实时调控。

股票的价格反映了市场短期的股票供需状况，但股价在长期看，还是会趋向价值。证券分析之父格雷厄姆的"市场短期是投票机，长期是称重机"，形象地说明了定价机制的作用。

二、选美理论和反身性理论

关于股票价格的形成机制，还有两个颇有市场的理论，一个是凯恩斯的选美理论，一个是索罗斯的反身性理论。

"选美理论"是英国著名经济学家凯恩斯在研究不确定性时，结合自己的投资实践提出的。凯恩斯认为市场其实是一场选美大赛，赢家的标准不仅要"客观的美"，还必须是大多数人所认可的美。投票者只有正确预测其他竞猜者的选美倾向和投票行为才能稳操胜券。选美理论应用于投资时，告诉投资者投资标的要以市场大多数人认可的标准去选择，而不要以自己个人的喜恶来判断。投资者研究分析的重点要放在了解市场的情绪和偏好上，及时把握不同时期、不同状况下市场参与者的"审美"风格和理念。

"反身性理论"是金融大鳄索罗斯在其《金融炼金术》一书中提出来的。索罗斯认为，在证券市场上，不是目前的预期和将来的事件相符，而是未来的事件由目前的预期所塑造。市场参与者的认知缺陷是与生俱来的，有缺陷的认知和事件的实际进程之间存在一种双向联系，这种双向联系导致两者缺乏对应，这种双向联系就是"反身性"。

简单概括，反身性理论认为，资产价格是人们对于资产的认知反应，资产价格是失真的，而认知偏差会随着市场上涨或下跌的趋势得到加强，同时认知偏差又会进一步反映到市场上，形成一个正反馈的闭环循环，直到市场最终崩溃。所谓"上涨就是上涨的理由"，市场预期会导致参与者们按预期行动，结果预期成真，从而形成了一个自我实现的循环。

三、提高定价效率

高效的定价机制有利于股票价格发现，降低市场波动和投资风险。因为股票的供给不像商品具有较高的弹性，而股票的需求受投资者情绪影响较大，投资者可能在短期内会迅速爆发出一致性的需求，导致股价大幅上涨；或者受负面信息、情绪影响集中大量抛售股票，使股票价格偏离正常的价格轨道。为避免股价大起大落，防止市场大幅波动，证券市场引入了股指期货、融资融券等做空机制和杠杆交易机制。

在股票价格被市场严重高估时，做空机制使市场有能力回归自我调节；在股票价格被市场严重低估时，杠杆投资者可通过融资买入股票，推动股票价格向价值靠拢。实践证明，做空机制和杠杆交易机制由于使用了杠杆效应，使做空者和应用杠杆的投资者更富于理性，他们往往是市场有效的价格发现者与流动性的提供者。

有效率的定价机制要求市场信息公开透明，信息披露对所有人都是公正、公开、公平的，信息传播与扩散有高效的渠道，能以随机的方式渗透进市场。有效率的定价机制要求所有参与定价的交易者都是理性的，参与者能够以客观的标准、合理的预期审视自己的投资标的。有效率的定价机制要求多元化的投资者结构与充分的价格竞争机制，使市场能够迅速实现最优的价格发现。

高效的定价机制既依赖于各定价环节的合理、完善和规范，也依赖于证券市场"公开、公平、公正"的市场环境和市场秩序。"三公"原则的内容：公开原则，要求证券信息充分、及时、完整披露和持续披露；公平原则，要求证券发行、交易活动中的所有参与者都有平等的法律地位，各自的合法权益能够得到公平的保护；公正原则，要求监管机构对一切被监管对象予以公正待遇。

内幕交易和市场操纵行为损害了三公原则，必须予以严厉打击。内幕交易行为指内幕人员利用掌握的内幕信息，通过提前买卖股票进行谋利或者减免损失的行为。内幕交易行为违反了证券市场的"三公"原则，挫伤了广大投资者的信心，影响了证券价格的客观性，严重扰乱了证券市场的秩序。市场操纵行为是以谋取利益或减少损失为目的，利用资金、信息等优势，以各种不正当手段，故意通过交易扭曲证券交易价格或交易量，制造证券市场假象，诱使投资者对证券价值产生错误判断，诱导其跟进买入或卖出的行为。市场操纵行为破坏了证券市场定价机制和竞争机制，严重扰乱了证券市场的秩序。

市场上总是充斥着大量的非理性投资者和诸多的非理性行为，信息不对称、不公平的情况屡见不鲜，因此提升市场定价效率，需要进一步完善以上市公司信息披露为中心的、有强约束力的信息披露体系；需要持续加强对投资者尤其是中小投资者的教育，大力发展机构投资者及实现其结构的多元化；需要加大对内幕交易、选择性信息披露、市场操纵等行为的打击、惩戒力度等。

中国历史上的和氏璧故事，其实就是一个定价效率低的例子。当时的定价渠道单一（御用玉匠）、定价主体水平不高，如果有"竞价机制"或更多玉匠参与定价，那么说不定和氏璧早就闪光了，卞和也不致失去双足。如此看来，定价效率低造成了多么严重的后果。

第四节　有形之手

一、无形之手

经济学中所讲的"无形之手"也称"看不见的手"，指市场通过价格的波动，能够及时、准确且灵活地反映市场供求关系的变化，进而传递供求信息，并有效实现资源优化配置。

"无形之手"的概念最早由亚当·斯密提出，亚当·斯密认为国家对经济的干预是没有必要的，因为有一只"无形之手"在自动调控，虽然个人只考虑自身的利益，但在分工和市场的作用下，国家的富裕目标仍然能够实现。与之对应，国家和政府对经济的干预则被称为"有形之手"。简而言之，"无形之手"指的是自由市场，而"有形之手"则表示政府干预。

　　市场经济的精髓在于"无形之手"，"无形之手"通过价格的变动和作用使市场供需达到均衡。证券市场在市场经济改革中诞生，并最具市场经济特征，市场参与者们希望证券市场能够按照自身的规律运行，希望减少"有形之手"对市场的干预。

　　然而，实际上这是很难做到的——无论是在中国还是在国外，政府干预证券市场的情况都屡见不鲜。正如金融研究权威查尔斯·P.金德尔伯格在《疯狂、惊恐和崩溃：金融危机史》中指出的：市场总体运行良好，但有时也会超负荷，需要帮助。

二、有形之手

　　我国证券市场诞生之初承载了国企解困、融资、改制等诸多重任，因此需要政府更多的"帮助"。今天，已经完成"注册制成人礼"的中国证券市场，早已摆脱了早期需要政府插手呵护的局面。尤其是在2005年实施股权分置改革之后，证券市场的基础功能开始逐渐发挥作用，其资源配置的作用已逐渐替代了早期浅层次的国企解困和改制作用。近年来，注册制从试点逐渐过渡到全面实施，中国证券市场取得了巨大的发展。然而，从更深层次看，中国证券市场的基础制度仍需不断完善，或者说需要"有形之手"的帮助才能进一步发展完善。尤其是在价格形成机制上尚有缺陷，这些缺陷有可能导致市场本身难以克服的困难和问题，这些困难和问题主要体现在两方面。

（一）投资者结构上的问题

以个人投资者为主的市场是缺乏定价效率的。相比机构投资者的专业、理性，个人投资者在投资方面往往表现出更多的盲目性和不成熟。政府多年来始终把发展机构投资者作为推动证券市场发展的关键，经过20多年的努力，机构投资者从无到有，取得了显著成效，机构投资者管理的资产规模不断增长，但目前个人投资者仍占主导地位，并且可预见的是，在短期内，以个人投资者为主的情况还将难以得到改变。

（二）证券定价的机制还不健全

股指期货和融资融券等做空机制和杠杆交易机制推出时间不长，相关配套制度仍不健全，而且门槛高，参与者不广泛。现实中这些机制的发展存在异常，"融资"活动超常规繁荣，投资者的贪婪经常性地会过度推高股票价格，从而带来累积的风险。而市场低迷时又可能因恐惧而推动股价持续大幅下跌，在这样的情况下，市场自身难以回归正常，这为政府干预提供了契机。

定价机制的缺陷导致市场经常性出现异常波动，而这些异常波动又会反过来影响投资者的理性和情绪，进而使市场的表现更加难以预测，市场很容易陷入过热或过冷的极端状态，就像不断积聚的猛烈气体一样，如果不想让这些气体突然爆发，那么就需要一个安全阀门，每间隔一段时间，打开一下，以减轻它们的压力。"有形之手"就是这样的安全阀门。

三、有形之手的作用方式

"有形之手"对市场的干预是双向的,既会以"政府救市"的形式出现,也会以"浇水灭火"的方式出现。"有形之手"的干预方式主要有四种。

(一)直接干预股票市场的供给和需求

供给方面,可以通过调整新股发行的节奏来调控股票供给。这包括IPO、上市公司增发新股等。当市场处于低迷时,可以减缓或暂停新股发行,以减少供给,从而缓解市场下行的压力;而当市场活跃时,由于企业的估值较高,企业发行新股进行融资的意愿会相对较强,进而供给也会增加。在历史上,多次暂停新股发行的救市行为,对于缓解市场下跌、提振投资者信心都起到了一定的促进作用。

需求方面,政府可以通过政府资金直接入市,或者以鼓励、组织企业和社会机构资金入市的方式来增加股票需求。2015年股市危机时,监管层就直接出面组织机构资金大量买入股票,一定程度上稳定了市场。政府直接入市在我国香港、台湾地区也曾多次出现过,1998年亚洲金融危机时香港特区政府动用1200亿港元抗击做空者,可以称为政府救市的典范,多年来一直为业界所称道。

(二)通过税收调节手段调控市场

英国经济学家哥尔柏(Kolebe)曾说:"税收这种技术,就是拔最多的鹅毛,听最少的鹅叫。"如果通过税收调控,能使"鹅的叫声"减弱,或使"鹅的叫声"更响,都会给市场带来相应影响。

证券市场税收手段主要有三种:证券交易印花税、分红所得税以及资本利得税。

证券交易印花税就是具有"听最少的鹅叫"的税种，它对于投资者而言，仅是一个交易成本的问题。如果降低印花税率，则意味着投资者在证券交易时将少交税收，即降低了交易成本。交易成本的下降能够在一定程度上提高投资者参与的积极性，活跃市场气氛。相反，如果印花税率提高，则可能抑制投资者参与的积极性，进而降低市场的活跃度。

分红所得税直接影响投资者的股利收益率，从而对投资者的投资收益造成直接冲击。如果分红所得税上升，意味着股票收益将减少，进而导致股票下跌；相反，如果分红所得税下降，则会提高股价。

资本利得税是对股票投资的资本利得征收的一种所得税，它也会被用于股市调控。目前中国暂免征收。有些国家和地区为吸引外来投资，会对外国投资者豁免征收资本利得税。

税收调节手段的重要性体现在向市场传达政府对股票市场的态度，从而预示着政府对其调控的意图，并因此获得了一定的成效。

（三）通过制度安排，规范价格形成机制，使股价能更真实反映价值

这种方式包括内容较多，比如改进投资者结构，大力发展专业机构投资者，以及促进机构投资者更加多元化；引入股指期货、股票期权、融资融券等杠杆交易和做空机制，健全定价机制等。当然还包括加强和改进上市公司治理、信息披露、内幕信息管理等制度机制，以提高上市公司的质量和市场的信心。

制度建设就是证券市场规范发展的应有之职，"有形之手"之所以能起作用，主要是因为在市场处于异常之时，政府可以采取暂停、限制某些机制的使用或加快加大某些机制的力度，以缓解市场顾虑，

向市场传递相应的政府期望。例如限制股指期货开仓，暂停融券卖空等。因此制度建设常常成为"有形之手"的工具。

（四）通过经济政策的实施，间接调控股票市场

证券市场作为宏观经济发展的晴雨表，其价格形成的基础正是实体经济，这为政府干预证券市场提供了更多可行的途径。相比于面向证券市场出台政策的直接干预，成熟市场更倾向于采用调控经济的方式来间接干预证券市场。例如，在美国次贷危机爆发后，美国政府就频频采用了降息、向市场和企业注资等一系列政策措施，来化解危机并刺激经济发展，即间接救市。事后来看，发生次贷危机的美国，其股票的下跌幅度反而远远小于没有发生次贷危机的其他大部分国家。

四、有形之手不改市场长期趋势

有形之手对市场的干预一般都有较好的短期效果，尤其在市场出现极端情况时，有形之手可以帮助市场恢复正常。然而，要实现市场的真正有序运行，还要依靠市场本身的力量，因为股票价格有其内在定价规律。

实际上，决定股票价格的关键因素是企业的价值。企业价值是根据企业的发展潜力及未来的盈利能力来决定的。从投资的角度来看，首先应考虑的是股票的价值及其"风险/收益"情况，而不是股票市场的供求关系、买卖交易成本及政府的态度。价值决定价格，价格围绕着价值上下波动，这是最根本的，"有形之手"不会直接改变股票的内在价值，也不会改变股票价格的长期趋势。

"有形之手"之所以有用、有效，是因为它向市场释放出了政府

的关切,并发出了支持股票市场持续健康发展的信号。这种行为对于提振证券市场投资者的信心、改变股票的短期供求关系、安抚投资者的恐慌情绪,以及抑制过度投机和纠正市场异常起到了较大的正面作用。

市场越规范、成熟,"无形之手"就越能更好地保障市场有序运行,而"有形之手"则越难见到。可以预见,随着证券市场基本功能逐步得到充分有效的发挥,政府干预证券市场的行为将会逐渐减少,干预的方式也一定会逐步转向间接干预。

第五节 市场估值

个股估值方法较多,但对于整体市场估值,个股估值的一些方法并不适用。比如基于内在价值的绝对估值法,由于无法测算包括众多股票在内的整体市场的内在价值,因此无法用于市场估值。而相对估值中的许多指标需要结合公司的业务特征、行业属性等进行评估,这些指标也无法用于全市场估值。

在市场估值中,常用的相对估值法包括市盈率法和市净率法。这两种方法从盈利和股东权益的角度评估市场整体的估值水平。其中市盈率是应用最广泛的方法,通常市场估值的高低基本都是指市盈率估值水平,而市净率一般只在市场低迷或过热时才被大量使用。

一、市场估值方法

用市盈率评估整体市场估值水平,有平均市盈率、绝对平均市盈率、中位数市盈率三种方法。

(一) 平均市盈率

平均市盈率有简单平均和加权平均两种算法，这两种算法都要求先计算出市场上所有上市公司的市盈率，公式如下所示：

$$简单平均市盈率 = 所有股票市盈率之和 / 股票数量 \quad (6\text{-}9)$$

$$加权平均市盈率 = \frac{\sum(所有股票市盈率分别乘以各自的总股本)}{\sum(所有股票的总股本)} \quad (6\text{-}10)$$

简单平均市盈率忽视了企业盈利、股本大小等差异，相对而言，加权平均市盈率更为合理。然而，只有盈利的公司才能通过市盈率进行估值，平均市盈率将亏损企业排除在外，这导致了平均市盈率的值偏高。此外，微利公司即使股价不高，市盈率也可能很高，若将其纳入计算，可能会进一步扭曲计算结果。

(二) 绝对平均市盈率

绝对平均市盈率法不计算个股市盈率，它将所有上市公司的盈利加总得到总盈利，将所有上市公司的市值加总得到总市值，然后将总市值除以总盈利来计算市场的绝对平均市盈率。

$$绝对平均市盈率 = \frac{\sum(所有上市公司的市值)}{\sum(所有上市公司的盈利)} \quad (6\text{-}11)$$

绝对平均市盈率法测算的平均市盈率，克服了前述平均市盈率测算的缺陷，是评估股票市场整体估值水平的最优指标。

当前沪深交易所使用的市场估值平均市盈率就是通过绝对平均市盈率法来测算的。监管层出于规范市场，避免干扰的目的，对市盈率的计算进行了约定：

（1）市场平均市盈率以绝对平均市盈率法计算：通过当前总市值除以上一个会计年度的所有上市公司的总盈利来完成；

（2）亏损公司不会被纳入计算，而盈利公司不管是否微利都纳入计算范围。

此外，对于个股市盈率的计算也有一定的规范：

（3）个股如有送股、回购、缩股、增发或配股等，需先对每股盈利进行相应调整，然后再计算市盈率；

（4）新股 IPO 上市，需按新发股份后的总股本摊薄每股盈利进行计算，然后得出该新股的市盈率。

（三）中位数市盈率

绝对平均市盈率能够较好地反映市场估值水平，但有时会受到一些极值的影响，比如少数公司出现巨额亏损或巨额非经营性盈利时，这部分公司就有可能导致绝对平均市盈率偏离正常水平。为了解决这个问题，一些统计学家提出，使用所有上市公司市盈率的中位数来替代平均市盈率。

中位数在反映市场市盈率均值时，把微利公司（高市盈率）和亏损公司（无市盈率）都包含在内，因此中位数相对更加客观、全面。统计学认为样本数量越多，中位数所反映的均值越准确，随着上市公司数量的增加，中位数所反映的市场估值水平会越真实。

二、均值回归

个股市盈率由于盈利或股价的变动而发生较大的波动，而整体市场的市盈率则呈现了较高的稳定性。这种稳定性主要体现在市场的市盈率基本在一个相对狭窄的范围内波动，且当市盈率接近区间边界时都会折返，向历史平均值回归。这种市场市盈率的波动特征被称为均值回归。

均值回归理论表明，股票市场的估值无论是高于还是低于估值中枢或历史均值，都存在着向均值或估值中枢回归的趋势。根据这个理论，不管市场上涨或者下跌的趋势延续的时间有多长，都不可能永远持续下去，最终一定会向均值回归。均值回归规律有助于投资者把握机会及控制风险，尤其在市场估值处于历史估值区间的边界时。

美股道琼斯指数的市盈率中位数130多年来保持在14倍，指数市盈率绝大多数时候都在（5，25）的区间内波动。只有20世纪20年代和90年代，指数市盈率两次短暂地冲破了25倍的上限区间。然而，每次冲破上限区间后，接下来都会出现一次剧烈的回调。

三、盈利收益率

盈利收益率是指净利润和公司市值的比值，它与股息率不同，股息率是企业股利（每股派发的现金红利）和股价的比值。股息率反映了企业给投资者的即期回报情况，而盈利收益率则可作为评判市场估值水平的标准。

上市公司的盈利收益率是上市公司的净利润除以上市公司的市值，计算结果等同于 EPS/P，正好等于市盈率（P/EPS）的倒数。市场整体的盈利收益率则是指市场上所有上市公司的总盈利和总市值的比值，也是市场绝对平均市盈率的倒数，公式如下所示。

市场盈利收益率 =1/ 绝对平均市盈率

$$= \frac{\sum(\text{所有上市公司的盈利})}{\sum(\text{所有上市公司的市值})} \qquad (6\text{-}12)$$

通过对盈利收益率、无风险收益率、定期存款利率以及长期国债收益率等进行比较，我们可以评估整体股票市场的投资价值，这种比较对投资决策、资产配置具有一定的指导意义。

四、估值差异

不同证券市场间的估值差异主要有以下几个原因。

首先，不同市场所代表的经济体、宏观经济环境、会计与财税政策存在差异。中国作为发展中国家，与美国、日本等发达国家相比，利率水平、税收政策等也不尽相同。日本由于子公司的盈利不列入企业合并报表，导致其市盈率（PE）长期偏高。

其次，不同市场间的产业和上市公司的发展状况也存在较大的差异，每个经济体都有其别于其他经济体的经济结构和产业结构，这导致上市公司之间也存在着发展差异。虽然全球经济一体化的趋势不可逆转，但由于不同经济体的资源禀赋和比较优势不同，企业发展的差异将会长期存在。

最后，不同市场之间的投资者结构和投资渠道存在差异。在发达国家，机构投资者占据主导地位，它们既能投资于本地市场上类型繁多、风险差异巨大的各种标的，又能投资于全球各地的证券。这种差异导致了不同市场之间的投资者所要求的投资回报率存在差异，同时也导致了不同市场之间市盈率的差异。

因此，不能简单地以某个市场的估值水平来推断另一个市场的估值水平，因为估值水平的差异有其内在的逻辑。此外，即使在同一个市场上，不同时期、不同产业、不同企业之间也存在着明显的差异。

证券市场的估值水平在宏观经济的不同发展阶段表现出较大的差异。这种差异可以视为时间上的差异。大家所说的"牛市的市盈率（PE）高、熊市的市盈率低"就属于这种情况。牛市中，市场的估值反映了市场参与者对未来及成长的良好预期以及对风险溢价的乐观估计。而在令人沮丧、经济低迷的年代里，市场如枯水期的水库，水位低企，到处"洼地"。

在同一市场中，不同证券之间存在着较大的估值差异。这种差异既体现在不同行业之间，也体现在同一行业的不同公司之间。

关于行业间估值差异的讨论，市场已经形成了自身的体系。主要的差异源自成长性行业较高的市盈率与周期性行业较低的市盈率；而不同产业生命周期的行业其市盈率水平基本按照产业演进的次序由高到低渐次排列。

在同一行业中，由于不同企业的市场竞争优势不同，因此企业的盈利能力、发展潜力等各不相同，导致不同的上市公司之间的估值水平自然就存在着巨大的差异。

证券市场作为实体经济的虚拟反应，对实体经济的估值总是在不断地试错和动态地调整，以充分地反映企业的成长与经济波动，进而促进市场效率的提升与资源的优化配置。与此同时，证券市场作为一个理性与非理性群体相互交错的场所，常常出现合成谬误与市场的暂时失效的现象，这也成为市场的常态。然而，就如同无法在空中建造阁楼一样，任何脱离内在价值支撑的股票价格及高估值都是不可靠的，市场的风险往往就在超越基本面所能理解的范畴时爆发出来。投资者更需要把握企业内在的价值及其持续增长的潜力，而不是拘泥于估值本身。

第六节　国际定价比较

20世纪90年代，中资企业就开始了境外上市之旅，中概股、红筹股等在境外市场颇受关注。尽管境内投资者参与境外市场投资要稍晚一些，但如今他们可以通过QDII、港股通、沪伦通等途径投资境外股票。当前国际定价比较分析已成为现实的需要，也日益重要。

中国香港证券市场离我们最近，大家也最熟悉。投资者可能已经注意到中国香港市场的两面性。一方面市场的短期走势深受美股的影响；另一方面，上市公司的业绩则受内地影响。同时，无论市场如何波动，港股（H股）和A股之间的价差都始终存在，尤其在很多公司实现A股与港股两地上市后，股价内在波动的联系更成为投资者的兴趣所在。

实际上，短期走势看美股，是因为中国香港市场投资者与美股投资者有高度的重合。我国香港地区作为资金自由流动的自由港，投资者的资金可以便捷地从欧美国家自由进出香港。而我国香港上市公司业绩受内地影响，原因在于香港绝大多数上市公司都与内地密切相关，这些公司或为内地公司，或业务、客户主要在内地，因此公司经营业绩自然会受到内地经济发展和政策的影响。

我国香港市场的两面性说明了香港证券市场的投资者和投资标的是割裂的，这为解读港股折价提供了新方向。

金融理论指出，投资者投资股票需要有足够的风险补偿，即必要收益率,其计算方法可参照第三章式(3-15)。

对于港股,国际投资者普遍认为,相比其母国股票市场,我国香港市场主要存在着公司治理等风险,因此在投资时需要考虑相应的风险补偿。风险溢价需要把公司治理等风险考虑进来,这就提高了必要收益率。

港股必要收益率 K_E
= 无风险收益率 + 风险溢价 + 公司治理等风险的补偿   (6-13)

必要收益率的提高,意味着权益资本成本提高,表明在相同情况下,我国香港市场投资者认为港股的加权平均资本成本将提高。加权平均资本成本是现金流折现的折现率,折现率的提高会使企业内在价值降低,股价相应承压,最终可能出现大规模的折价现象,有关折现率的计算公式可参见第三章式(3-14)。

然而,港股中仍存在少数股票在一定时期溢价的现象,这主要由投资者结构的差异导致。

境内、境外投资者主体不同,以及由此引发了投资偏好、理念和行为等方面的差异。作为相对比较成熟的市场,港股市场的机构化、国际化程度要高于A股市场,在港股市场上侧重于理性投资的国际机构投资者能够克服短期的盲从与浮躁,更能跨越周期的、表象的种种干扰,追求企业更为长远的价值创造,因此,港股中少数具有长期竞争优势的企业偶尔能出现小幅的溢价。

A股中小市值股票的溢价,可能最能说明中小投资者对市场的影响。博取短期价差是境内中小投资者最热衷的行为。由于小市值股票的市值小,极易出现"众人拾柴火焰高"的现象,也就是格雷厄姆所说的"投票机效应"。小市值A股的溢价正好反映了A股市场是以中小投资者为主要参与者的市场。实际的统计数字也印证了这样的现实，境内中小投资者的交易份额占总交易份额的 70% 左右，这与我国香港市场的情况正好相反。

我国香港小市值股票折价由于流动性问题进一步加大，基于价值投资的机构投资者对缺乏市场竞争力的小型企业股票是拒绝参与的，导致我国香港小市值股票普遍流动性欠缺，更进一步提高了风险溢价，从而折价幅度进一步加大。

汇率的影响也是需要重视的。少量港股的溢价基本都出现在人民币汇率升值周期，因为在人民币升值的普遍预期下，国际投资者希望能赚取汇率收益，将我国香港上市公司的股权作为投资标的。因此，以人民币资产为主的港股上市公司便成为国际资本获取汇率升值利益的途径，这就吸引了大量投资者买入。

长远看，随着境内、境外机构投资者的融合、投资理念的趋同以及人民币资本项目的自由兑换，A 股和 H 股巨大的差价必然将逐步缩小。

从全球来看，国际定价比较分析已成为专业分析人士不可或缺的内容。尤其在投资标的分析和投资机会的寻找上，估值比较日益受到投资者的关注和重视。

公司治理风险、流动性、汇率、税收等是国际定价比较分析时首先需要关注的问题，这些因素与估值比较一样，都是国际比较的重要内容。

然而，许多投资者在进行国际估值比较时，往往会忽视一些细节问题，正如我们在一些国际估值比较分析报告上看到的一样，其结果不仅达不到比较分析的预期效果，有时甚至会得出错误的结论。

国际估值比较分析，不仅需要专业细致的态度，在方法应用上也需要相得益彰，强化适用性。以下几点尤其需要给予特别的重视。

（一）估值指标选择

市盈率（PE）和市净率（PB）是常用的比较分析指标，虽然它们具有较大的实用价值，但在国际比较应用时存在明显的缺陷。

不同国家的利率和税率存在差异，而PE指标中的每股收益（EPS）忽视了这些差异。为了消除这些差异，可以采用息税前利润（EBIT），或息税折旧摊销前利润（EBITDA）替代EPS，通过将企业市值除以EBIT或EBITDA，得到更准确的"企业市盈率"，评估效果将会更好。税率、利率的不同也会影响资产负债结构，所以在PB估值中，以总资产代替净资产更加合理。此外，PE和PB估值可能会忽视公司经营层面的一些问题，如果从资本使用的视角应用自由现金流、投入资本回报率等指标进行比较分析将会更有价值。

还有一些人采用股票市值进行比较分析。理论上，股票的价格反映了所有可能的信息，所以市值比较具有一定的适用性。然而，市值只是一个绝对数，仅凭市值指标无法评估估值水平的差异。

（二）比较的范围

选择类比对象涉及两个层次：一是选择对比的国家或地区，二是在所选国家或地区的交易所上市的公司中选择对比标的。

由于不同国家或地区的产业发展处于不同阶段，其产业结构和比较优势也存在差异，单一地将定价对象和某一国家或地区进行对比可能存在局限。虽然美国是最经常被选为对比的国家，但我们一定要关注具体产业的可比性，有时也需要选择多个国家或地区进行对比。

在选择比较分析的上市公司时，通常会在一个具有代表性的成分股指数中选取该行业上市公司。但有时这还不够，我们还需要了解行业内主要企业的情况，或许还要从上市时间、股本规模、行业地位等多个方面，挑选多家具有与定价公司相似特征的代表性公司。

（三）静态比较与动态分析

以当前同一个时点，对不同国家或地区的上市公司进行定价对比分析是一种静态分析。虽然静态分析具有一定的借鉴意义，但由于产业发展阶段、市场投资氛围等的差异，其说服力并不强。发达国家早已经历了发展中国家当前所处的发展阶段，其产业发展的历程与证券定价之间的内在关系，对于寻找投资机会可能更具参考价值。将视角放在一个更长的时间轴里，从发达经济体的发展历史中找寻内在、客观的规律，可以提高国际比较的针对性。

基于未来预测的动态分析对于投资帮助更大。境外分析师对其覆盖的公司都进行了3～5年的业绩预测，这些预测已获得境外投资者的较高信任。可以说，其股票定价已经包含了这些预测因素。因此，在分析时，我们可以收集这些预测，计算预期估值，并与标的股票进行比较，从而发现机会或防范风险。

目前跨境、跨国上市的企业越来越多，同一企业在不同的交易所上市时，其股票定价往往存在巨大差异，更不用说不同市场、不同企业的定价差异了。因此，从这个角度看，国际定价比较并不可靠，它只能作为投资参考。

第七节　做空机制

在股票市场上，买入股票被称为做多，而卖出股票被称为做空；持有股票的个人被称为多头，而没有股票持仓的投资者则被称为空头。

投资者做多都是基于对股票价格有上涨潜力的判断，他们以现价买入之后持股待涨，期望在股票价格上涨之后卖出，从而赚取差价。相对而言，投资者做空则是不看好股票后市行情，他们认为股票价格将会下跌，因此先卖出股票，待股票价格下跌之后再回购，从而以差价获得投资收益。

一、做空方式

做空的操作方式一般有三种。

(一) 直接卖出持有的股票

这种方式需投资者自己在股票持仓中拥有相应的股票，当投资者对后市行情不看好，或者认为所持有的股票存在下跌风险时，可以将其卖出以规避潜在的投资损失。

(二) 融券卖出股票

投资者自己并不持有相关股票，但有很强的信念认为该股票后市将会下跌，存在做空盈利机会，因此通过从其他投资者处借股票的方式将其卖出，待股价下跌后，再按卖出数量将其从市场中买回，并连同借券利息一起还给出借人。这种借股票来做空的行为有一个术语叫"融券"，而融券一般都需通过证券公司来进行。证券公司作为中间人，从持有相关股票且愿意出借（获取融券利息收益）的投资者那里把股票转借给借券人。在实际操作中，卖空的股票必须是具有融券资格的股票，投资者也需要借到股票后才可以卖出做空，裸卖空是被禁止的。

(三) 卖空股指期货，或通过衍生产品做空

以股票指数为标的物的股指期货，正常情况下其走势都是和股市同步的，卖空股指期货也是一种做空股票的方式。除此之外，股票权证、期权、牛熊证等衍生产品也是做空的工具。投资者可以通过买入认沽权证、看空期权、熊证等衍生品，待股票下跌时，相关的认沽权证、看空期权、熊证上涨后，再卖出获利。

对于股票而言，直接卖出持有的股票只是从多头转变成空头；而通过股指期货等衍生品，则是通过做多"看空的衍生品"的方式进行做空，并且股指期货等衍生工具更多地被用于风险管控。所以股票做空在业内通常指的是融券卖空。融券卖空是市场主要的做空机制，它改变了市场"做多"才能盈利的局面，使得在股票下跌时也有赚钱的机会。

二、做空的作用

做空是股票市场的重要组成部分，做空机制对完善市场机制有重要意义。

首先，做空机制完善了市场定价机制。做空使市场买卖双方竞价可以更加充分，从而提高了市场定价的效率，有利于形成更加合理的价格。尤其是在市场价格被高估的情况下，投资者可以通过融券卖空，使股价回归正常水平。做空机制对市场操纵是一种实实在在的威慑，也给投资者利用市场手段"狙击"造假公司并获得丰厚收益提供了可能性。做空与做多一样重要，是促进股票市场定价机制完善的重要工具。尽管做空行为可能会使相关上市公司遭受巨大的冲击，但也有其必要性。做空本身并没有"不道德"问题，相反，它还会推动上

市公司改进治理和管理。在利益的驱动下，做空投资者成为深度监督者，客观上促使上市公司的运作更加规范和透明。

其次，做空机制为投资者提供了更多参与市场的机会，从而增加了市场的流动性。做空对投资者最直接的好处就是股票下跌也有赚钱的机会，无论市场是涨是跌，都有可能让投资者获利。此外，做空机制还让部分原本不能进入市场流通的股份得以进入市场，并且在股价下跌后或市场陷入低迷时再次被买回，从而为市场提供了额外的流动性。

最后，做空机制为股票市场提供风险对冲工具，有利于降低投资者的风险，维持市场的稳定。投资者借助做空机制或衍生工具，可以有效地对冲和管理股票投资风险。而当市场上的某些个股或某类股票出现高估或泡沫时，市场的做空力量会迅速集结，推动相关股票的定价回归正常。从这个角度来看，做空有助于抑制过度炒作，维持市场的稳定。

三、做空的风险

做空既是投资工具，也是风险管理手段，但做空本身也具有较大的风险。

首先，做空的风险来自风险与收益的不对等。股票下跌最多只能跌到零，而上涨的空间在理论上却可以无限大。投资者在做多时，犯错的最大风险是损失本金；做对的收益则可达本金的数倍甚至数十倍；而做空时，即使做对了也最多赚一倍收益，犯错的风险却可能导致亏损无上限。

其次，做空的成本高过做多。做空属保证金交易，需要承担利息成本，以约定的利率按借券时间的长短向股票融出方支付利息。市场定价效率可能没有预期的那么高。股价在相当长的时间内都有可能会维持高估状态，尤其是对于那些存在欺诈行为的公司，因为关系到其生死存亡，这些公司会极力掩藏其欺诈行为，尽量避免被发现，并在遇到质疑时会孤注一掷尽力反击，因此股票定价未必能如预期般回归正常水平。所以，即使做空判断正确，也有可能遭受损失。

再次，在市场波动过程中，可能会被券商追补保证金，甚至在极端情况下，如出现保证金不足而被券商强行平仓，这可能导致投资者在正确的道路上失败。

最后，做空过程中还有可能遇到一些重大意外，比如股票停牌、出借人收回股票等情况。停牌期间禁止交易，对卖空者而言，在整个停牌期间，他们必须继续为借入的股票支付利息费用。相比之下，做多者可以长期持有股票，做空者则不同，做空是通过借入他人的股票来卖出，当借出者因各种原因要收回股票的时候，如果做空者不能继续从其他地方借到股票，他们就不得不在市场中买入股票进行平仓，从而形成了做空者的自我"狙击"。

四、专业做空

做空本身风险大，但如果判断准确且把握好时机，盈利也会非常丰厚。为此，市场上也发展起一类专职做空的投资机构。这些专业做空者通常瞄准问题公司，将其作为做空标的。它们通过实地调研、行业对比、财报分析等，寻找企业做假、欺诈的证据或股价虚高的理由，并据此形成做空报告。

专业做空者确信问题公司可以做空后，它们都会先行做空，即融券卖出股票，然后通过发布看空的质疑报告"唱空"，并利用媒体、自己的市场影响等引起市场的共鸣，从而导致标的股票价格暴跌，最后再买入股票归还，完成一轮做空周期。

专业做空者都有较强的研究能力，在寻找做空依据上会投入大量的时间和精力。一些著名的做空机构，如浑水研究公司（Muddy Water Research）、香橼研究公司（Citron Research）等，在美股市场、中国香港市场等频频做空，虽偶有失手，但总体回报可观。做空机构失手基本都是因为选错了做空对象，它们或者因为对公司业务及业务模式缺乏了解，或者因为掌握的信息不充分、质疑证据有缺失，致使判断出现了偏差。

第八节　风险特征与证券投资风险

一、风险发生在未来

风险是指某种特定事故、意外发生的可能性，它可能出现，也可能不出现；而一旦风险事件发生，必然会带来负面影响或后果，但具体是什么影响，影响程度又如何，这些都是不确定的。

风险只存在于未来，具有是否发生以及发生后影响如何的双重不确定性。过去发生的事情已经是既成的事实，是确定的，也就不能称为风险。如果已发生过的事情——在其尚未发生前，无论我们是否有预判，出现了风险事件，给相关的人带来一定的后果，站在现在的时点看，已不是风险，而是已实现的风险，属于风险实现。如果已经发生的事情未出现风险事件，我们不能据此认为风险不存在。因为事件的发生尽管就一个结果，但在真正发生前，其实是有多种可能性的，未出现风险并不能否认、掩盖曾经存在的潜在风险。那些有可能发生但最终并未发生的这些可能，在事件按某一结果发生后就隐没成"未然历史"。"未然历史"虽未发生，但它揭示了事物的潜在风险可能。我们在现在时点预判未来事件时，由于未来的不确定性，未来事件一定存在多种可能的结果，这些结果发生的概率有大有小，但真正结果只能是其中之一。当我们预判的某个"未来"实现时，一定仍有很多的"未然历史"。

或许我们预判的多种可能并没有涵盖所有情况，那些不能预判的可能往往会带来更严重的后果。历史上发生的许多灾难、金融危机都无法被预测，因为未来是无法事先预设的，它充满着各种不确定性，各种意外更是无法预估。

股票投资风险是指投入资金后未来现金流可能发生的变化，未来现金流变化的范围越大，风险就越高。股票投资时时刻刻都面临着风险。如果我们只是片面追求收益，只忙于寻找上涨的投资机会，而不正视风险，不正确应对风险，那么投资是不会长久成功的。

二、风险的特征

正确应对风险就要正确认识风险。虽然我们无法事先预知风险，也无法回避风险，但我们可以事先了解风险的性质，理解风险，并做好风险防范准备。

风险的特征有多种，我们概括了其中主要的几个特征。

第一，风险既有普遍性，也有个性化特征。

只要某一事件的发生存在着两种或两种以上的可能性，都可认为该事件存在着风险。虽然事情的结果是唯一的，但这个"结果"也只是众多可能性中的一个。无论是已经过去、结果确定的事情，还是尚未发生或即将到来的事情，在其发生之前都存在着多个可能性。这些可能性中，除了"最后的结果"，其他的可能性可能都没有发生，或者不会发生。"未然历史"正说明了风险的存在，说明了风险存在具有广泛的普遍性。

社会中的所有行为主体都面临着各式各样的风险，包括个人、企业、社会团体等每天都要面对来自方方面面的不同风险。

风险的个性化是指因所处环境、对风险感受等差异，不同的人所面对的风险是不同的。不同人群面对的风险是不一样的。比如不同职业的人因为目标、诉求等存在差异，他们面临的风险大相径庭：学生可能面临考试不及格的风险，退休职工则可能面临无法获得稳定收入的风险，对投资者而言，风险则体现为资本损失的可能性等。

在面对同样的事件时，对有些人可能不是风险，而对另一些人则可能是风险。以投资案例为例，退休老人对理财产品所获得的4%的收益感到满足，然而对一个背负债务的年轻人来讲，这个4%的收益水平却存在风险，因为他的举债成本是6%。还有以指数基金为例，当指数下跌导致某投资者的投资出现亏损时，该投资者面临投资风险，而基金净值虽然也跟随指数下跌，但由于很好地拟合了指数的表现，基金经理并未承担风险；反之，如果指数上涨让投资者获益，那么该投资者将毫无风险，此时基金净值跟随指数上涨，但如果未能拟合指数的上涨，基金经理则会遭遇"基准风险"。

风险的个性化特征还体现在面对同一风险事件时，身陷风险之中的人们也常常会面临因风险带来不一样的后果。即便是同样丢了100元钱，对于穷人而言，这是较大的损失，而富人则毫不在意。同样，在地震中，处于震中的人与震中之外的人，他们受到的地震冲击将是完全不同的，震中的人可能会失去房屋资产，甚至可能会失去生命，而震中之外的人也许只是受到一些"地动房摇"的惊吓，毫发无损。

股市下跌作为一种确确实实的风险，当其发生时，持股仓位较轻的投资者虽然会遭受一些损失，但实际的影响并不大，而那些进行杠杆交易的投资者，则可能面临血本无归的风险。然而与此同时，空仓投资者并不会受到影响，尤其对那些正准备买入股票的空仓投资者而言，或许还是一个巨大的机会。

第二，风险既有客观性，又有主观性。

风险是客观存在的，是不以人的意志为转移的。风险的客观性来自两方面的原因：一是人的认知能力、知识水平、信息获取等方面存在不足，致使其对许多情况了解不足，从而产生风险；二是风险存在于未来，任何人都无法控制事物未来的发展和状况。实际上，认知能力、知识水平、信息获取等方面的不足，也是一种主观性风险，它会导致我们对事物的分析判断出现偏差，或者没有能力、没有办法预判我们未曾见过的事物。

风险的主观性还体现在人性中趋利避害行为的影响上，比如当投资者认为风险较低时，他们往往会加大投资力度和规模，推高股票价格，从而加大市场风险；而当大家感到风险较高时，又倾向于降低风险，此时又会大量卖出股票，推动股票价格下跌。股市泡沫、股票崩盘往往都是由投资者趋利避害的行为所推动的。

投资者常说的上市公司业绩不达预期，就是一种主观风险。投资者习惯对企业业绩、分红及政策等做出预判，并以此作为决策基础，预期乐观则推高股票价格。如果公布的结果未达到事先预期，股票价格则会下跌，给投资者带来损失。

第三，风险带来的后果具有不确定性和随机性。

风险的发生必然会给相关的人员造成某种损失，但事前并不能确定具体损失的大小。我们无法预知风险的后果是由未来的不确定性所导致的。以火灾为例，火灾是一种客观的风险，但在发生火灾前，我们不可能预知火灾会带来怎样的损失。

不确定性也必然带来随机性。通过掷骰子的事例或许可以充分体现未来的随机性。假设有两个骰子同时被掷出，每次投掷都能得到两个点数，其中，同时投出两个"六点"的概率为1/36，也就是说理论上在36次投掷中应该有一次会出现两个"六点"。然而，这两个"六点"在何时会出现，却是随机的，有可能一开始就出现，也有可能出现在第18次或者最后一次。当然，在36次投掷中，也有可能出现2次或3次"两个六点"，甚至可能一次都没有出现，这也是不确定性的体现。

三、不确定性风险

当我们面临不确定性时，都不得不依靠直觉做出判断，以自己所有认知设想各种可能性，并给出出现的概率，将不确定性问题转化为风险问题，即以此判断各种可能所带来的风险损失及各种可能出现的概率。

多结果可能性意味着我们要考虑一系列可能性，以及每种可能性发生的概率。预期结果由这些可能性及相应概率进行加权而得到，这就是期望值。然而，期望值并不是最终实现值，它只是我们预估的、未来最有可能实现的数值。

期望值评估的正确性来自预判的各种可能性，以及各种可能性的概率分布。未来各种可能性的概率，是围绕期望值呈正态分布还是呈非对称分布或"肥尾分布"。虽然清楚这些分布对事先预判风险是有帮助的，但这些分布并不能决定事情未来的发展，未来以何种面目出现，我们今天不可能知道。此外，不确定性所隐含的所有可能的结果，我们事先不可能全部知晓，我们预设的各种可能性概率也不一定准确。

结果只是这些可能性中的某一种可能，或许低概率的可能性发生了，而高概率的可能性并没有发生。还有那些极低概率的可能性，即小概率事件，甚至我们认为没有可能发生的事情，但它们确实发生了。

在某些时候，最坏情况还有可能预测不到，而这种情况会更糟。我们的认知总是具有一定的局限性，"黑天鹅"从来都是躲在某个隐蔽的角落，在我们不留意时，它们就会以意想不到的姿态出现，给我们带来巨大的麻烦。

四、证券投资风险

尽管证券市场及证券投资的风险多种多样，但对投资者而言，资本的永久性亏损风险才是真正的风险，也是投资者最需要防范的风险。

表观上，资本的永久性亏损通常都是因为以较高的价格买入，以低于买入价的价格卖出而导致的。但表观之外，我们更想知道资本损失风险的实质来源，究竟是什么导致了股票价格的下跌，又是什么促使投资者在高价位买进，在低价位卖出？

证券投资损失风险主要来自三个层面：

- 股票市场风险。
- 公司风险。
- 投资者风险。

投资者风险是投资者自身操作风险，该风险受投资者主观因素的影响，前两类风险属于外部客观风险，与投资者本人无关。

(一) 股票市场风险

股票市场风险是指由于某种因素的变化或影响，导致股票市场整体价格或价格指数下跌，从而给股票持有人带来潜在损失的可能性。股票市场风险又称系统风险，这种风险是市场参与者不能控制的，投资者不能通过分散投资等方式对它予以消除，是一种不可分散的风险。

导致股票市场风险的因素包括政治、经济和社会等多个方面，常见的因素有利率（通货膨胀）、汇率、宏观经济政策、货币政策，以及战争冲突、社会制度与体制变革等。比如利率，如果通货膨胀持续攀升，此时就需要通过加息来抑制通胀。而加息，尤其是持续加息，将给证券市场带来较大的负面冲击，导致市场下跌。这些市场风险的诱因都发生在企业的外部，因此上市公司自身也无法对其加以控制。当股票市场风险出现时，上市公司和投资者都会受到相应的影响。

股票的价格由其价值决定，并不是说股票价格就需要固定在价值位置上。难计其数的投资者依据自己掌握的信息及分析判断进行股票买卖，在市场上持续不断地竞价。如果买方占优势，股价将上涨；如果卖方占优势，则股价将下跌；如果买卖需求达到基本平衡，则形成一个相对均衡的价格。

市场的每一次交易，无论是牛市、熊市，抑或是"猴市"，股票价格总是在不断波动中。波动是市场的常态，也是市场风险所在。当市场出现系统性风险诱导因素时，出于回避风险的需求，投资者往往倾向于将股票卖出，导致短期内卖方数量远远超过买方。此时供过于求，市场就会下跌，市场风险因此得以实现。

（二）公司风险

股票的公司风险主要指公司因素导致的风险，包括公司业务风险、财务风险、行业风险、公司治理风险等。股票的公司风险也称非系统风险，投资者可以通过选择多只股票，以分散投资的方式将公司风险降低和消除。

业务风险是公司业务经营未达成目标的可能性。企业在面对市场、客户以及竞争对手竞争时，需要不断推出具有竞争力且受客户欢迎的产品或服务，进而取得良好的经营绩效，为股东创造价值。业务风险直接关系到企业的经营绩效，而企业的价值来自企业经营活动所创造的现金流，因此公司业务风险是股票投资的核心风险。

财务风险是指公司财务活动过程中，由于各种难以预料或控制的因素影响，导致财务状况存在不确定性，从而有可能使企业遭受损失，甚至可能导致企业丧失偿债能力，无力偿还到期债务，严重时导致破产。财务风险主要包括利率变动风险、筹措资金风险、信用风险等。公司财务风险往往会在外部经营环境、政策等发生变化时爆发，但导致财务风险的主要原因仍在企业内部。资本结构不合理、投资决策失误、财务管理制度不完善等是导致财务风险的主要原因。

行业风险主要指产业政策变化、技术变革和社会环境变化对行业发展带来冲击的可能性。产业发展支持性政策退出、产业被列入限制性行业名录等政策变化，技术进步带来替代性产品，以及社会生活习惯的改变影响人类相关行为，都可能导致行业的需求下降，从而给企业经营带来困难。

公司治理风险主要体现在委托代理和信息不对称两个方面，管理者可能不以股权价值最大化原则经营管理企业，也可能为了追求自身利益而损害企业、投资者利益，甚至置企业于风险之中。

除此之外，由于公司业务规模较小，或者自由流通股票市值过小，可能导致公司股票出现流动性风险。股票流动性是指股票和现金能够以较小的交易成本迅速实现相互转换。流动性风险则是指投资者在需要的时候，不能按照合理的价格水平和较低的交易成本，很快地大量买入或卖出股票的风险。

（三）投资者风险

投资者风险来自投资者本人，主要包括认知和心理两个方面。

（1）认知风险可以细分为学识不足和认知偏差两类。

由于投资者的文化知识水平、学习专业和生活经历各不相同，他们虽各有所长，也各有所短，都不可能成为"百科全书"。尤其在社会发展进程中，新知识、新技术又不断涌现，没有人能学尽所有知识。此外，投资者不可能全面完整地获取投资所涉及的各种资讯，市场上信息不对称问题也总是普遍存在。

学识不足和信息不对称是限制投资的因素，没有一个投资者能够完全克服。巴菲特不熟悉不投，实际上就是在回避这个风险。

认知偏差的情况很多，例如很多人认为"投资很容易"就是一种认知偏差，其他一些认知偏差，比如"送红股增加企业价值""ST戴帽后企业会重组""先行者有未来"等。其中"先行者有未来"是一种普遍存在的认知偏差：投资者认为某个有发展前途的新领域，只要企业涉足其中，就一定可以取得成功，从而将这个"先入企业"作为优秀投资标的，炒高股价。市场上各种"新、奇、特"的概念、题材，屡屡在这种"先入者偏差"中被炒高，给投资带来风险。

股票涨多了会回调，跌多了也会反弹，这是客观事实。投资者若因此将股票当成长期开奖的彩票，那是百害而无一利的。这种观念会导致投资者买入股票被套牢，亏损后却无视公司基本面永久性转差的事实，而依然长期持有，直至万劫不复。

（2）心理因素包含人性和情绪，涉及面较广。

人的本性都是趋利避害的，同时，本性中也都有对金钱和成功的渴望。证券市场作为名利场不仅让人的本性充分展现，很多时候还会放大这些本性，给投资带来风险。

近期表现不错的股票都有不错的短期收益，这给投资者增添了乐观的情绪。当这种乐观情绪广泛蔓延时，它会不断吸引后续的投资者跟风买进，进而导致盲目跟风，这种情况极易引发人们对金钱的贪婪之心。这个时候，人们往往不再顾及风险，并放弃了独立思考，极端情况下甚至会导致股票和市场形成巨大的泡沫，从而带来风险隐患。而持续的股市下跌又会引发人们的恐惧之心，进而造成损失。

贪婪、恐惧、盲目从众等心理弱点揭示了人性趋利避害的本能，实质上是放弃了独立思考，放弃了逻辑推理，而对风险和常识无动于衷。

心理因素中的自负和攀比让人无法保持客观和审慎，对投资更加不利。人之所以自负，主要是因为过去有过成功。但对投资而言，每天遇到的情况都不同，未来更是充满了风险。自负让人听不进不同的意见，看不清自己不愿看到的事实，从而给投资埋下风险隐患。

攀比心理则是在看到他人取得更好成绩时，即使自己已经取得较好的业绩，也会变得焦虑、痛苦。此时，就会忘记风险和收益之间的相关性，更容易冲动冒险；而在发现自己亏损比别人少时，又容易陷入满足和麻痹之中，从而不再独立思考，也不再努力进取。

患得患失心理也是值得警惕的。患得患失意味着担心买入会亏损、不买则会错失机会，内心忐忑不安，总是在担心亏损和错失机会的焦虑中，就像钟摆一样来回摆动。担忧"错失机会"容易让人陷入风险，尤其在市场火爆的时候；而在股价下跌的时候，害怕"损失利益"，又只想着逃离市场，在患得患失中"追涨杀跌"。

投资者个人的认知问题和心理弱点可能会给投资带来风险，因此，我们需要不断学习，努力充实自己的学识，同时尽量克服心理弱点和负面情绪，保持理性、客观、独立思考。芒格曾说过"自制力强的人离成功更近"，讲的就是心理对于成功投资的意义。

现实世界里，风险中往往隐含着机会，比如，股价向下波动对持有者是风险，但对持币者可能是机会。巴菲特曾说过："大范围的恐慌是投资者的朋友，因为它会提供物美价廉的资产；而个人的恐慌是你的敌人，这是毫无必要的。"

对股票投资而言，风险往往在大家都认为没有风险的时候爆发，而最大的收益可能来自每个人都认为存在巨大风险的时候。

最后需要提醒的是，企业基本面不理想并不代表着必然的风险，企业个别年度业绩不佳也不代表着必然的风险。市场已经将公司基本面较弱的股票的风险因素考虑在内，并给了这些股票应有的、相比其他正常股票更低的价格。资产都有与之相匹配的价值，对基本面较弱的股票，如果能以足够低的价格买入，或许还会获得"价值回归"带来的不错收益。

企业价值是企业未来创造的所有现金流的折现值，单个年度的现金流在价值中占比并不高，也就是说单个年度的业绩对价值的影响极为有限。只要企业能够保持强劲的现金创造能力，偶尔的绩效不佳并不必然带来投资风险。

第九节　资本市场线与风险度量

一、资本市场线

投资者之所以放弃当前消费，选择将资金投资于股票，是因为股票能够提供投资的必要收益率。必要收益率包括延迟消费的补偿和投资股票的风险补偿，也称预期收益率。

延迟消费补偿，其实就是无风险投资收益率，它由货币的时间价值和通货膨胀率构成；而承担风险需要的补偿是无风险收益率之外的额外收益率。只有当预期收益率大于这两者之和时，才有可能吸引到投资者的参与。

投资者通常不喜欢风险，除非能够提供较高的预期收益率，否则风险投资是不受欢迎的。投资人对投资未来的收益预期越是不确定，他们对该项投资所要求的收益率就会越高。这就是股票投资中的风险收益补偿机制，它揭示了风险和预期收益之间的关系。金融学上将其在二维坐标轴上描述为一条直线，被称为"资本市场线"（Capital Market Line，CML）。在横轴是风险，纵轴是预期收益率的坐标轴上，资本市场线是一条与纵轴相交并在第一象限内向上倾斜延伸的直线，如图6-3所示。

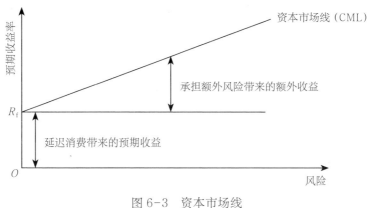

图 6-3　资本市场线

当风险为零时，资本市场线和纵轴相交。该交点处的收益就是无风险收益，也是对延迟消费进行的补偿。无风险收益不受风险影响，它的高低与其所处环境的利率水平直接相关。

资本市场线揭示了风险和收益之间内在的正相关关系，这在资本市场有广泛的应用。我们可通过以下几个事例体会这一关系。

同一个发行主体在同一时间发行的债券，如政府发行的国债、企业发行企业债等，债券的期限越长，债券的利率就会越高。这是因为债券还本付息的周期越长，未来的不确定性更大，投资者需要承担更多的风险，因而需要以更高的收益率作为补偿。

杠杆投资是指投资者通过借贷融资，以比自有资金更大的规模进行投资。当股价下跌时，投资者将面临自有资金和融资资金的双重损失；而当股价上涨时，投资收益也将是双重的。

流动性问题所体现的收益补偿揭示了股票折价的内在原因。假设，某企业的股票分别在交易所 A 和交易所 B 上市。如果 B 市场的交投清淡，说明存在流动性风险，在这种情况下，B 市场的股价将会较 A 市场出现一定程度的折价。该折价反映了投资者在 B 市场买卖该股票时不能以市场显示的价格进行交易的风险,因此,投资者需要获得折价补偿,即更高的预期收益率。

图 6-4 显示了美国资本市场各种证券的风险收益关系,该图根据对美国资本市场 100 多年的统计数据测算而得。

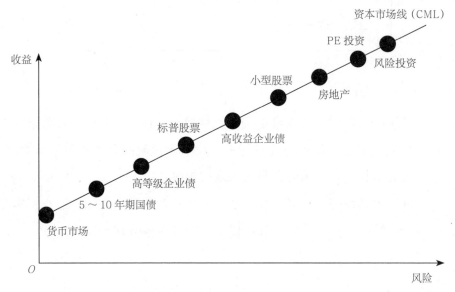

图 6-4 从资本市场线看美国市场不同证券的风险收益

更高的风险需要更高的预期收益率,但预期收益率未必一定会实现。人们常说"高风险高收益",认为要获得更高的收益就应该承担更高的风险,或者以为承担更高的风险就一定会带来更高的收益,但这种观点是完全错误的。因为,如果更高的风险一定能够带来更高的收益,那这种风险就不是真正的高风险。靠承担更高的风险来获得更高的收益是有着不确定性的。

"高风险高收益"的真正含义是,为了吸引投资,风险更高的投资项目或投资标的必须提供更好的收益前景或更高的预期收益。然而，这并不能保证这种更高的预期收益一定会实现或者必须要实现。

二、期望收益率

未来尚未发生，真实的收益现在无法计算，我们所能预判的只是预期收益率。

因为存在不确定性，未来会出现多种不同的情景，每种情景下所能获得的收益率是不同的。就如运动会中的跳高比赛，参赛选手所跳过的高度不会是确定的某个数值，而是一组不同的数值。分析时我们根据不同情景，把未来可能的收益率列示出来，并形成一组不同情景下可能收益率的组合。有了这个可能收益率组合后，我们可以进一步预判各个可能收益率出现的概率，并以概率作为权重，对可能收益率组合进行加权平均，从而得到收益率的平均值，该平均值就是期望收益率，也就是投资者的预期收益率。如图 6-5 所示的 A 点表示预期收益率。

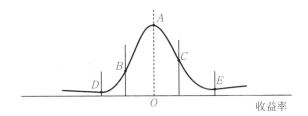

图 6-5 预期收益率

举一个简单的例子：假设某个即将投资的股票有四个可能的收益率，分别为 -10%、5%、10% 和 20%，这四种收益率发生的概率为 10%、20%、40%、30%，根据这些数据，我们可以得到该股票的预期收益率（R）为：

预期收益率 (R)=-10%×10%+5%×20%+10%×40%+20%×30%

=10%

假设，当前利率水平下，长期国债的收益率不会超过5%。现实中，股票投资的预期收益率通常超过债券投资的收益率，这个例子符合这一点。在这个例子中，股票投资的预期收益率是10%，远远高于固定收益债券的收益，单看表面数据，10%的预期收益率明显更有优势，但在现实中，更多的资金还是选择了国债，这是因为预期收益率并不是一种必然会实现的收益率。

三、预期收益不是真实收益

资本市场线上某个点所显示的风险和收益之间存在对应关系，其收益是预期收益，而不是真实收益。真实收益是不确定的，绝不是简单地和相应风险水平呈"一一对应"关系。

由于未来的情况是不确定的，未来的收益也是不确定的，未来的收益将存在多种可能性。这些可能的收益以一定的概率分布在"预期收益率"的周围。在坐标图上，这些可能就显示为风险收益点位置的上下两侧，如图6-6所示。该图其实是将图6-5叠加在图6-3上。

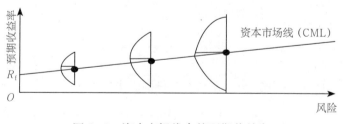

图6-6 资本市场线上的预期收益率

预期收益率就是根据各种可能收益及其概率计算出来的期望值。

预期收益率仍由两部分构成：一部分是无风险利率，它是由时间创造的，是对放弃即期消费的补偿；另一部分则是对承担风险的补偿，称为"风险溢价"，其大小与承担的风险成正比。需要说明的是，图中以正态分布展示了各种可能收益的概率，真实世界未必一定是这种分布。

显而易见的是，随着风险的增加，预期收益率也会增加，这体现了风险与预期收益率之间的正相关关系。但由于未来的不确定性，随着风险的增大，真实收益的波动也将会增大，这意味着将来真正实现时，投资者有可能会获得比资本市场线对应收益更高的收益，也有可能只能获得较低收益，甚至存在本金亏损的可能性。

资本市场线其实包含了两层关系：一是展示了风险和预期收益之间的正相关关系；二是揭示了真实收益的不确定性，并且随着风险的增加而增大，甚至存在损失的可能性。

四、风险的价格

资本市场线的斜率是风险的价格，也代表了对单位风险的补偿，即风险每增加一个单位就需要给予相应的收益补偿，即预期收益率增加的幅度。当斜率很大，也就是资本市场线很陡峭时，表示市场风险很高，每增加一个风险单位，投资者要求的收益补偿也会比较高。反之，当斜率较小时，则说明投资者在较低的收益补偿下，也愿意进入市场投资。

近几十年来，技术革命与经济发展带来了巨大的财富增长，投资者通过寻找有相应风险补偿的高风险投资，获得了较好的收益。在全球货币宽松、市场流动性充足、投资需求旺盛的情况下，各种证券产品的预期收益率已较过去下降许多,这也使得资本市场线的斜率相比过去变得更加平坦。这种变化反映了投资者可能认为当前资本市场风险并没有那么高,并在承担与之前相同的风险时要求的回报也较过去有所下降。

资本市场线揭示了风险与收益的关系,有助于我们理解风险、防范风险。实践中资本市场线最常被应用于组合投资及管理:纵坐标的收益是预期收益率,而横坐标的风险用组合标准差表示。标准差是组合的各种可能收益率与预期收益率的偏离程度,用以度量风险。

五、风险度量

金融学上常用标准差来量化投资风险。标准差表示股票价格波动与预期收益率之间的偏离程度,用以预判风险的大小。标准差可以通过方差的平方根来测算。而首先我们需要计算方差值,方差是各种可能收益率和预期收益率之差的平方值的加权平均。标准差具体计算过程如下:

第一步,计算预期收益率。假设某项投资有 N 个可能收益率 R_i,并知道这 N 个收益率相应的概率 P_i,据此可以计算出预期收益率 (R),公式如下所示:

$$R = \sum R_i \times P_i \quad (6\text{-}14)$$

第二步,计算预期收益率的方差 σ^2。先计算每个可能收益率与预期收益率之差的平方值,然后按相应的权重对平方值做加权平均,该加权平均值就是方差,公式如下所示。

$$\sigma^2 = \sum (R_i - R)^2 \times P_i \quad (6\text{-}15)$$

第三步，求出标准差。方差的平方根就是标准差，公式如下所示。

$$\sigma = (\sigma^2)^{1/2} \quad (6\text{-}16)$$

标准差表示可能收益率与预期收益率之间的偏离程度，标准差越低，说明各种可能收益率与预期收益率的偏离程度越小，实际收益率越确定，并预示着风险越低。如果某个投资标的的标准差为零，那就说明该投资的收益率是固定不变的。

回到前述股票投资和国债的例子，国债是收益率确定的无风险投资，其标准差等于零。而股票投资在四种可能收益率情景下的标准差约等于8.66%，具体计算过程如下：

（1）预期收益率（R）= $-10\% \times 10\% + 5\% \times 20\% + 10\% \times 40\% + 20\% \times 30\% = 10\%$

（2）方差（σ^2）= $(-10\% - 10\%)^2 \times 10\% + (5\% - 10\%)^2 \times 20\% + (10\% - 10\%)^2 \times 40\% + (20\% - 10\%)^2 \times 30\% = 0.75\%$

（3）标准差（σ）= 方差$^{1/2}$ = $(0.75\%)^{1/2} = 8.66\%$

低标准差虽然预示风险低，但低标准差的股票并不一定就是好的投资选择，因为投资是收益和风险的权衡，低标准差往往意味着预期收益也较低。如果标准差较高，而预期收益率低，那这种投资就是低收益高风险的，必须予以回避。好的股票投资必须是预期收益率高而标准差低。

如果有两项投资，两者收益率水平相同，但标准差不同，显然，标准差低的投资是更好的选择，因为它的不确定性较低，风险相对更小，获得较高实际收益或接近预期收益率的概率更高。

同样，如果两项投资具有相同的风险水平，即标准差相同，此时应选择预期收益率较高的投资，因为在风险承担相同的情况下，高收益率能给投资者带来更高的利益。现实中也利用这个关系来评判不同基金经理的管理与投资水平，高水平的基金经理往往能以更低的风险获得较好的投资收益。

新兴证券市场的股票价格和市场指数的波动幅度较大，说明各种可能收益率分布在预期收益率两侧更广的范围内，预示着市场风险较高，这是新兴证券市场的特点。

统计学对标准差分析有一个概括性的经验结论：如果一组可能收益率数据大致呈正态分布，那么最终实现的收益率有三分之二的概率会落在预期值的一个标准差范围内。假设某项投资的预期收益率为11%，标准差为12%，该项投资的实际收益率将有三分之二的概率落在（-1%，23%）的范围内，可见投资的不确定性很大。再看上面例子，股票投资收益率有三分之二的概率将落在（10%-8.66%，10%+8.66%），即（1.34%，18.66%）的区间内，实际收益率存在较大的不确定性。

六、夏普比率

由标准差进一步引申出夏普比率（Sharpe Ratio）。夏普比率是预期收益率减去无风险收益率后与标准差的比值：

$$夏普比率 = (R-R_f)/\sigma \qquad (6\text{-}17)$$

式中，R 是预期收益率；R_f 是无风险收益率；σ 是标准差。

夏普比率表明该项投资每承受一个单位风险所能获得的超额收益。若夏普比率大于1，则代表收益高于波动风险；若小于1，则表示风险大于收益率。夏普比率越高，说明该项投资越好。显然低标准差、高预期收益的投资更有优势。按照这个逻辑，夏普比率被广泛应用于基金业绩评价方面。

此外，金融学对某项投资面临的最大损失给出了 VaR 测算方法。VaR 英文是 Value at Risk，字面含义为"风险价值"，指按某一确定的置信度（概率水平），在某一给定的时间期限内，来测算因市场变动可能造成金融资产或证券组合的最大损失。VaR 测算的准确度与置信度以及给定时间长短直接相关，因此有较大的不确定性。

实践中，市场波动性既可以提供机会，也可以带来陷阱，高标准差未必完全就是不好或就一定是风险，我们应该将其与预期收益率或平均收益率结合起来，孤立看是风险，结合看可能是机会。

第十节 贝塔系数与证券市场线

一、贝塔系数

标准差度量股票价格的波动风险，但它没有区分价格波动是来自股票自身还是市场变化，标准差只能笼统地分析股票价格变动，而忽视了不同风险来源的影响。

现实中股票在证券市场交易，其价格涨跌既受股票自身因素（如公司业绩、分红、公司分拆与购并等）的影响，也会随着证券市场的起伏而波动。股票的这两种波动风险分别被称为非系统性风险和系统性风险，这两者构成了股票的总风险。标准差衡量了这个总风险，然而，标准差无法区分个股价格波动和市场波动之间的关系及相应风险。

系统性风险又称不可分散化风险，它是由宏观政治、经济及社会环境等因素导致的风险，不以投资者的意志为转移，投资者无法消减这种风险。要应对系统性风险，我们只可通过对宏观经济状况等进行分析，及时调整投资策略，做出相应的风险防范。

非系统性风险又称公司特有的风险或可分散化风险，它指从总风险中扣除系统性风险之外的部分，是个别风险。现代投资组合理论认为市场上的股票价格都已经被有效定价了，投资者可以通过构建投资组合，选择一组风险特征不同或相反的股票组合，从而将这种风险减少和消除。图6-7说明了投资组合系统性风险和非系统性风险的关系。

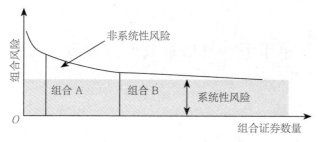

图6-7　投资组合系统性风险和非系统性风险的关系

个股的非系统性风险可以通过多股票组合投资的方式予以降低和消除。随着组合中股票数量的增加，组合的非系统性风险逐步下降。在图6-7中，组合A的非系统性风险大于组合B。在极端的情况下，当组合包含证券市场中的所有股票时，非系统性风险将降至零，此时只存在系统性风险。由于系统性风险不能被消除，此时组合的波动率和收益率就同整个市场一样。

现代投资组合理论使用Beta系数（β系数）来评估某一种金融资产的价格波动和市场波动之间的关系，并以此测算该金融资产的市场风险。β系数对股票、证券组合、债券等都适用，其计算方法如下：

根据过去两年某股票与证券市场的交易情况，分别计算出该股票和证券市场的月度收益率（即股票和指数的月度涨跌幅）。两年一共是24个月，共有24组按时间对应的股票收益率和市场收益率数据。以股指收益率为横轴，以该股票收益率为纵轴，构建平面坐标图，将这24组数据在坐标图中标出，从而得到坐标图上的24个点。最后，根据这24个点的位置关系画出一条"最优拟合线"。这条拟合直线就是该股票的特征线。股票的特征线如图6-8所示。

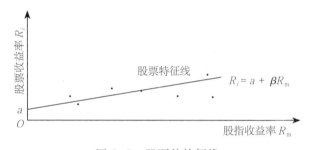

图6-8 股票的特征线

股票特征线的斜率就是β系数，它揭示了该股票的收益率和市场收益率之间的平均关系，表示市场价格变动一个单位时，股票价格的平均变化幅度。当β大于1时，表示该股票具有比市场更大的弹性，预示该股票存在个别风险。

在单个股票的情况下，股票收益率和股指收益率的对应点分布在"特征线"两侧，拟合度较差，随着投资组合中股票数量的增加，对应点逐渐分布在特征线及周边；拟合度也逐步改善，当股票数量多到接近市场证券数量时，所有对应点都将逐渐拟合在特征线上，此时的特征线斜率为1。

在实际运用中，计算 β 系数通常以过去两年或 2～5 年的股票和市场月度收益为基础，而"拟合线"的斜率也已不必再采用画图方法，通过金融计算器、EXCEL 等工具都可直接进行测算。

如果是股票投资组合，要计算组合的 β 系数，需要先计算出组合中每只股票的 β 系数，然后根据组合中每只股票的投入资金占比，确定每只股票的权重，最后对组合中所有股票的 β 系数加权求和，就可得到组合的 β 系数。如果组合中包含不同类别的资产，同样可以根据每类资产的 β 系数及其权重测算该资产组合的 β 系数，公式如下所示。

$$组合 \beta 系数 = \sum (每个资产的 \beta 系数 \times 资产权重) \quad (6-18)$$

二、资本资产定价模型

资本资产定价模型（CAPM）在第三章与第四章已经有了比较详尽的介绍，但并未介绍其推导过程，在此简单介绍一下。

证券如要吸引投资者参与，就需要提供对投资的风险补偿。只有当预期收益率达到投资者所认可的特定水平时，投资者才会参与。投资者认可的该收益率水平就是投资者的必要收益率，分析中也将该预期收益率称为证券的必要收益率。

投资者的必要收益率是由无风险收益率和风险补偿构成，通过使用 β 系数，我们可以测算投资者的必要收益率。

假定 R_i 为股票的预期收益率，也就是投资者的必要收益率；β_{im} 为股票相对市场的波动的贝塔系数；股票市场的预期收益率为 R_m；无风险收益率为 R_f。

β 系数度量一种证券或一个证券组合相对总体市场波动性的敏

度，它有两个构成部分：一个是市场风险溢价（R_m-R_f），表示投资者由于承担了与股票市场相关的不可分散风险而预期得到的收益；另一个是该股票的波动性与市场波动性之间的关系，即 β 系数，它衡量了股票收益率对市场变动的敏感程度。我们引入 β 系数后，将式（3-15）进行变形得出，公式如下所示：

$$风险补偿 = 必要收益率 - 无风险收益率$$
$$= \beta \times (证券市场收益率 - 无风险收益率) \quad (6\text{-}19)$$

$$必要收益率 = 无风险收益率 + \beta \times (证券市场收益率 - 无风险收益率) \quad (6\text{-}20)$$

从而我们得出了式（4-24）的公式，即资本资产定价模型（Capital Asset Pricing Model，CAPM）：

$$R_i = R_f + \beta_{im} \times (R_m - R_f)$$

该式与式（4-24）是一致的，这里的必要收益率 R_i 替代了式（4-24）的股票必要收益率 K_E。

资本资产定价模型应用广泛，既可以评估投资者的必要收益率和预期收益率，测算公司权益资本成本，也可以用于衡量公司经营绩效，还是价值评估时确定折现率的核心依据。

三、证券市场线

资本资产定价模型表示预期收益率 R_i 是贝塔系数 β_{im} 的函数，如果分别以预期收益率和贝塔系数为纵、横坐标，资本资产定价模型在坐标图上将显示为一条直线，该直线就是证券市场线（the Security

Market Line，SML），如图6-9所示。

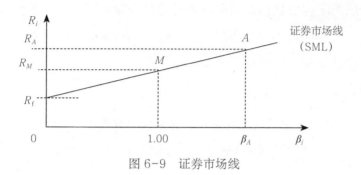

图6-9　证券市场线

证券市场线诠释了证券或组合的预期收益率和风险之间的关系。

证券或组合的预期收益率包含两部分：一部分是无风险收益率R_f，它是由时间创造的，是对放弃即期消费的补偿；另一部分$(R_m-R_f)\times\beta_{im}$是对承担风险的补偿，称为"风险溢价"，与系统性风险相关的β系数成正比。

证券市场线与纵轴的相交点代表风险为零时的预期收益率，即无风险收益率R_f。证券市场线的斜率为(R_m-R_f)，代表了对单位风险的补偿，也称为风险的价格。

证券市场线表明，β系数反映证券或组合对市场变化的敏感性，这点对于投资者，尤其对基金经理很重要。根据对市场走势的预测，投资者和基金经理可选择具有不同β系数的证券或组合，以获得较高收益或规避市场风险。当有很大把握预测牛市到来时，应选择具有较高β系数的证券或组合。这些具有较高β系数的证券将成倍地放大市场收益率，带来较高的收益。相反，在熊市到来之际，应选择具有较低β系数的证券或组合，以减少因市场下跌而带来的损失，如图6-10所示。

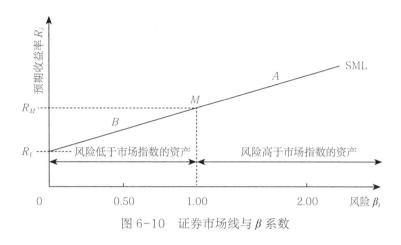

图 6-10　证券市场线与 β 系数

四、贝塔系数局限

β 系数反映证券或组合与市场波动的相对关系，表示证券或组合对市场变化的敏感性。但股票因自身因素导致的波动也被涵盖在股票收益率内，这给我们带来了困惑，并降低 β 系数的实际意义。

高波动性意味着高标准差，预示着高风险。但高波动性并不一定意味着高 β 系数。只有当股价波动跟随市场变化而同向变动且幅度更大时，才会出现较高的 β 系数。

在股票市场上，有些股票价格仅在某些时期对公司自身事件进行反映，而与市场的关联度并不高。如果股价波动幅度大，但它和市场波动不同步，甚至波动方向相反，此时波动性大，标准差大，但 β 系数会很低，这种情况预示着风险很高，但测算的必要收益率反而较低。这种情况会误导我们对风险的预判，在应用中就没有意义。这也是 β 系数在组合投资中应用更可靠的原因。

巴菲特曾以《华盛顿邮报》的例子来说明 β 系数的不靠谱："我

们最初购买它是在1973年，当时它的股价下跌了大约50%，整个公司的市值从近1.8亿美元下降到大概8000万美元。因为下跌发生得很快，因此这只股票的贝塔值反而上升了。此时金融学教授会告诉你，以8000万美元买下这家公司的风险要高于以1.8亿美元买下的风险。"

在某些特殊情况下，β系数可能为负数，这意味着股票价格波动和市场波动呈负相关，说明在全市场上涨时，该股票独自下跌；而在全市场都下跌的时候，该股票仍在赚取收益。这种情况极其罕见，或许只有以大类资产相互参照，比如股票和债券、黄金等，才有可能存在。以外，β系数以历史数据测算，因此，无法确定未来是否还存在与过去完全一致的相对关系，在这方面存在较大的不确定性。

现代组合投资理论建立在有效市场假说的基础上，认为股价已对所有的信息进行了充分有效的反应。但是，股票的价值来源于未来现金流创造，企业经营环境、创造价值的能力会因时而变，我们对未来的预期也会发生变化，因此，个股不随市场波动的情况总是会不断出现，这也是价值投资者能够成功的机会所在。

参考文献

[1] 格雷厄姆,多德.证券分析[M].巴曙松,陈剑,等译.成都:四川人民出版社,2019.

[2] 多尔西.巴菲特的护城河:寻找超额收益公司,构建股票首富城堡[M].刘寅龙,译.广州:广东经济出版社,2009.

[3] 科勒,戈德哈特,威赛尔斯.价值评估:公司价值的衡量与管理[M].高建,魏平,朱晓龙,等译.北京:电子工业出版社,2007.

[4] 瓦伦丁.证券分析师的最佳实践指南[M].王洋,译.北京:机械工业出版社,2012.

[5] 施瓦格.金融怪杰:华尔街的顶级交易员[M].戴维,译.北京:机械工业出版社,2018.

[6] 基翁,马丁,佩蒂.公司金融[M].路蒙佳,译.北京:中国人民大学出版社,2022.

[7] 德赛.什么是金融:哈佛商学院金融课[M].高源,译.北京:中信出版集团股份有限公司,2021.

[8] 蒙蒂尔.行为投资学手册:投资者如何避免成为自己最大的敌人[M].王汀汀,译.北京:中国青年出版社,2017.

[9] 马克斯.投资最重要的事:顶尖价值投资者的忠告[M].李莉,石继志,译.北京:中信出版集团股份有限公司,2019.

[10] 塔勒布.随机漫步的傻瓜:发现市场和人生中的隐藏机遇[M].盛逢时,译.北京:中信出版集团股份有限公司,2019.

[11] 李录.文明、现代化、价值投资与中国[M].北京:中信出版集团股份有限公司,2020.

[12] 中国期货业协会.期货及衍生品基础[M].北京:中国财政经济出版社,2015.

推荐阅读

序号	中文书号	中文书名	定价
1	69645	敢于梦想：Tiger21创始人写给创业者的40堂必修课	79
2	69262	通向成功的交易心理学	79
3	68534	价值投资的五大关键	80
4	68207	比尔·米勒投资之道	80
5	67245	趋势跟踪（原书第5版）	159
6	67124	巴菲特的嘉年华：伯克希尔股东大会的故事	79
7	66880	巴菲特之道（原书第3版）（典藏版）	79
8	66784	短线交易秘诀（典藏版）	80
9	66522	21条颠扑不破的交易真理	59
10	66445	巴菲特的投资组合（典藏版）	59
11	66382	短线狙击手：高胜率短线交易秘诀	79
12	66200	格雷厄姆成长股投资策略	69
13	66178	行为投资原则	69
14	66022	炒掉你的股票分析师：证券分析从入门到实战（原书第2版）	79
15	65509	格雷厄姆精选集：演说、文章及纽约金融学院讲义实录	69
16	65413	与天为敌：一部人类风险探索史（典藏版）	89
17	65175	驾驭交易（原书第3版）	129
18	65140	大钱细思：优秀投资者如何思考和决断	89
19	64140	投资策略实战分析（原书第4版·典藏版）	159
20	64043	巴菲特的第一桶金	79
21	63530	股市奇才：华尔街50年市场智慧	69
22	63388	交易心理分析2.0：从交易训练到流程设计	99
23	63200	金融交易圣经II：交易心智修炼	49
24	63137	经典技术分析（原书第3版）（下）	89
25	63136	经典技术分析（原书第3版）（上）	89
26	62844	大熊市启示录：百年金融史中的超级恐慌与机会（原书第4版）	80
27	62684	市场永远是对的：顺势投资的十大准则	69
28	62120	行为金融与投资心理学（原书第6版）	59
29	61637	蜡烛图方法：从入门到精通（原书第2版）	60
30	61156	期货狙击手：交易赢家的21周操盘手记	80
31	61155	投资交易心理分析（典藏版）	69
32	61152	有效资产管理（典藏版）	59
33	61148	客户的游艇在哪里：华尔街奇谈（典藏版）	39
34	61075	跨市场交易策略（典藏版）	69
35	61044	对冲基金怪杰（典藏版）	80
36	61008	专业投机原理（典藏版）	99
37	60980	价值投资的秘密：小投资者战胜基金经理的长线方法	49
38	60649	投资思想史（典藏版）	99
39	60644	金融交易圣经：发现你的赚钱天才	69
40	60546	证券混沌操作法：股票、期货及外汇交易的低风险获利指南（典藏版）	59
41	60457	外汇交易的10堂必修课（典藏版）	49
42	60415	击败庄家：21点的有利策略	59
43	60383	超级强势股：如何投资小盘价值成长股（典藏版）	59
44	60332	金融怪杰：华尔街的顶级交易员（典藏版）	80
45	60298	彼得·林奇教你理财（典藏版）	59
46	60234	日本蜡烛图技术新解（典藏版）	60
47	60233	股市长线法宝（典藏版）	80
48	60232	股票投资的24堂必修课（典藏版）	45
49	60213	蜡烛图精解:股票和期货交易的永恒技术（典藏版）	88
50	60070	在股市大崩溃前抛出的人：巴鲁克自传（典藏版）	69
51	60024	约翰·聂夫的成功投资（典藏版）	69
52	59948	投资者的未来（典藏版）	80
53	59832	沃伦·巴菲特如是说	59
54	59766	笑傲股市（原书第4版.典藏版）	99